KB067732

불온한 산책자

8인의 철학자, 철학이 사라진 시대를 성찰하다

불온한 산책자

−8인의 철학자, 철학이 사라진 시대를 성찰하다

엮은이 | 애스트라 테일러
옮긴이 | 한상석
펴낸이 | 이명회
펴낸곳 | 도서출판 이후
편집 | 김은주, 신원제, 유정언
마케팅 | 김우정
디자인 | 이수정

첫 번째 찍은 날 2012년 5월 11일

등록 | 1998. 2. 18(제13−828호)
주소 | 121−754 서울시 마포구 동교동 165−8 엘지팰리스빌딩 1229호
전화 | 대표 02−3141−9640 편집 02−3141−9643 팩스 02−3141−9641
홈페이지 | www.ewho.co.kr

ISBN 978−89−6157−057−2 03100

이 도서의 국립중앙도서관 출판시도서목록(CIP)은 e−CIP홈페이지(http://www.nl.go.kr/ecip)와 국가자료공동목록시스템(http://www.nl.go.kr/kolisnet)에서 이용하실 수 있습니다.
(CIP제어번호: CIP2012002051)

8인의 철학자, 철학이 사라진 시대를 성찰하다

불온한 산책자

애스트라 테일러 엮음
한상석 옮김

이후

잘못된 내용을 바로잡습니다.

쪽수	줄	교정 내용
46	8	현악사중주 131번 → 현악사중주 14번
46	11	현악사중주 131번 → 현악사중주 14번
60	5	『시운전Test Drive』 → 『지휘 중독Test Drive』
64	7	무가뉴스*의 말에 따르면 → 리강의 말에 따르면
64	주석	삭제
224	17	Vulnetability → Vulnerability

차례

여는 글
철학자들은 죽었는가? 7

1장
코넬 웨스트: 진리 17

2장
아비탈 로넬: 의미 59

3장
피터 싱어: 윤리 117

4장
콰메 앤서니 애피아: 세계시민주의 157

5장
마사 누스바움: 정의 199

6장
마이클 하트: 혁명 229

7장
슬라보예 지젝: 생태 263

8장
주디스 버틀러와 수나우라 테일러: 상호의존 311

감사의 글 359
옮긴이의 글 362

일러두기

1. 한글과 외래어 표기는 〈국립국어원〉 표준국어대사전 표기 및 '외래어 표기법'을 따랐다.
   단, 원칙대로 표기할 경우 현실과 지나치게 동떨어진 음이 나오면 실용적 표기를 취했다.
2. 단행본, 정기간행물에는 겹낫쇠(「 」)를, 논문이나 기고문, 에세이 등에는 홑낫쇠(「 」)를,
   단체명과 영화명의 경우 꺽쇠(〈 〉)를 사용했다. 그 외, 영문 단행본이나 정기간행물은 이
   탤릭체로, 영문 논문은 큰따옴표(" ")로 표시했음을 밝힌다.
3. 본문 아래 주석은 저자 주석과 옮긴이 주석이 있으며, 옮긴이가 설명한 부분은 표시
   를 했다.
4. 원서에는 없지만 옮긴이가 독자의 이해를 돕기 위해 첨언한 부분은 대괄호([ ])로 표시
   했다.
5. 이 책은 다큐멘터리 〈성찰하는 삶Examined Life〉(2008)을 찍으면서 여러 철학자들과 인
   터뷰한 내용을 책으로 엮은 것이다. 본문에 나오는 지문은 다큐멘터리를 찍을 당시의 주
   변 환경을 묘사한 것으로, 애스트라 테일러의 것이다.

철학자들은 죽었는가?

철학자들은 죽었는가? 철학자가 90분이 넘는 긴 시간 동안 걸으면서 이야기하는 영화가 있다. 이 영화를 보는 관객들을 졸지 않게 하려면 어떻게 해야 할까?

다큐멘터리 〈성찰하는 삶Examined Life〉을 세상에 내놓으며 이 두 가지 질문이 계속 내 머리를 맴돌았다. 첫 질문은 철학을 다소 시대에 뒤떨어진 활동으로 보는 일반인의 시각을 반영한다. 이런 시각에서는 우리 다큐멘터리가 역사물로 보일 것이다. 다른 사람들이라면 투자할 시간도, 추적할 인내심도 없는 유별나고 무모한 기획 말이다. 두 번째 질문 앞에서 나는 늘 한탄하게 된다. 철학은 인간의 지식이 가지고 있는 힘과 한계를 연구하는 분야고, 우리가 집단으로 살아가는 환경에 자리 잡은 핵심 문제를 깊이 생각하게 하는 분야다. 이런 문제는 기본적이지만 쉽게 다루기 힘들다. 그럼에도 두 번째 질문은 철학자들을 피곤한 사람으로 만든다. 다르게 보면 호기심과 교양, 역동성을 두루 갖췄다고 평가받을 그런 사람들인데 말이다.

철학이 이처럼 곰팡내 나는 분야라는 평가를 받게 된 데는 여러 이유가 있다. 특히 오늘날 지성인을 좋지 않은 눈으로 바라보는 우리의 반反지성주의anti-intellectualism 문화가 중요한 역할을 하고 있다. 프랑스 같은 나라와는 크게 다른 모습이다. 프랑스에서 철학자들은 문화와 정치에 비교적 중요한 영향을 미치고 있다. 프랑스 텔레비전은 수십 년 동안 철학 토론을 방송하고 있는데, 이런 오랜 전통이 일부 도움이 되었을 것이다. 인문학이나 비판적 사고, 예술 등을 강조하는 인문교육을 멀리하고 시장 친화적 분야를 가까이하는 흐름이 철학의 대의를 훼손하고 있다. 물론 철학이 전문화되고 철학의 언어가 협소해지는 현실도 이런 상황에 이바지했다. 일반 대중은 오늘날 진행되는 학문적 논쟁을 보면서 이해할 수 없다고 생각지는 않더라도 별난 세계의 신비한 이야기 정도로 여긴다. 그렇다고 이들을 비난할 수 있는가? 마음의 위안을 얻으려고 한번쯤은 철학에 관심을 보였던 사람들이 이제는 다른 자구책을 찾고 있다. 인간의 본성이나 우리 세상을 이해할 통찰을 구할 때 [철학 대신] 과학을 바라본다는 얘기다. 동시에 통신 기술은 끈질긴 '연결성connectivity'을 우리에게 주고 있다. 이 연결성은 종종 덧없지만 어디에나 존재하며 우리에게 황홀감과 고통을 안겨 준다. 우리는 이런 황홀감과 고통에 몰두하면서 인내심과 지구력을 잃어버렸다. 철학이 인도하는 독특한 명상과 대화에는 이런 인내심과 지구력이 반드시 필요하다.

다큐멘터리 〈성찰하는 삶〉은 이러한 단절을 해결하려는 시도였다. 〈성찰하는 삶〉은 영상과 단순한 대화법으로 철학과 일상을 연결한다.

이 제목은 소크라테스가 남긴 유명한 격언 "성찰하지 않는 삶은 살 가치가 없다"를 가리킨다. 플라톤을 통해 소크라테스는 서양철학의 탄생을 상징하는 인물이 되었다. 소크라테스는 진리와 겉으로 드러난 현상appearances, 창조의 기원, 좋음善의 의미, 대중적 지혜의 변덕스러움 등에 대해 끊임없이 질문을 던졌다. 이 책에 나오는 철학자들은 소크라테스의 격언을 가리켜 영원한 모순이라고 말하기도 했다. 성찰하는 삶은 정말 어렵다. 성찰하는 삶 때문에 많은 사람이 회의에 빠져 생활이 마비되기도 하고 심지어는 광기에 사로잡히기도 했다. 성찰하는 사람들은 다양한 문화권에서 혼란에 빠진 사회의 공분을 사는 경우도 많았다. 소크라테스 생애에 일어난 일처럼 말이다. 그러나 질문을 던지는 삶은 열정과 용기가 아로새겨진 매우 소중한 삶이며 보상도 따르는 삶이다.

　이 책은 또 다른 의미에서 소크라테스를 본보기로 삼는다. 키케로에 따르면 소크라테스는 철학이란 "하늘에서 내려오는 것"이라고 했다. 소크라테스는 아테네의 아고라를 오가면서 만나는 사람마다 붙잡고 열정을 다해 토론을 벌였다. 사람들이 성가신 나머지 근거도 없는 가정이나 주장을 내세우며 장난기 섞인 그의 엄밀한 논증에서 벗어나려고 해도 소크라테스는 그들의 가정이나 주장을 받아들이지 않았다. 이렇게 두루 다니며 철학을 하려는 충동은 그 뒤로도 오랫동안 역사 속에 살아남아 루소는 이 충동을 『고독한 산책자의 몽상Reveries of a Solitary Walker』*으로, 키에르케고르는 우울한 산책으로, 임마누엘

---

* 『고독한 산책자의 몽상』, 김중현 옮김, 한길사, 2007.

칸트는 유명한 정시 산책으로, 발터 벤야민은 수수께끼 같은 도시의 한량으로 표현했다. 여기저기 다니며 철학을 하려고 했던 니체는『우상의 황혼Twilight of the Idols』*에서 다음과 같이 말했다. "늘 앉아만 있는 삶은 실제로 성령을 거스르는 죄다. 걸으면서 도달한 사고만이 가치가 있다." 그러나 철학적 사색은 느리지만 확실하게 집이나 대학 강의실로 들어갔고 서가에도 자리를 잡았다. 〈성찰하는 삶〉은 철학자 여덟 명을 거리로 초대한다. 그리고 카메라 앞에서 자기 생각을 사람들과 나누게 한다. 철학을 다시 밖으로 불러 내 철학과 산책이 오랫동안 맺어 왔던 중요한 관계를 보여 주려는 것이다.

철학자의 산책은 단순한 행동이지만 많은 의미가 담겨 있다. 역사적 선례를 떠올려 보면, 철학자의 산책에는 철학의 과거가 살아 숨 쉰다는 걸 알 수 있다. 영화 기법 면에서 보자면 산책 모티프는 움직임과 몸짓, 다양한 장면을 제시할 수 있는 기회다. 덕분에 자리에 앉아 인터뷰를 진행하는 침체된 분위기에서 벗어날 수 있었다. 상징적으로 산책은 철학을 상아탑에서 끄집어내 **현실**로 들어가게 한다. 정치와 문화의 관점에서 이 대화들이 펼쳐지는 배경은 공공 공간이 줄어드는 사회며, 속도와 효율성을 숭배하는 사회가 된다. 동시에 산책을 통해 얻을 수 있는 것, 즉 예측할 수 없는 발견이나 우연한 마주침이 빚어 내는 조용한 성찰에는 가치를 부여하지 않는 사회이기도 하다. 그러나 산책 접근법을 떠올리자마자 나는, 이 접근법에서 벗어나고 싶어졌다. 그래서 자동차나 노 젓는 배, 휠체어 등, 다른 이동 수단을

---

* 『바그너의 경우, 우상의 황혼 외』, 백승영 옮김, 책세상, 2002.

활용하는 세 차례 짧은 여행을 기획했다. 이런 이동 수단으로 처음 내 구상은 확대되고 현대화됐다. 특히, 주디스 버틀러Judith Butler는 내 동생 수나우라 테일러Sunaura Taylor와 통찰력 있는 대화를 나누며 이 과정을 한계까지 밀어붙였다. 두 사람의 산책은 우리가 통상 이해하는 산책의 의미에 도전하는 과정이기도 했다.

〈성찰하는 삶〉을 구상하면서 나는 사회 문제나 윤리 문제를 주로 다루는 사상가에게 초점을 맞추기로 했다. 우리의 집단 환경을 개선하려는 모든 노력의 핵심에는 진지한 성찰이 자리 잡고 있다는 내 신념과 개인적인 관심사를 모두 반영한 결정이었다. 그러므로 이 책에서 다루지 않는 철학 분야가 많다. 언어철학과 논리학, 과학철학, 현상학, 심리철학 같은 분야 말이다. 이 책은 포괄적인 철학 개론서가 아니다. 내가 원한 것은 지역과 문화, 지적 전통 등이 서로 달라 한데 모이기 쉽지 않은 여러 사상가를 만나고 그들의 시각이 가진 특징을 파악하면서 주제의 통일성을 얻는 것이었다. 나는 분석학이나 실용주의, 공리주의의 전통에 있는 사상가와 대륙 철학, 정신분석학, 퀴어 이론, 포스트-마르크스주의, 해체주의처럼 이른바 '학설'로 분류되는 이론에 관련된 사상가 사이에서 어느 정도 균형을 유지했다.

나는 내 사유에 오랫동안 흔적을 남긴 사람들에게 이 기획에 참여해 달라고 부탁했다. 그들의 연구가 나에게 지속적인 영향을 주었다면 시청자나 독자들에게도 마찬가지일 거라 생각했기 때문이다. 열두 살 때 읽은 피터 싱어Peter Singer의 『동물 해방*Animal Liberation*』*은

---

* 『동물 해방』, 김성한 옮김, 인간사랑, 1999.

내게 채식주의를 이해할 윤리의 틀을 마련해 주었다. '페미니스트'와 '여성'(혹은 문제가 된다면 '남성')의 의미를 알려고 씨름하던 십 대에는 주디스 버틀러의『젠더 트러블Gender Trouble』*을 꼼꼼하게 읽었다. 시간이 흘러 우리 사회에서 장애인이 처한 현실을 다룬 마사 누스바움Martha Nussbaum의 연구를 접하고 나서는 장애인 문제를 어떤 식으로 사고해야 하는지 알게 됐고 수나우라의 경험을 더 잘 이해할 수 있게 됐다. 다큐멘터리 〈지젝Žižek〉을 제작하는 과정에서 함께 고생한 슬라보예 지젝Slavoj Žižek이나, 마이클 하트Michael Hardt는 내가 정치에 대해 갖고 있던 가정들을 재평가하도록 끈질기게 자극했다. 코넬 웨스트Cornell West와 콰메 앤서니 애피아Kwame Anthony Appish는 지역적인 것과 전 세계적인 것의 관계를 이해하는 데, 그리고 인종과 정체성을 이해하는 데 영향을 주었다. 물론 지젝과 하트도 이들만큼이나 나에게 큰 영향을 주었다. 내가 다큐멘터리 영화 제작 분야에 막 발을 들여놓은 시기에 공교롭게도 대학원에서는 아비탈 로넬Avital Ronell과 이미 고인이 된 자크 데리다Jacques Derrida의 공동 강좌가 개설되었다. 당시 나는 전공자가 아니더라도 쉽게 철학에 접근할 수 있게 하는 다큐멘터리를 만들 생각을 품고 있었기 때문에 이 강의가 큰 영감을 주었다. 나는 영화와 철학에 늘 독특한 매력을 느낀다. 철학의 여러 이론들이 까다로운 사안을 다양한 각도에서 설명해 세상을 새롭게 볼 기회를 준다면 영화는 주변을 바라보고 받아들이는 방식을 변화시켜 우리의 인식을 바꾸는 비슷한 능력이 있다.

---

*『젠더 트러블』, 조현준 옮김, 문학동네, 2008.

하지만 철학은 논증 전개 과정이 고도로 전문화돼 있고, 그 과정에서 분석을 위해 사용하는 범주도 언뜻 보면 너무 복잡해 우스꽝스럽기도 하다. 그러나 "위대한 철학자들이 품고 있던 핵심 전망은 본래 단순하다." 언젠가 이사야 벌린Isaiah Berlin이 버트런드 러셀Bertrand Russell을 인용하며 한 이야기인데 내 생각도 그렇다. 철학자들이 가진 기본적인 힘impetus이나 통찰을 제시하되, 일반인이 알아듣기 힘든 말은 모두 빼고 일상의 경험과 관심사가 배어나오게 정리해 제시하자는 목표를 세웠다. 사실 사람들이 철학을 하면서 강한 전율을 느끼게 되는 순간은, 처음에는 도저히 파악할 수 없는 것처럼 보이던 개념이 갑자기 분명해져 좀처럼 헤아릴 수 없던 문제나 상황, 감각이 완벽하게 해명될 때일 것이다. 나는 이 책에 정리해 놓은 대화를 나누면서 그런 감격을 여러 번 맛보았다. 독자들도 평범한 사건이나 경험을 통해 직관적으로 진리의 전모를 파악하는 기쁨을 누리면 좋겠다.

물론 이 책에 등장하는 사상가들이 없었다면 내가 그런 순간을 맛보기 힘들었을 것이다. 나는 사상가들이 비범한 지성과 집중력, 카리스마를 지녔으며 때로는 엉뚱하기도 하다는 사실을 금방 알게 됐다. 또한 사상가들은 자기 사상을 더 넓은 세상에 전하는 일에 전념하고 있으며 종종 우리 문화에 만연한 반지성주의에 맞서 싸우기도 한다. 이들은 자신의 복잡한 사상을 일반인에게 쉽게 전할 방법을 고민하면서 주요 일간지에 글을 쓰고, 다양한 분야의 예술가와 협력하고, 공개 강좌를 열고, 라디오나 텔레비전에 출연하며, 유선방송 뉴스쇼에 초대 손님으로 참여하기도 한다. 이들은 학문과 지식의 민주성을 지키는 투사인 셈이다.

이 책을 읽다 보면 알게 되겠지만, 나는 철학자들과 인터뷰를 진행할 때 다른 철학자들과 서로 논쟁이 될 만한 주제를 골랐고, 모든 대화가 그 주제에 매우 핵심적인 개념을 중심으로 폭넓게 진행됐다. 동시에 이 기획에서는 모든 철학자가 여러 측면에서 매우 중요한 두 가지 주제를 이야기한다. 그것은 불평등과 박해와 고난으로 가득 찬 이 세상에서 의미를 찾고 타인에 대한 우리의 책임을 규명하는 것이다.

덧붙여 나는 인터뷰 무대가 단지 수동적인 배경이 아니라 [인터뷰의] 핵심 성격을 드러내는 곳이 되도록 노력했다. 인터뷰를 진행하는 동안 지나가는 행인들이 [우리의 토론에] 개입해 주길 바랐으며, 사소한 것들이 주제에 대한 내 상상력에 불을 지펴 주길 원했고, 장소의 지정학이 우리가 갈 수 있고 갈 수 없는 길을 결정해 주길 기대했다. 피터 싱어의 소비 윤리나 슬라보예 지젝의 생태처럼 어떤 경우에는 논제를 확정하는 순간 저절로 촬영 장소가 결정됐다. 피터 싱어는 현명하게 명품 쇼핑 거리인 맨해튼 5번가에서 촬영하자고 직접 제안했고 슬라보예 지젝의 경우 논제를 정하자마자 쓰레기 처리장이 좋겠다는 생각이 떠올랐다. 하지만 다른 무대들은 인터뷰 내용을 분명하게 드러내지 못했다. 마이클 하트와 맨해튼 센트럴파크 호수에서 노를 저으며 배를 탄 것과 코넬 웨스트와 차를 타고 맨해튼을 가로지른 것도 그렇다. 하지만 모든 무대는 그 자체로 의미가 있어, 우리가 계획할 수도 없고 예상하지도 못한 반응과 통찰을 이끌어 냈다. 이 기획 덕분에 우리는 내가 점유한 공간과 '나' 사이의 역동적 관계를 훨씬 더 잘 알게 되었다. 공간은 우리를 틀 짓고, 우리에게 영향을 주고, 우리의 물리적 움직임을 인도하고, 우리의 정신 상태에 영향을 미치고, 우리의 사유 과정에 개입하며, 가능한 일이 무엇인지에 대한 우리의 인식을 형성한다.

철학자들과 산책을 하며 어디가 됐든 90분에서 네 시간 분량의 영상을 촬영했지만 결국 그렇게 오랫동안 나눈 대화를 10분 분량으로 정리하게 됐다. 이 과정에서 예리하고, 도발적이며, 해학적인 장면을 많이 잘라내야 했다. 잘려나간 장면은 다른 매체를 통해 전하면 된다고 생각하니 편집 과정의 고통을 덜 수 있었다. 영화는 장점도 많으나 내용을 압축해야 하는 구성상의 한계도 있다. 하지만 이 책에서는 인터뷰 내용을 모두 제시해 대화의 어감을 잘 전달하고 흥미를 유지할 수 있게 했다. 독자들은 나름의 리듬에 맞춰 명상에 잠길 수 있을 것이다. 나는 스스럼없고 자유로운 분위기에서 대화를 나누고자 했지만, 그 대화를 책에 담을 때는 좀 더 엄격한 산문 형식에 맞게 재구성했다.

이 책에 담긴 대화들은 해답을 제시하기보다는 문제를 제기한다. 그러나 코넬 웨스트가 다큐멘터리 마지막 부분에서 말하는 것처럼, 총체성이나 절대 진리를 얻고자 하는 우리의 낭만적 욕구는 문제가 있을 수 있다. 어떤 사람들은 이 책에서 제시하는 다양한 시각이 도덕적 상대주의의 수렁으로 우리를 인도할 수 있다고 우려한다. 하지만 그렇지 않다. 『불온한 산책자』에서 제시하는 다양한 시각은 오히려 지적인 탐구, 연민, 그리고 정치적 헌신이라는 광활한 윤리로 우리를 인도할 것이다. 이것이 『불온한 산책자』가 전하는 주된 메시지일 것이다. 우리의 기획은 모든 것을 다 다루지도 않으며, 여기서 다루는 어려운 문제에 뚜렷한 답을 제시하는 체하지도 않는다. 논란의 여지가 없는 답변을 제시할 수 있다면 철학은 필요 없을 것이다. 이미 철학에 발을 들여놓은 사람들이 이 책을 읽는다면 오히려 그들을 처음 철학으로 이끌었던 호기심과 궁금증, 그리고 도덕적 분노가 떠오를지도 모른다. 아니면 사상은 언제나 사람과 시공간에 뿌리를 두고 있다는 사실에 대해 다시 생각해 볼 기회가 될 수도 있다. 철학에 처음 발을 들여놓는 사람들에게는 이 책이 그들을 끝없이 탐구하게 만드는 계기가 되면 좋겠다. 이 책에 들인 노력으로 사람들이 잠시라도 쉬면서 자기 신념이 어디서 왔는지 곰곰이 생각해 보거나, 당연하게 여기는 윤리적 가정과 선입견에 의문을 제기해 보거나, 타인에 대한 책임을 재고하거나, 어떤 문제를 새로운 시각으로 바라볼 수 있다면 우리는 만족한다. 그러나 무엇보다 다큐멘터리를 보거나 이 책을 읽은 뒤에 사람들이 일상에서 철학을 실천하려는 열정에 사로잡히고 그 훈련에서 억누를 수 없는 큰 즐거움을 맛본다면, 그보다 더 기쁜 일은 없을 것이다.

2009년
애스트라 테일러Astra Taylor

진리 *Truth*

1장 코넬 웨스트: 진리

코넬 웨스트는 프린스턴 대학 철학과 교수로 『뉴스위크Newsweek』는 그를 가리켜 "저항하는 달변의 예언가"라고 했다. 최근의 저서 『외줄 위에 놓여 있는 희망Hope on a Tightrope』에서 웨스트는 인종과 리더십, 믿음, 가족, 철학, 사랑, 봉사 등, 미국인의 삶에 영향을 주는 다양한 사안에 대해 거침없이 논평하고 있다. 웨스트의 또 다른 책으로는 『뉴욕 타임스New York Times』의 베스트셀러로 꼽혔고 "전미도서상American Book Award"을 받기도 한 『인종 문제 Race Matters』와 『민주주의 문제Democracy Matters』 등이 있다.

맨해튼에 땅거미가 깔릴 무렵 우리는 코넬 웨스트를 태우려고 도시 한복판의 호텔 앞에 차를 세웠다. 코넬 웨스트는 철학자 사이먼 크리츨리Simon Critchley와 함께 뉴스쿨New School에서 강연을 하기로 했는데, 마침 같은 날 우리와 인터뷰를 하게 된 것이다.* 내 원래 기획은 산책을 하며 인터뷰를 하는 것이었지만 드라이브를 하면서 인터뷰하는 것도 산책 개념을 현대화하는 적절한 방법인 것 같다는 생각이 들었다. 오늘날 이보다 더 여유로운 여행이 또 어디 있을까? 카메라맨은 앞좌석에 앉았고 보조 카메라를 든 음향 기사와 웨스트가 뒷자리에 앉았다. 나는 운전대를 잡고 퇴근 시간 붐비는 거리를 헤치고 나가면서 최선을 다해 대화를 이끌었다.

웨스트 마침내 이렇게 빅애플** 한가운데서 만나는군요.

테일러 대화 주제를 미리 정해 놓지 않았는데, 주제를 몇 가지 제시해도 될까요? 진리나 믿음, 사랑……, 이런 건 어때요?

진리가 좋겠습니다. 그게 좋아요. 아주 마음에 드는 주제입니다.

좋아요. 그럼 진리에 대해 이야기해 보도록 하죠. 무거운 주제네요.

---

* 코넬 웨스트는 프린스턴 대학에서, 사이먼 크리츨리는 뉴스쿨에서 철학을 가르치고 있다. 옮긴이
** Big Apple, 뉴욕 시의 별칭. 옮긴이

(우리는 시동을 걸고 변화가 드라이브를 시작했다.)

"성찰하지 않는 삶은 살 가치가 없다"

내 생각에 궁극적인 질문은 이거예요. "진리란 무엇입니까? 우리는
진리를 어떻게 이해하며, 어떤 방식으로 진리를 이해하려고 씨름합니
까?" 테오도어 아도르노Theodor Adorno의 말이 맞아요. 아도르노는 진
리의 조건은 고난이 말하게 하는 것이라고 했습니다. 그러면서 진리
에 실존적 의미를 부여하죠. 그래서 우리는 삶의 방식으로서 진리에
대해 이야기하는 것이고요. 그렇지 않나요? 세상에 일련의 사물에 부
합하는 일련의 명제가 있다면 그것들과 대립하는 그런 진리가 있죠.

주제를 결정하니 마음은 벌써 플라톤을 향해 달려가네요.
그렇죠. 나도 사람들이 버트런드 러셀*보다는 플라톤을 생각했으
면 합니다. 비범한 분석철학자 러셀은 진리란 실제로 세상의 사물에
부합하는 명제에 관한 것이라고 우리를 설득하려 했습니다. 반면 플
라톤은 늘 진리를 삶의 방식과 연결된 것으로, 특정한 존재 양식으로

---

* Bertrand Russell, 1872년~1970년. 러셀은 논리학과 수학, 철학과 윤리학에서 숱한 업
적을 남겼다. 당대를 지배하던 관념론적 철학 전통을 비판하고 실재론을 주장했으며 철
학자는 언어 분석을 통해 실재의 진상을 파악할 수 있다고 보아 분석철학의 단초를 마
련했다. 옮긴이

이해했고요. 플라톤은 우리에게 파이데이아*에 함께할 것을 말하고 있는 겁니다. 나도 모든 진지한 철학적 기획의 중심에는 결국 파이데이아가 놓여 있다고 생각해요. 당신은 이 과정에 어떻게 참여하고 있나요? 플라톤이 볼 때 파이데이아는 생성becoming에서 존재being로 나아가는 것이지만 나는 그 과정의 특징을 이렇게 봅니다. 피상적인 것에서 본질적인 것으로, 경박한 것에서 진지한 것으로, 나아가 자아를 갈고 닦아 현실과 역사, 필멸성과 씨름하게 하는 것이라고 말입니다. 가장 중요한 것은 영혼의 성숙입니다. 물론 플라톤의 경우에도 생성에서 존재로 나아가는 과정은 영혼이 진정한 본성으로 돌아서서 특정한 인격을 갖추게 되는 일과 관계가 있습니다. 그렇다면 진리를 존재 양식으로 이해하는 나 역시 고전 철학의 전통에 서 있는 셈이죠. 따라서 철학은 삶의 양식에 더 가까워집니다. 삶의 양식은 담화 양식과는 대립하는 것이고요.

그럼 철학이 사람을 변화시키는 면에 대해 이야기해 볼까요? 이 기획의 제목이 "성찰하는 삶"입니다. 우리는 지금 소크라테스의 격언을 큰 화면에 옮겨 놓으려고 노력하는 셈이죠.

좋습니다. 우리는 어떻게 우리 자신을 소크라테스 방식으로 성찰하고 있습니까? 플라톤은 『변명Appology』** 38a행에서 이렇게 말하니

---

* paideia, 고대 그리스에서 파이데이아는 자녀 양육, 또는 교육으로 폭넓게 정의된다. 크세노폰Xenophon은 파이데이아를 "사람을 가르쳐 인간의 참된 모습, 진정한 본성을 갖추게 하는 과정"이라고 정의했다.
** 『소크라테스의 변명』, 황문수 옮김, 문예출판사, 1999.

다. "성찰하지 않는 삶은 살 가치가 없다." 당신은 자신을 어떻게 성찰하고 있습니까? 당신이 자신을 심문할 땐 어떤 일이 일어납니까? 당신이 암암리에 갖고 있는 가정과 논리 정연하지 못한 전제에 의문을 제기하며 다른 사람으로 변하기 시작할 때 무슨 일이 벌어집니까? 플라톤은 철학이란 죽음에 대해 명상하고 죽음을 맞이할 준비를 하는 것이라고 말합니다. 플라톤이 말하는 죽음은 사건event이 아닙니다. 삶이 끝나는 사망을 의미합니다. 죽음이 없으면 다시 태어남도 없고 변화도 없으며, 변환transformation도 없기 때문입니다. 그러므로 문제를 이렇게 바꿔 말할 수 있을 겁니다. 당신은 죽는 법을 어떻게 배우나요? 물론 몽테뉴도 「철학을 한다는 것은 곧 죽는 법을 배우는 것To Philosophize Is to Learn How to Die」이라는 에세이에서 이 문제를 이야기합니다. 죽는 법을 배우지 않고는 진리에 대해 이야기할 수 없는 법입니다. 죽는 법을 배우고 자신을 성찰하고, 자신의 옛 자아를 더 나은 자아로 바꾸어야 당신은 실제로 더 열심히, 더 비판적으로, 더 풍요롭게 살아갈 수 있기 때문이죠. 죽는 법을 배우는 일과 변화하고 변환을 맞이하는 일은 서로 연결돼 있습니다. 당신 세계의 위아래가 바뀌고, 당신의 세계가, 루트비히 티크*가 자신의 유명한 희곡에서 강조하는 방식으로 뒤집히면 당신은 새로운 자아를 갖게 됩니다. 진리와 죽음에 대해 말할 때 사랑을 빼고 이야기할 수 없는 이유가 여기에 있

---

* Ludwig Tieck, 1773년~1853년. 독일의 소설가, 극작가. 슐레거 형제, 피히테, 셸링 등과 친분을 다졌으며, 그들과 함께 초기 낭만파 운동의 기틀을 다졌다. 여기서 코넬 웨스트는 「위 아래가 뒤바뀐 세상The world turned upside down」이라는 제목이 붙은 루트비히 티크의 희곡을 언급하고 있다. 옮긴이

습니다. 사랑이란 근본적으로 고립되어 있던 옛 자아가 죽고 당신이 사랑하게 된 또 다른 자아와 깊은 관계를 맺는 새로운 자아의 출현을 뜻하니까요. 이건 우리 모두 잘 알고 있는 겁니다.

사랑에 대해 더 이야기하기로 해요. 생각하기에 따라 사람들은 사랑이 적절한 철학 개념이 아니라고 볼 수 있어요.

아니요, 사랑은 모든 철학적 담화의 중심에 있습니다. 플라톤은 진리에 대해 말하려면 에로스eros에 대해 이야기해야 한다는 사실을 잘 알고 있었어요. 철학이 사실상 소피아sophia를 기반으로 하는 지혜 탐구인 이유도 여기에 있습니다.* 지혜 탐구는 지혜 사랑과 깊은 관계가 있습니다. 하지만 플라톤은 구체적인 인간과 대립하는 추상적인 형상을 사랑합니다. 이 점에서 나는 플라톤을 비판합니다. (웨스트는 잠깐 말을 멈추고 창밖을 내다본다. 거리는 행사를 보러 온 사람들로 흘러넘친다.) 아, 무슨 개막식이 있나 보네요. 멋있지 않습니까? 길 양쪽으로 사람들이 늘어서 있네요. 이게 뉴욕입니다. 레드 카펫이며 온갖 것이 다 있죠!

에로스는 모든 것의 중심에 있습니다. 생각해 보십시오. 소크라테스는 자전적 방식으로 에로스를 정의합니다. 한편으로는 부족하기도 하지만 다른 한편으로는 독창적이기도 하죠. 플라톤은 『향연 Symposium』**에서 사랑과 씨름하는 가운데 에로스를 정의합니다. 알다

---

* 철학을 뜻하는 philosophy는 '사랑'을 뜻하는 philos와 '지혜'를 뜻하는 sophia의 합성어로 그 자체가 '지혜에 대한 사랑'을 뜻한다. 옮긴이
** 『향연』, 강철웅 옮김, 이제이북스, 2010.

시피 『향연』은 사랑을 다룬 위대한 책이랍니다. 에로스는 중요합니다. 지혜를 사랑하지 않으면 철학적 사유는 없습니다. 이 점은 단언할 수 있습니다.

나는 철학에 변화를 일으키는 힘이 있다는 생각을 좋아해요. 이 기획을 준비하면서 "철학은 거리에서 이루어진다"는 표어를 내걸었는데 어떻게 생각하나요?

철학은 살면서 겪는 경험, 말하자면 거리의 삶, 다양한 맥락에서 이루어지는 삶에 대한 것입니다. 그게 철학의 전부죠. 거리 철학을 굳이 도시의 철학으로 제한하고 싶지는 않아요. 시골에서 할 수도 있거든요. 철학은 근본적으로 자기 삶을 지혜롭게 살아가려는 방식에 대한 겁니다. 개인적으로는 열정과 용기를 가지고 분수에 맞게 사는 삶을 뜻하고요. 이렇게 말하면 되겠네요. 나는 철학이 근본적으로 우리의 유한한 상황을 다룬다고 생각합니다. '우리 모두 죽음을 향해 나아가는 존재'라는 관점에서 말이죠. 우리는 대소변 사이에서 깃털 없이 태어나 두 발로 다니면서 의식도 있고 언어도 사용하는 피조물입니다. 우리 몸은 언젠가는 땅 속의 벌레들에게 즐거움을 안겨 주는 먹이가 되겠죠. 이것이 우리입니다. 우리는 죽음을 향해 나아가는 존재입니다. 동시에 시간과 공간 안에 머무는 동안에는 욕망을 갖고 있습니다. 그 욕망은 죽음을 눈앞에 두고 바라는 욕망이지요. 물론 우리는 신념을 가진 존재기도 합니다. 신념이란 확실성을 부여잡기 위한 다양한 노력, 여러 형태의 우상 숭배라 할 수 있죠. 한편으로 당신은 신념을 가지고 있으면서도 대화를 합니다. 또한 구조와 제도의 지배를 받으면서도 민주주의를 실천합니다. 사람들은 책임 있는 엘리트들에게 왕, 여왕, 봉건영주, 기업 엘리트, 정치인의 지위를 부여합니다. 이런 엘리트에게 사람들, 즉 평범한 사람들의 일상을 맡기려는 것입니다. 당신은 한편으로는 죽음과 신념과 지배를 받아들이지만, 다른 한편으로는 죽음 앞에서도 욕망하고, 신념이 있음에도 대화하며, 지배를 받으면서도 민주주의를 실천합니다. 그렇다면 철학 자체는 죽음 앞에서 욕망과 씨름하고, 신념 앞에서 대화하려 노력하며, 민주주의를 실천하려는 비판적 성향을 띠게 됩니다. 철학은 지배와 가부장제, 백인 우월주의, 제국주의 권력, 국가 권력 앞에서 민주주의를 실천하려는 매우 허약한 실험에 생명을 불어넣으려 합니다. 집중화된 권력은 그 권력 아래 영향 받는 사람들을 결코 책임지지 않거든요.

철학은 "권력을 향해 진리를 이야기하는 것"이라는 말인가요?

맞아요. 바로 그겁니다. 그러나 당신은 권력 없는 사람들에게도 진리를 이야기합니다. 알다시피 권력 있는 사람들만 탐욕이나 증오심, 두려움, 무지를 독점하는 게 아니니까요. (빨간 불이 들어와 차를 세웠다. 〈뉴욕 공공 도서관New York Public Library〉 앞이었다. 도서관 계단에서 한 무리의 사람들이 공연을 하고 있었는데 주변에 많은 사람들이 모여 있었다.) 저기 춤을 추는 사람들을 보세요. 여기서 힙합 그룹을 보게 되네요. 힙합에서도 저런 걸 브레이크댄스라고 하지요. 멋지지 않습니까? 어젯밤 모임이 있었습니다. 미국에서 활동하는 힙합 대가들이 모두 모여 네 시간 동안 이야기를 나눴지요.

나도 방금 전 당신 시디를 봤어요.

〈잊지 못할 계시 여행Never Forget: A Journey of Revelation〉* 말이군요.
프린스Prince와 〈아웃캐스트OutKast〉의 안드레3000André3000, 위대한
고故 제럴드 레버트Gerald Levert, 〈데드 프레즈Dead Prez〉의 엠 원M-1,
케이알에스 원KRS-1 등과 함께 만든 앨범입니다. 전부 예언적이고 진
보적이고 비범한 힙합 아티스트들입니다. 알다시피 케이알에스 원은
철학자이고요. 열세 살 때 학교를 그만두고 열아홉 살이 될 때까지 거
리 생활을 하다 힙합 1세대가 된 사람이지요.

"철학자는 용감해야 합니다"

한 가지 묻겠습니다. 어떤 사람을 철학자라고 부를 수 있을까요?
학교를 다녀야만 철학자가 될 수 있나요?

맙소사, 아니요. 절대로 그렇지 않아요. 꼭 학교에 다녀야 하는 건
아닙니다. 아니고 말고요. 철학자는 지혜를 사랑하는 사람입니다. 다
만 독자적으로 생각하며 스스로를 성찰하려면 엄청난 훈련과 놀라
운 용기가 필요합니다. 자신을 성찰하라는 소크라테스의 격언은 용

---

* 웨스트는 영화 〈매트릭스〉 시리즈에 단역으로 출연하는 등, 자신의 철학적 목소리를
  내는 데 장르와 영역을 가리지 않는다. 〈잊지 못할 계시 여행Never Forget: A Journey of
  Revelations〉은 2007년도에 나온 웨스트의 두 번째 앨범으로 부정적인 이미지가 강했던
  힙합을 긍정적인 사회적 힘으로 전환하려는 시도였다. 이 앨범에서 웨스트는 이라크 전쟁
  과 동성애 공포증, 기업 권력, 9.11 사건 등 다양한 주제를 다루고 있다. 옮긴이

기를 요구합니다. 윌리엄 버틀러 예이츠*는 이렇게 말했습니다. "자기 영혼의 어두운 구석을 성찰하려면 병사가 전쟁터에서 싸울 때보다 더 많은 용기가 필요하다." 비판적으로 생각할 용기를 말하는 거죠. 용기는 모든 철학자가 갖춰야 할 덕목이지만 결국 모든 사람이 갖춰야 할 덕목이기도 하죠. 생각할 용기, 사랑할 용기, 희망을 품을 용기……, 내가 사이먼 크리츨리의 연구를 좋아하는 이유도 여기 있습니다. 우리는 오늘 밤 이 문제를 놓고 토론하기로 했습니다.

　용기는 오래된 개념이죠? 적어도 소크라테스의 죽음까지 거슬러 올라가니까요. 철학은 용기를 요구하지만 용기를 불어넣어 주기도 합니다. 음악에도 비슷한 용기가 필요한가요?

　어디 보자, 내 기억엔 『국가Republic』** 제10권 607b행을 보면 철학과 시를 놓고 한판 격론이 벌어집니다. 전통적 논쟁이지요. 여기서 플라톤은 호메로스의 파이데이아Homeric paideia를 자신의 파이데이아Platonic paideia로 대체하려고 합니다. 호메로스는 시인을 대표하지요. 호메로스는 우리 삶을 지혜롭게 만드는 나름의 방식을 가지고 있지만 플라톤은 자기 방식이 더 낫다고 생각합니다. 물론 플라톤의 철학적 기획 중심에는 소크라테스의 죽음이 자리 잡고 있습니다. 플라톤은 호메로스의 파이데이아를 열등한 파이데이아라고 말합니다. 열등

* William Butler Yeats, 1865년~1939년. 아일랜드의 시인 겸 극작가로 1923년 노벨 문학상을 수상했다. 예이츠는 낭만주의와 신화적인 작품作風으로 유명하지만 아일랜드 독립 운동에도 힘썼으며, 아일랜드 자유국이 수립된 뒤에는 원로원 의원으로도 활동했다. 옮긴이
** 『플라톤의 국가·정체』, 박종현 옮김, 서광사, 2005.

한 파이데이아 앞에서 어떻게 소크라테스에 대한 기억, 다시 말해 소크라테스가 남긴 유산의 생명력을 계속 유지할 수 있을 것인가가 바로 플라톤 기획의 중심에 있었습니다. 그래서 『국가』 제10권 도입부에서 플라톤은 철학과 시를 놓고 벌어지는 전통적 논쟁을 소개하고 있는 겁니다. 내 입장을 밝히면, 철학자는 시인과 함께 학교에 다녀야 합니다. 양자택일 문제가 아니란 거죠. 어떤 것이 더 우월하지도, 둘이 서로 대립하지도 않는다는 겁니다.

철학과 시는 서로 다른 지식을 다룬다는 말인가요?

종류가 다릅니다. 게다가 시적 지식에 철학적 지식이 배어 있는 정도와 철학적 지식에 시적 지식이 배어 있는 정도도 다릅니다. 내가 다른 철학자 대부분과 갈라서는 지점이 바로 이 부분이 아닐까 생각합니다. 자, 나는 정신적으로는 블루스맨의 삶을 살지만 관념 세계에서는 재즈맨입니다. 그러니 내 입장에서 보면 음악이 중심입니다. 당신이 시를 이야기할 때 플라톤은 대체로 언어에 대해 이야기합니다. 반면 나는 음과 음질, 음색, 리듬을 이야기합니다. 아시겠죠? 나에게는 음악이 기본입니다. 철학자는 시인과 함께 학교에 다녀야 하고 또 음악가와도 함께 다녀야 합니다. 명심해야 할 게 있습니다. 플라톤은 『국가』에서 피리(혹은 플루트flute)는 사용하지 못하게 하면서도 고대 그리스 현악기 리라lyre를 사용하는 일은 금지하지 않습니다. 왜 그럴까요? 플라톤은 우리의 영혼이 이성과 의지와 욕망, 이렇게 세 부분으로 이루어져 있다고 봅니다. 플라톤의 생각에 따르면, 피리는 이 세 부분 모두에 호소하지만 리라는 현이 하나밖에 없어 한 부분에만 호소한다는 겁니다. 그러니 리라는 허용할 수 있다는 거죠. 하지만 아이러니가 있습니다. 플라톤이 죽음을 눈앞에 두고 무엇을 했는지 압니까? 하하, 트라키아 소녀에게 피리로 음악을 연주해 달라고 했습니다. 재밌죠? 한 가지 더, 그 소녀는 선율을 기억하지 못했습니다. 그러니까 플라톤은 임종 직전에 입으로 웅얼거리며 선율을 일러줘야 했던 것입니다.

그러니까, 플라톤은 알고 있었네요.

그럼요. 알다마다요! 플라톤은 심지어 아리스토파네스Aristophanes[*]도 베개 밑에 놓고 잤답니다. 플라톤은 글을 매우 시적으로 쓰기도 했습니다. 그러나 불행하게도 플라톤의 기획에서 철학은 시 위에 있었고 때로는 시와 대립하기도 합니다. 플라톤의 행동이 그의 이데올로기와 상반된다는 건 분명하죠. 플라톤은 매우 시적인 철학자인 동시에 철학적인 시인이기 때문입니다. 그러나 내 생각에 시적인 철학자나 철학적인 시인이 되는 것만이 문제가 아닙니다. 음악적이 되는 것 또한 문제죠. 그런데 매우 흥미로운 건 플라톤이 음악 생활에 대해서도 한 차례 이야기했다는 점입니다. 그 이야기는 플라톤의 대화편 「라케스Laches」[**]에 나와요. 그러면 「라케스」에서 플라톤은 무엇을 이야기할까요? 플라톤은 질문을 하나 던지고 있습니다. "용기란 무엇인가?" 플라톤에게는 음악 생활이 가장 용감한 삶입니다. 무슨 말일까요? 플

---

[*] Aristophanes, B.C. 445?년~B.C. 385?년. 그리스의 대표적 희극 시인. 당대의 유명인을 풍자의 대상으로 삼았고 그중에는 플라톤의 스승 소크라테스도 있었다. 옮긴이
[**] 「플라톤: 그의 철학과 몇몇 대화편」, 박종현 옮김, 서울대학교출판부, 2006.

라톤은 악기를 연주하는 누군가를 말하는 게 아닙니다. 플라톤이 실제로 언급하는 대상은, 천을 짜는 것처럼 음을 엮어서 특정한 유형의 선율과 화음을 만들려 노력하는 사람입니다. 플라톤은 물론 불협화음과 단조가 없으면 화음과 선율도 없다는 사실을 알고 있었죠. 나는 블루스맨입니다. 나는 단조를 강조해요.

"진리의 조건은
고난이 말할 수 있게 하는 것"

기본적인 질문을 하나 해도 될까요? 당신은 왜 당신의 연구를 "예언적prophetic"이라고 부르나요?

글쎄요, 나에게 "예언적"이라는 말은 사랑할 용기, 공감할 용기, 연민을 느낄 용기, 정의에 헌신할 용기를 발휘하는 것과 관련됩니다. 물론 나는 기독교인입니다. 전근대적 설화의 산물이며, 성경의 산물인 거죠. 미가서 6장 8절에는 이런 말이 나와요. "공의를 행하며 인자를 사랑하며 겸손히 네 하나님과 함께 행하라." 여기서 "인자"로 번역한 말은 본래 헤세드Hesed입니다. 헤세드는 "변치 않는 사랑"을 뜻하는 히브리어예요. 알다시피 자본주의 사회와 시장 중심 문화에서 사랑은 변덕스러운 감상으로 치부됩니다. 사랑은 감정적인 기분이라는 겁니다. 이와 달리 히브리 성경과 기독교인들 그리고 예루살렘의 유산에 영향을 받은 세속적인 많은 사람들에게 사랑이란 근본적으로 변함없이 다른 사람, 특히 가장 취약한 다른 사람의 복지에 헌신한다는 뜻입니다. 레위기 19장 18절은 이렇게 말합니다. "네 이웃 사랑하기를 네 자신과 같이 사랑하라." 마태복음 25장에는 이런 말도 있죠. "이 지극히 작은 자", 즉 미망인이나 노인, 장애인, 아니면 백인 우월주의나 동성애 공포증homophobia, 가부장제, 제국주의 지배 등으로 고통당하는 사람들을 보살피라고요. 프란츠 파농은 이들을 "대지의 저주받은 사람들"이라고 불렀습니다. 그러므로 예언적이라는 말은 이처럼 근본적으로 실의에 빠진 사람들, 인간으로서의 존재 가치를 빼앗긴 사람들, 타인의 강요에 의해 자신의 인간성을 묻어 두고 숨겨야 하는 사람들을 위해 살며 그들을 위해 말하려는 용감한 노력을 의미합니다. 따라서 나는 '지혜를 사랑하는 사람'의 뜻을 정의할 때 꼭 철학적 예언가나 시적 예언가라는 개념을 활용합니다. 여기서 우리는 다시 철학의 일반적 의미로 되돌아가네요. "진리의 조건은 고난이 말할 수 있게 하는 것"이라고 말했죠. 그 말은 철학적 감수성이 있는 사람이라면 다른 사람을 사랑하는 일에 헌신할 것이며, 다른 사람을 사랑한다면 불의를 미워할 것이라는 뜻입니다. 예수님이 예루살렘에 처음 갔을 때 성전으로 들어가 거기서 장사하는 사람들을 내쫓은 것도 그런 이유이지 않았나요? 이건 정말 믿기 힘든 의분righteous indignation입니다. 내 기억에 사랑하는 우리 형제 사이먼 크리츨리는 그런 의분을 분노anger라고 부릅니다. 하지만 나는 분노로 보지 않습니다. 분노는 다른 겁니다. 분노와 의분은 똑같은 게 아닙니다. 분노는 당신의 영혼을 황폐하게 만드는 쓰라린 감정일 수도 있지만 의분은 도덕에서, 윤리에서 오는 겁니다. 사이먼도 이에 동의합니다. 알다시피 사이먼은 강한 윤리를 원하는 사람이죠.

오늘 당신을 만나기 전 마이클 하트와 촬영을 했어요. 혁명이 주제
였는데 폭력 문제를 놓고 조금 시끄러웠지요.

그런 일이 있었나요? 나는 평화주의자와는 거리가 멉니다. 설득력
있게 주장할 수 있는 '정의로운 전쟁just war'이라는 개념도 있어요. 지
금이 나치나 아파르트헤이트* 치하라면 나 역시 저항 대열에 합류했
을 겁니다. 그러나 폭력은 최후의 수단이고 정말 마지막 방법입니다.
폭력에 호소하지 말고 상대방을 서로 존중하며 갈등을 해결하는 분위
기가 조성돼야 합니다. 하지만 알다시피 우리는 탐욕과 씨름하고, 공
포나 안전이나 불안 때문에 고심하며, 증오심을 가득 안고 싸우는 존
재입니다. 이 땅에는 전쟁이 일어날 수밖에 없습니다. 따라서 어떤 전
쟁을 선택하느냐가 중요한 겁니다. 히틀러와 싸우라고 병사들을 내
보내는 것은 물론 비극이지만 그런 망나니들은 죽어야 합니다. 그들
은 세상을 지배하고, 유대인 형제자매를 강제수용소에 몰아넣고, 여
성을 종속시키며, 유색 인종을 말살하려 하기 때문입니다.

시장이라는 개념을 좀 더 이야기하기로 해요. 앞서 시장이 사랑에
미치는 영향을 이야기하면서 시장은 감상주의를 선호한다고 했잖아
요. 그럼 사유는 어떤가요? 시장 중심 사회에서 철학은 어떤 위치인

---

* apartheid, 1948년부터 1994년까지 남아프리카공화국의 절대 다수를 이루던 흑인(유
  색 인종)을 구조적으로 착취하고 배제한 극단적인 인종차별 정책과 제도를 가리킨다. 인
  종 격리를 통한 인종 분리 정책, 참정권 박탈, 인종 간 결혼 금지 등이 특징이다. 옮긴이

가요? 시장은 철학적이거나 지성적인 담화에 어떤 영향을 미치나요?

한편에는 전문화된 철학이 있습니다. 대학에 자리 잡고 있는 철학이지요. 대학은 전문적이고 경영적인 공간입니다. 대학에서 하는 철학은 삶의 방식이나 존재 양식으로서의 철학이 아니라 기술적인 전문 지식으로서의 철학입니다. 멀티버시티*, 즉 고도로 전문화되고 직업화된 멀티버시티와 유니버시티는 대개 기업 자본에 기생하고 있고 경영권을 가진 기업 엘리트와 대학은 서로 밀착돼 긴밀한 관계를 맺고 있습니다. 바로 이 점에서 대학은 시장과 연결되어 있습니다. 대학은 기업 엘리트의 부와 돈에 필요 이상으로 의존하고 있습니다. 역사적으로 대학이 진지하고 진취적인 정치 행동과 정치사상, 정치 패러다임의 산실이었던 경우는 드뭅니다. 예외도 물론 있지만 나는 대체로 상아탑에 많은 기대를 하지 않습니다. 내 말은 미국 역사 말입니다. 맙소사, 만약 우리가 대학이 기업의 탐욕 때문에 발생하는 부와 불평등, 그리고 남성 지배와 백인 지배에 대항해 전쟁을 일으킬 때까지 마냥 기다리기만 했다면 [우리는 그 싸움에서] 승리를 거의 거두지 못했을 겁니다. 알다시피 많은 용기는 민중demos에게서, 평범한 사람들에게서, 아래에서 나옵니다. 상아탑에 있는 사람들은 사회운동과 그에 대한 반응에 영향을 받는 거고요.

그래도 대학은 역량을 가지고 귀중한 일을 할 수 있잖아요.

물론이죠. 그뿐만이 아닙니다. 정신생활에서 오는 어떤 기쁨도 있

---

* multiversities. 여러 지역에 분산된 캠퍼스를 둔 거대 종합 대학. 옮긴이

습니다. 이 점은 부인할 수 없습니다. 사상의 세계에 들어와야 활기를 띠는 사람들에게 둘러 싸여 있다 보면 모종의 즐거움도 느낄 수 있죠.

좀 더 설명해 주세요. 우리를 설득시켜 주세요.

좋아요. 지적 쾌락주의도 나름의 자리가 있기 마련입니다. 나는 기독교인이지만 청교도는 아닙니다. 난 쾌락을 믿습니다. 진탕 먹고 마시는 데서 오는 쾌락과 텔레비전을 시청하는 데서 오는 쾌락, 지적 쾌락, 사회적 쾌락 등은 각각 나름의 자리가 있습니다. 나는 텔레비전 쇼도 즐겨 봅니다. 음악에 대해 말하자면, 베토벤의 위대한 현악 사중주 131번은 믿을 수 없을 정도로 심미적 쾌락을 안겨 줍니다. 차원은 다르지만 커티스 메이필드*나 비틀즈 등도 마찬가지입니다. 그러니까 지적 쾌락은 매우 중요합니다. 하지만 지적 쾌락은 대학 같은 특정한 구조와 제도가 전제되어야 하며 이런 구조와 제도에는 역사가 있다는 점을 솔직하게 인정해야 합니다. 따라서 아무리 바람직하더라도 지적 쾌락이 마냥 무해한 것은 아니란 겁니다. 지적 쾌락은 늘 특정한 사회질서, 즉 지배 구조를 통해 형성된 사회질서를 전제로 하고 그 질서를 당연한 것으로 받아들이기 때문이죠.

마침 어젯밤에 사이먼 크리츨리와 이야기할 기회가 있었어요. 크리츨리는 철학자가 되려면, 지성인이 되려면 이미 절반은 죽은 사람이 되어야 한다고 말했죠. 시체와 같은 사람이 되어야 한다는 말인데,

* Curtis Mayfield, 1942년~ . 1960년대 시카고를 중심으로 솔뮤직Soul music을 확립한 가수이자 작곡가, 연주가다. 옮긴이

시체가 된다는 것이 어떻게 유쾌한 일일 수 있을까요?

　일단 나는 크리츨리의 주장에 동의하지 않아요. 죽은 사람과 대화를 나누는 일은 삶에서 맛보는 큰 기쁨 가운데 하나이긴 해요. 분명히 말하지만 누군가가 저기 앉아서 안톤 체호프Anton Chekhov나 사뮈엘 베케트Samuel Barclay Beckett, 토니 모리슨Toni Morrison 등을 읽고 있다면 그 사람은 결코 죽은 게 아닙니다. 많은 면에서 강한 생명력을 보이는 겁니다. 내 말은, 사랑하는 우리 형제 사이먼이 그의 놀라운 책 『사물은 그냥 존재할 뿐이다: 월리스 스티븐스의 시에 담긴 철학*Things Merely Are: Philosophy in the Poetry of Wallace Stevens*』에서 월리스 스티븐스의 시를 읽고 있다면 사이먼은 매우 왕성한 생명력을 보이며 살아 있다는 말입니다. 월리스 스티븐스의 복잡하고 미묘한 정신 유희를 읽고 있는데 죽어 있거나 활기를 잃기란 불가능한 일이죠. 서재에 틀어박혀서 사회적으로 격리될 수는 있겠지만 강한 생명력을 갖고 있어요. 사실 인파에 휩쓸려 뉴욕 거리를 돌아다니면서도 왜 그렇게 쏘다니는지 지성적인 질문이나 의문을 전혀 던지지 않는 사람들보다 훨씬 더 살아 있는 겁니다. 만약 여러분이 존 러스킨John Ruskin이나 마크 트웨인Mark Twain, 허먼 멜빌Herman Melville 등을 읽고 있다면 책을 벽에 내동댕이치지 않고는 못 배길 겁니다. 매우 강렬한 생명력에 사로잡힌 터라 휴식이 필요할 테니까요. 자, 이제는 쉬어야 할 때입니다. 삶에 여유를 누리세요. 『백경*Moby-Dick*』을 집어 들고 벽에다 던지세요. 괴테가 폰 클라이스트Bernd Heinrich Wilhelm von Kleist의 작품을 벽에 집어 던졌던 것처럼 말입니다. 폰 클라이스트의 책은 너무 버거웠거든요. 1770년대라면 괴테가 『젊은 베르테르의 슬픔』을 집필하고 난 뒤

느꼈던 자살 충동에서 간신히 헤어나와 그 어둠에서 벗어나려던 때였으니까요. 그 어둠이 괴테를 바이마르에서 신고전주의 쪽으로 기울어지게 만들었지요. 그런데 폰 클라이스트의 책을 읽다가 괴테는 바로 그 어둠을 떠올렸던 것입니다. 어떤 것들은 우리에게 너무 강한 생명력을 선사합니다. 마치 강력한 사랑에 빠지는 것처럼 말이죠. 여러분은 아무것도 할 수 없어요. 크로노스*로 돌아가기 어렵습니다. 일상생활로 돌아가기도 어렵죠. 무슨 말인지 알죠? 다른 사람을 사랑하는 일의 카이로스적** 차원 말입니다. 다른 사람을 사랑하게 되면 모든 것이 대단한 의미를 띠게 되지요. 당신은 그대로 거기 머물길 바랄 겁니다. 하지만 그럴 수 없습니다. 아시잖아요? 욕실에 들어가 물이나 한 바가지 끼얹었어야지요.

"낭만주의야말로
시장이 추구하는 목표 가운데 하나입니다"

진리라는 개념으로 다시 돌아가 보도록 하죠. 살아 있는 경험과 연관된 진리로요.

---

* chronos, 그리스 신화에 나오는 '시간의 신'을 가리키며 그 자체가 '시간'을 뜻하는 고대 그리스어다. 연대기를 뜻하는 chronicle의 어원. 옮긴이

** 카이로스적kairotic이란 말은 카이로스Kairos에서 온 말이다. '카이로스'는 결정이나 행동을 하기 좋은 순간을 의미한다. '크로노스'는 시간의 직선적인 또는 양적인 측면을 전달하는 데 반해 '카이로스'는 질적인 요소를 강조한다.

우리는 진리의 실존적 개념을 출발점으로 삼았습니다. 진리는 삶의 방식이며 존재 양식이라는 개념 말입니다. 그런데 플라톤이 『일곱 번째 편지Seventh Letter』*에서 말하는 것처럼 여러분이 아는 진리는 대개 불가사의한 요소를 필연적으로 안고 있는 그런 진리입니다. 인간은 타락한 존재며, 유한한 존재기 때문에 대문자 진리Truth에는 접근할 수 없습니다. 모종의 소문자 진리들truths에는 접근할 수 있겠죠. 그러나 그 소문자 진리들은 오류 가능성이 있습니다. 그 진리는 틀릴 수 있습니다. 우리는 진리 주장을 새롭게 고칠 준비를 하고 있어야 합니다. 그러니 진리는 늘 특정한 불가사의와 나란히 손을 잡고 있다고 말할 수 있는 거지요. 마이스터 에크하르트Meister Eckhart나 폴 틸리히 Paul Tillich 같은 종교적 실존주의 사상가든, 알베르 카뮈Albert Camus나 장 폴 사르트르Jean Paul Sartre 같은 세속적 실존주의 사상가든, 그토록 많은 실존주의 사상가들이 실재의 궁극적인 본성, 사물에 대한 진리를 완전히 파악할 수 없는 우리의 무능력과 유한성을 강조한 것도 바로 그런 이유 때문입니다. 그러니 진리에 대해 이야기한다는 것은 진리로 나아가는 길에 대해 이야기하는 겁니다. 일단 세계의 존재 방식을 충분히 파악할 수 있다는 개념을 포기하면 여러분은 다음과 같은 질문을 던질 겁니다. "진리를 추구하는 이 탐구의 여정을 지속할 방법

---

* 플라톤은 대화편 말고도 13편의 서한문을 남겼는데, 대부분의 서한문은 위작으로 여겨진다. 그러나 여기서 언급하는 일곱 번째 편지는 위작으로 판명되지 않은 소수의 서한문 중 하나로, 플라톤이 시칠리아 섬에서 디오니시우스 1세의 처남인 디온과 친교를 나누던 시절의 이야기가 자전적으로 그려지고 있다. 그 밖에도 플라톤이 철학에 입문하게 된 배경, 정치 참여에 대한 열정, 진정한 철학적 과업을 글로 옮기는 작업의 어려움 등을 비교적 상세히 서술하고 있는 귀중한 자료다. 옮긴이

은 무엇인가? 진리를 향한 여정과 행로, 그리고 그 길에서 어떻게 가닥을 잡아 나갈 수 있겠는가?" 이렇듯 진리는, 진리로 나아가는 길에 대한 이야기와 손을 맞잡게 되는 것입니다. 과학자라면 진리에 대해 이야기할 경우 증거를 토대로 신뢰할 수 있는 결론을 도출하는 귀납적 관점에서 말할 겁니다. 종교인은 신의 계시 앞에서 자신의 오만과 교만을 굴복시키는 관점에서 이야기할 겁니다. 과학자든 종교인이든 우리의 유한성과 오류 가능성을 인정하고 있습니다.

한계를 탐구하는 것으로서 철학을 말하는 거죠?

그렇습니다. 우리의 유한성을 이야기하고 있습니다. 그런데 '한계'라는 말은 너무 지나치게 관료적인 표현 같습니다. 20세기 유럽이 낳은 또 한 명의 위대한 실존주의 철학자 칼 야스퍼스Karl Jaspers가 삶의 한계 상황이라는 놀라운 개념을 사용하긴 합니다. 그러나 나는 한계보다는 유한성의 관점에서 이야기하고 싶습니다. 내가 [실존주의자라기보다는] 실증주의자 쪽에 훨씬 더 가깝기 때문입니다. 나는 시간과 공간 속에 놓인 유기체에 대해 말하고 싶은 겁니다. 우리는 시간과 공간 속에서 언어를 사용하는 유기체입니다. 우리는 언제나 문화와 역사, 사회, 지배 구조에 에워싸여 있고, 또 그 지배 구조에 저항하는 길에 에워싸여 있기도 한 유한한 존재입니다. '한계'라는 개념은 이런 측면을 충분히 설명하지 못합니다. 무슨 말인지 알겠죠? 유한성에 대한 이야기에는 온갖 역사적 색채가 배어 있다는 점을 분명히 말씀드리고 싶은 겁니다. 우리는 하수구의 지독한 냄새를 맡으며 여성에게서 태어납니다. 나는 이 냄새를 악취funk라 부르는데 우리는 이 지독한 삶의 악취를 여성의 자궁 속에서부터 경험하게 되는 거죠. 그리고 사랑의 힘이 우리를 밖으로 밀어냅니다. 여기서는 마르틴 하이데거Martin Heidegger보다 지암바티스타 비코*가 훨씬 더 도움이 됩니다. 비코는 그런 악취를 시체의 관점에서 이야기합니다. 알다시피 하이데거는 죽음에 대해 이야기할 뿐, 시체에 대해서는 이야기하지 않죠. 하지만 죽음은 너무 추상적입니다. 존 턴John Donne의 시를 읽어 보십시오. 존 턴은 부패해서 분해되는 시체에 대해 이야기합니다. 그게 역사입니다. 그게 바로 독한 악취가 나는, 있는 그대로의 삶의 냄새입니다. 그것이 블루스맨들이 하는 일, 바로 재즈맨들이 하는 일인 것입니다. 그러니까 맞습니다. '한계'라는 말은, 우리는 우주를 지배하는 존재가 아니라는 사실을 나타내는 방법입니다. 여러분이 지혜를 사랑하는 사람의 관점에서 실제로 철학적으로 이야기할 경우 문제는 이런 형태를 취하게 됩니다. "좋다. 당신은 이 특정 여성에게서 태어났다. 그런데 그 여성은 과연 당신을 사랑할까?" 그 여성이 당신을 사랑하지 않는다면, 이 사실은 당신의 생애에 근본적인 영향을 미칠 겁니다. 사랑한다면 그 사실도 당신의 생애에 근본적인 영향을 미칠 겁니다. 그러면 그 여성은 어떤 신념을 갖고 있는가? 그 여성은 어떤 문화에서 자랐는가? 그 여성은 당신에게 어떤 성향을 전하고, 물려줄 것인가? 당신이 속해 있는 공동체는 어떠한가? 당신이 속해

---

* Giambattista Vico, 1668년~1744년. 이탈리아의 철학자이자 수사학자. 폰 글라서펠트 Ernst von Glasersfeld는 비코를 최초의 구성주의자로 본다. 당대의 데카르트 전통을 비판하며 인식 주체의 경험을 강조한 인물로 역사에도 관심이 많아 역사가 신의 시대, 영웅의 시대, 인간의 시대를 끊임없이 순환하며 발전한다는 역사관으로 후대에 영향을 미쳤다. 옮긴이

있고 당신을 키울 종교적 기관이나 비종교적 기관은 어떠한가? 소크라테스적인 벌레에 물리게 되면 당신은 이렇게 연달아 질문을 던지게 될 겁니다. 뭔가 질문할 준비가 되어 있어야 한단 말이지요.

내 말은……, 자, 다시 나의 형제 사이먼의 이야기로 되돌아가 보죠. 사랑하는 우리 형제 이야기를 다시 한다는 게 내키지는 않지만 사이먼은 늘 내 머리에서 떠나질 않네요. 내 말은 사이먼이 안고 있는 문제는 분명 낭만적이라는 겁니다. 그렇지 않나요? 그러니 절망이 늘 중심에 놓여 있고 실패가 언제나 한가운데 자리 잡고 있지요. 그러면 낭만주의는 어디서 오나요? 왜 낭만주의에서 시작하지요? 나는 낭만주의를 출발점으로 삼지 않습니다. 체호프도 마찬가집니다. 그러나 사이먼은 낭만주의에서 시작합니다. 그렇다고 잘못하고 있다는 말은 아닙니다. 많은 사람에게는 독일 관념론이 사고의 궁극 지평이기 때문입니다. 사랑하는 나의 형제 지젝도 마찬가집니다. 나는 하버드와 프린스턴에서 지젝과 놀라운 논쟁을 벌이곤 했지요. 지젝에게는, 그리고 어떤 의미에서는 사랑하는 형제 사이먼에게도 독일 관념론은 인간 사고의 궁극 지평이며 따라서 낭만주의를 출발점으로 삼습니다. "당신은 총체화할 수 있습니까? 당신은 사물들을 온전한 전체로 만들 수 있습니까? 당신은 조화를 창출할 수 있습니까?" 그럴 수 없으면 좌절에 부딪치게 됩니다. 다시 말해, 좌절은 당신이 거부하는 것과 관계가 있습니다. 이걸 알아야 해요. 체호프는 낭만적이지 않았습니다. 체호프는 편린과 폐허, 유적에 대해 이야기할 때도 전체와 연결하지 않았습니다. 알다시피 체호프는 낭만적 감수성에 빠지지 않았기 때문입니다. 나는 아주 철저하게 체호프적인 기독교인입니다.

자본주의로 낭만주의를 생각해 볼 수 있을 것 같아요. 우리 사회에는 행복해야 한다는 매우 일차원적인 압력이 있어서 예컨대 회의나 우울, 소외감 같은 감정은 억압되고 있습니다. 이런 현상을 총체성을 갈망하는 낭만주의적 욕망과 연결할 수 있을까요?

낭만주의적 욕망이야말로 시장이 추구하는 목표 가운데 하나죠. 『공산당 선언*Manifesto*』에서 마르크스가 사용한 저 놀라운 표현은 절대적으로 옳습니다. 여러분은 모든 것을 녹이고 싶어합니다.* 의식儀式들을 없애고 싶어합니다. 우리가 죽음을 다양한 형태로 다룰 수 있게 하는 순간을 모두 없애려 합니다. 금전에 의한 결합과 이윤 창출, 쾌락이 지배하는 삶을 원합니다. 이런 삶은 매우 피상적이고 미숙한 삶의 양식입니다. 그러나 그런 삶이 궁극적으로는 경제 전체를 유지하는 방식이 되고 있으며 삶의 한 양식이 되고 있습니다. 마르크스가 생각한 시장적 삶의 양식이죠. 마르크스도 21세기가 된 지금 우리가 살아가는 모습은 상상도 못했을 테지만 말입니다. 시장이 침실에서부터 교실에 이르기까지 모든 것에 영향을 주는 곳에서 시장 감수성을 어느 정도라도 제어하려는 것은 완전한 저항이 됩니다. 이는 대단히 어려운 일이죠. 테오도어 아도르노는 생애 마지막 30년 대부분을 모든 곳에 존재하는 시장의 편재성과 시장이 안겨 주는 해로운 결과에 맞서 저항할 수 있는 형식이 무엇일까를 고민하며 보냈어요.

---

* "견고한 모든 것이 대기 속아 녹아 버리고 신성한 모든 것이 모욕당하며……"(『세계를 뒤흔든 공산당 선언』, 칼 마르크스·프리드리히 엥겔스, 데이비드 보일 해설, 유강은 옮김, 그린비, 2005) 옮긴이

그러나 아도르노는 그 저항 형식을 발견하지 못했고 오늘날에는 상황이 훨씬 더 심각해졌습니다. 시장은 우리의 삶 속으로 훨씬 더 깊이 침투했고요.

아도르노는 아놀드 쇤베르크*의 무조주의atonality 몸짓에서 그 저항 형식을 발견했습니다. 물론 아도르노에게는 베케트Samuel Beckett도 모범적인 예술가입니다. 베케트는 실제로 저항을 하기 때문입니다. 그는 심지어 형식 수준에서도 저항을 합니다. 알다시피 베케트는 어디선가 이런 비슷한 놀라운 말을 했지요. "하이데거와 사르트르는 존재에 대해 이야기합니다. 그러나 존재라는 말은 내게 너무 추상적입니다. 나는 그것을 엉망진창인 상태mess라고 부릅니다."** 정신적으로 블루스맨의 삶을 살고 있는 나는 그것을 독한 악취라고 부르죠. 베케트에게는 엉망진창이 매우 압도적이므로 그 엉망진창은 넘쳐서 형식으로 흘러들어 갑니다. 베케트가 멘토인 제임스 조이스James Joyce와 결별하는 것도 그런 이유 때문이고요. 조이스는 [타협을 배제하고 최대

---

* Arnold Schoenberg, 1874년~1951년. 오스트리아 태생의 작곡가. 으뜸음을 중심으로 화음을 형성하는 기존의 조성 음악을 거부하고 조調와는 전혀 다른 구성 원리를 갖는 무조 음악을 창시했다. 으뜸음에 다른 음을 종속시키지 않는 것이 무조 음악이며, 이것이 12음 기법의 확립으로 이어졌다. 청년 시절 빈에서 음악 평론을 했던 아도르노는 쇤베르크를 평생 흠모했다. 옮긴이

** 1961년 베케트가 톰 드라이버Tom Driver와 나눈 대화를 인용한 것이다. "존재에 대해 말할 수 있는 사람은 없습니다. 오직 엉망진창인 상태에 대해서만 말할 수 있습니다. 하이데거와 사르트르가 존재와 현존의 차이에 대해 말했을 때, 그들이 말이 맞았는지도 모릅니다. 그러나 모르겠습니다. 그들의 언어는 내게 너무 철학적입니다. 나는 철학자가 아닙니다. 우리는 오직 우리 앞에 있는 것에 대해서만 말할 수 있습니다. 그리고 우리 앞에 있는 것은 단지 엉망진창인 상태일 뿐입니다." Tom F. Driver, "Beckett by the Madeleine" from Columbia University Forum IV(summer, 1961) in *Drama in the Modern World*. 옮긴이

를 요구하는] 최대주의자maximalist입니다. 조이스는 지금도 여전히 혼돈의 역사에 부과할 수 있는 형식을 찾으려 하고 있습니다. "역사는 악몽입니다. 나는 그 악몽에서 깨어나려 애쓰고 있습니다."『율리시즈Ulysses』에서 스티븐이 하는 말이죠. 그러나 베케트는 이렇게 말합니다. "조이스와 나는 다릅니다. 나는 [되도록 소수의 단순한 요소를 통해 최대 효과를 이루려는] 최소주의자minimalist입니다. 나는 최대주의자가 아닙니다. 엉망진창인 상태는 우리를 크게 압도하고 있습니다. 그러므로 엉망진창인 상태는 그대로 나의 불완전한 형식이 되리라는 것과 그 형식은 실패하리라는 것을 나는 알고 있습니다." 말년에 조이스는 자기가 아무튼 실패했다는 사실을 깨달았어요. 그러나 조이스 자신이 의도한 결과는 아니었죠. 반면 베케트는 처음부터 이렇게 말하고 있습니다. "나는 실패의 미학과 예술을 실천하고 있습니다."

당신은 어떤가요? 최대주의자인가요, 최소주의자인가요? 아니면 다른 입장이 있나요?

다시 말하지만 실패나 실망, 미몽에서 깨어난다거나, 환멸 같은 말은 내게 조금 낭만적으로 들립니다. 여러분도 알 겁니다. 체호프는 자기 예술을 실패라고 부르지 않았어요. 베케트는 그렇게 불렀고요. 베케트가 말하는 실패는 명백히 신통치 않은 실패입니다. 실패라는 말을 여기서 써도 될지 나도 잘 모르겠어요. 자, 문제는 이거예요. 여러분이 낭만적인 기획을 가지고 있을 때 여러분은 손실로서의 시간, 받는 자로서의 시간에 사로잡히게 됩니다. 반면 체호프적인 기독교인인 나는 선물로서의 시간, 주는 자로서의 시간을 강조하길 원한다는 거지요. 뭐, 이런 겁니다. "그래, 이건 실패야. 그런데 실패라니 얼마나 좋아?" 실패는 가끔 놀라운 일을 이루어 놓잖아요. 그러니 베케트는 『워스트워드 호*Worstward Ho*』라는 굉장한 작품에서 이렇게 말할 수 있었던 겁니다. "다시 시도하라. 다시 실패하라. 실패도 더 나아질 것이다." 프랑스어 판 89쪽 어딘가에 나올 거예요. 더 나은 실패라, 좋아요! 하지만 왜 그것을 실패라고 불러야 하나요? 내 말은, 왜 당신이 행한 것만큼 할 수 있다는 사실에 감사하는 마음이 없습니까? 당신이 하는 것만큼 사랑할 수 있고, 당신이 하는 것만큼 생각할 수 있으며, 당신이 하는 것만큼 놀 수 있다는 사실에 왜 감사하지 않습니까? 왜 당신은 온전한 것이 필요하다고 생각합니까? 온전한 것이 필요하다는 기대치는 어디서 옵니까? 낭만적인 기획에서 오는 겁니다! 무슨 뜻인지 알겠죠?

낭만주의 기획은 미국을 혼란에 빠뜨리고 있습니다. 도시는 낙원 같다고들 하지요. 그리고 다른 모든 것은 엉망진창, 거짓말 등등……, 하지만 나는 그렇게 말하지 않아요. 미국은 토착민의 땅을 약탈하고, 아프리카계 사람들을 노예로 삼고, 노동자와 여성을 예속시키고, 게이와 레즈비언을 주변으로 밀어내는 가운데 대단히 허약한 민주주의를 실험하고 있어요. 물론 미국은 엄청난 잠재력이 있지요. 아무튼 우리는 모든 것을 이미 갖고 있다거나 언젠가는 모든 걸 갖게 될 거라는 생각은 한쪽으로 제쳐 놓아야 해요. 일단 그러한 생각을 한쪽으로 제쳐 놓으면 실망이나 실패라는 말은 사라질 겁니다. 그리고 나서 여러분은 이렇게 말할 겁니다. "좋아, 우리가 얼마나 일했지? 그 일을 어떻게 할 수 있었지? 앞으로 얼마나 더 많이 할 수 있지?" 여러분이 한 것보다 많은 일을 할 수 있었던 경우는 거의 없습니다. 그건 일흔다섯 살에 브레이크댄스를 추려는 것과 같아요. 일흔다섯 살에 브레이크댄스는 무리랍니다! 열여섯 살에는 그 춤의 대가였을지도 모르죠. 그러나 그 시절은 지나갔습니다! 그러면 당신은 실패한 겁니까? 절대로 그렇지 않습니다! 당신은 이제 일흔다섯 살이에요. 당신이 할 수 없는 것이 있습니다. 당신은 이 사실을 있는 그대로 받아들여야 합니다. 이것이 소크라테스가 그의 놀이에서 찾고 있는 지혜입니다. 사실을 있는 그대로 받아들이는 상황 판단이 바로 그런 지혜지요. 당신은 일흔다섯 살에 열다섯 살 때처럼 브레이크댄스 춤을 추지 못한다고 실망할 필요가 없습니다. 여든 살에 스무 살 때처럼 사랑을 나눌 수 없다고 실망할 필요가 없습니다. 그러면 어때요? 시간은 현실이라고요!

낭만적인 견해를 멀리하는군요. 총체성이나 과거의 이상을 갈망하는…….

온전함이나 조화를 더 많이, 아니면 어느 정도라도 얻고자 하는 갈망, 소외를 극복하려는 바람, 그리고 현대 사상가들의 담화에 철저하게 배어 있는 모든 낭만적인 수사들 따위, 나는 이 모든 것에 저항하고 있습니다.

강연에 늦을 것 같아 걱정은 되지만 이 문제를 좀 더 이야기하고 싶네요.

시간은 아직 충분해요. 원하는 만큼 얘기해도 됩니다.

준비할 시간이 되겠어요?

준비하는 일은 별 문제가 아니죠. 준비는 늘 되어 있으니까요.

"블루스는 파국을 출발점으로 삼습니다"

자 그럼, 질문하겠습니다. 세상이 온갖 결함을 안고 있어도 우리는 그런 세상을 사랑해야 한다는 거 아닌가요?

죽음이 임박했을 때 베토벤이 남긴 말을 기억하자고요. "나는 세상의 온갖 어둠과 악을 보고도 여전히 세상을 사랑하는 법을 배웠다." 이 말을 한 사람은 낭만주의자 베토벤이 아닙니다. 현악사중주 131번을 쓴 베토벤입니다. 이 현악사중주는 지금까지 작곡된 것 가운데 가장 훌륭한 곡이죠. 물론 베토벤은 위대한 작곡가죠. 하지만 우리는 현악사중주 131번에 초점을 맞춰야 합니다. 이 현악사중주에는 초기 베토벤에게서 보이는 낭만적 온전함, 제거해야 할 낭만적 온전함을 전혀 찾을 수 없거든요. 자, 베토벤은 그 낭만적 온전함을 포기했습니다. 이것이 체호프의 출발점이고, 블루스의 출발점이며, 재즈의 출발점입니다. 찰스 파커*가 겪었던 혼란을 떠올려 보십시오. 찰스 파커가 화음을 맞추지 못했기 때문에 혼란에 빠졌다고 생각하나요? 찰

---

* Charles Parker, 1920년~1955년. 색소폰 연주자. 찰리 파커 또는 버드bird라는 별명으로 더 널리 알려진 찰스 파커는 재즈의 초석으로 간주되는 비밥be-bop을 창안하는 데 기여했다. 옮긴이

스는 화음 따위에는 신경조차 쓰지 않았습니다. 찰스는 완벽하게 불협화음에 매달렸지요. 블루 노트*에 매달렸습니다. 물론 찰스는 이쪽 저쪽 불쑥불쑥 개입해 화음을 만들어 냅니다. 대체 왜 그렇게 처음부터 온전함에 집착하려는 겁니까? 온전함을 성취하지 못하면 여러분은 실망에 젖어 술을 찾거나 우울증에 시달리거나, 그런 일들을 반복하죠. 반면 블루스, 내가 좋아하는 블루스는 파국을 출발점으로 삼습니다. 블루스는 발터 벤야민의 『역사 철학 테제 *Theses on the Philosophy of History*』**에 나오는 역사의 천사로 시작하거든요. 블루스는 약탈에서, 잔해에서 시작해 계속 축적됩니다. 약탈과 잔해가 바로 출발점이에요. 블루스는 개인의 파국을 서정적으로 표현합니다. 미국의 흑인들에게, 그리고 근대 세상에 블루스란 그런 겁니다. 백인 지배라는 사악한 유산이 남아 있는 한 말입니다. 파국의 상황이나 재난 같은 상황, 수치스러운 상황, 참혹한 상황, 비정상적인 상황 앞에서 인내하려면 우아한 자기 결속 self-togetherness이 필요할 거예요. 자기 결속이란 어떻게 만들어지는 걸까요? 카프카의 그레고르에게서 그 모습을 찾아보죠. 『변신 *Metamorphosis*』***이 어떻게 시작하는지 보세요. 그레고르는 파국 상황에 놓여 있습니다. 어느 날 아침 깨어 보니 자신이 큰 벌레, 해충으로 변해 있는 거죠. 이 상황의 기괴함 umheimlichkeit을 어떻게 표현하든, 상황은 그래요. 그레고르는 이 파국 상황을 다뤄야 합니다.

---

* blue note, 블루스 음계의 특징이 된 음을 말한다. 특정 음을 반음씩 내린 음으로 주로 비밥의 즉흥 연주에 많이 쓰였다. 옮긴이
** 『역사의 개념에 대하여 외』, 최성만 옮김, 길, 2008.
*** 『변신 · 시골의사』, 전영애 옮김, 민음사, 1998.

카프카와 벤야민, 아도르노, 사이드Edward Said 등은 이 상황을 이해하고 있습니다. 나는 블루스맨의 입장에서 그 상황을 이해합니다. 그 상황은 흑인으로서 내가 처한 상황과 훨씬 더 깊은 관계가 있거든요. 흑인이 되어야만 이 문제를 이해하는 건 아닙니다. 테네시 윌리엄스*도 이해한다는 말이에요. 그는 말 그대로 백인 블루스맨입니다. 테네스 윌리엄스의 첫 번째 희곡집 제목이 『아메리칸 블루스American Blues』였다는 사실을 기억하죠? 이 백인 형제는 미시시피 주에서 태어났습니다. 미시시피 주 콜럼버스에서 말입니다.**

우리의 감수성은 분명 우리가 처한 삶의 여건에 영향을 받지요.

맞습니다. 여러분은 여러분을 사랑하지 않는 어머니와 함께 인생을 시작할 수도 있는 거죠. 미국이 낳은 가장 훌륭한 극작가 스티븐 손드하임Stephen Sondheim을 보세요. 스티븐의 어머니는 그를 전혀 사랑하지 않았습니다. 스티븐의 어머니가 심장 수술을 받기 위해 입원했을 때, 죽기 전에 병원 직원이 마지막으로 남길 말은 없냐고 물었답니다. 그녀는 문장을 하나 썼죠. 스티븐에게 전하는 메시지였는데, "내가 살면서 유일하게 후회할 만한 일을 했다면 그것은 너를 낳은 것이다." 바로 이겁니다. 바로 이거죠. 손드하임의 『패션Passion』을 보

---

* Tennessee Williams, 1911년~1983년. 20세기 미국의 대표적인 희곡 작가. 대공황 시기 미국 남부 부유층과 도시 중산층의 허식과 몰락을 그린 희곡을 다수 발표했으며, 대표작 『욕망이라는 이름의 전차A streetcar Named Desire』는 퓰리처상을 받았다. 옮긴이
** 블루스는 18세기 목화 농장의 노예들이 불렀던 노동요와 흑인 영가에서 출발했다. 미시시피 지역은 넓은 목화 농장이 모여 있던 곳으로, 블루스의 원류라 할 수 있는 지역이다. 옮긴이

세요. 『폴리스*Follies*』를 보세요. 『컴퍼니*Company*』를 보세요. 유진 오닐 Eugene G. O'neill에게도 똑같은 문제가 있었습니다. 『밤으로의 긴 여로 *A Long Day's Journey into the Night*』*에서 유진은 자기를 낳지 않길 바란 어머니에 대해 이야기하거든요.

이것은 파국적인 출발점입니다! 역사적인 의미에서 시원始原이라 할 만한 출발점이죠. 그들의 파국은 나의 블루스보다 훨씬 더 심오 합니다. 내게는 나를 깊이 사랑하는 어머니가 있고 지금은 돌아가 셨지만 나를 사랑했던 아버지도 있으니까요. 내게는 손드하임과 오 닐 같은 파국 상황이 없었죠. 그러니 흑인 남성으로서 나는 백인 우 월주의와 제국주의 예속화 같은 문제는 다룰 수 있지만 나를 낳지 않았다면 좋았을 거라고 생각하는 어머니의 존재 같은 심오한 시원 적 실존, 유사 존재론적 차원의 문제는 다룰 수 없습니다. 그 문제 를 다룰 수 있는 사람은 손드하임입니다. 오닐입니다. 말하자면 심 오한 문제입니다. 이런 문제에 부딪치는 사람이 없길 바라지만요. 그러나 나는 스티븐 손드하임을 주신 신에게, 유진 오닐을 주신 신 에게 감사합니다.

비낭만적 세계관이군요.
비낭만적 세계관도 아닌 걸요. 낭만적 세계관을 준거점으로 사용 할 필요도 없는 세계관이지요!

---

*『밤으로의 긴 여로』, 민승남 옮김, 민음사, 2002.

그러면 뭐라고 부를까요?

그냥 "블루스 감수성"이라고 합시다.

블루스 감수성?

그래요, 바로 그거요!

해방적으로 들리네요.

그렇죠. 나도 그렇게 생각합니다. 그러나 블루스 감수성을 맹목적으로 숭배하는 것도 원치 않습니다. 블루스 감수성은 사람들을 해방시키기도 하지만 나약하게 만들기도 하니까요.

그건 왜죠?

글쎄요……. 블루스 감수성은 예컨대 수학의 본질적 역할을 쉽게 얕보는 면이 있는 것도 같아요. 피타고라스의 전통은 지금도 여전히 중요해요. 『보이지 않는 인간Invisible Man』을 쓴 랠프 왈도 엘리슨Ralph Waldo Ellison은 랠프 왈도 에머슨Ralph Waldo Emerson의 이름을 따 자기 이름을 지었죠. 에머슨은 미국 지적 문화의 토대를 만든 사람 가운데 한 명이고요. 엘리슨 같은 사람은 블루스를 언제나 인문주의적 기획과 연결지었어요. 엘리슨의 시각이 틀렸다는 말은 아닙니다. 그러나 엘리슨의 시각에서는 과학과 수학, 물리학, 생물학, 화학 등이 하는 중요한 역할이 축소되고 경시될 수 있습니다. 내 동료 기독교인 중에는 다윈을 두려워하고, 진화론적 생물학을 두려워하며, 과학을 두려워하는 사람들이 있습니다. 자신을 뿌리째 뒤흔들 거라 생각하기 때문이지요. 나는 그렇지 않다고 말합니다. 인간적인 것이라면 우리와 대립하지 않아야 한다고 생각하니까요. 수數도 마찬가지입니다. 수는 실재의 본질에 속합니다. 이것이 피타고라스입니다. 당신이 오늘날의 현대 물리학을 살펴본다면 피타고라스가 누구보다 더 옳았다는 사실을 알게 될 겁니다. 그렇지 않나요?

맞습니다. 앞에서 하려던 말이 생각나네요. 당신은 "모든 것을 연구할 수 있는 학문으로서의 철학"에 대해 말하고 있는 것 같아요.

폭넓은 의미에서 보면 철학은 그런 차원의 지혜와 연결되어 있습니다. 지적이 옳아요. 바로 그겁니다. 철학은 상대적이지 않습니다. 철학은 더 나은 세계관, 세계에 대한 더 좋은 해석이 존재한다고 믿는다는 의미에서 상대적이지 않다는 이야기입니다. 나는 정의가 중요하다고 생각합니다. 나치는 옳지 않습니다. 부시는 옳지 않습니다. 체니Dick Cheney는 옳지 않습니다. 우리는 몇 가지 근거를 통해 이 점을 납득시킬 수 있습니다. 내 말이 무슨 뜻인지 당신도 알 겁니다. 억압받는 사람을 위해 살고 그들을 위해 죽는 것은, 내 생각에는, 고상한 일입니다. 그것은 위대한 소명이라고 생각합니다. 그것이 급진적 규범이라고 생각하지 않습니다. 그렇다고 순교가 모든 기획의 규범이 되어야 한다고 생각하는 게 아닙니다. 그러나 어떤 순교는 고상합니다. 그런 순교에는 고결함이 있습니다. 그러므로 나는 정말 판단을 믿습니다. 알겠어요? 모든 것이 통한다는 식의 미숙한 상대주의는 상대하지 않는다는 말이에요.

"우리는 결코 의미에 도달할 수 없습니다"

그렇다면 이 지점에서 우리가 판단을 내리는 데 지침이 될 만한 무언가, 그러니까 진리에 대한 이야기로 들어갈 수 있겠네요.

실존적인 진실로 돌아가게 되는 것이죠. 회의주의자는 결국 자신의 회의주의와 함께 살아갈 수 없습니다. 여러분이 철저한 회의론자라면 벽에 붙어 죽은 파리의 죽음도 여러분 어머니의 죽음과 똑같은 위상을 갖게 되죠. 실제로 어떤 사람이 그런 결론에 도달할 수 있다 해도, 나는 그를 인간적이라고 생각할 수 없으니 그에게 조금도 관심 갖지 않을 겁니다. 파리나 곤충을 나쁘게 생각하는 게 아닙니다. 다만 그런 파리나 곤충에게는, 이 차에 타고 있는 여러분 모두와 똑같은 위상을 부여할 수 없다는 말입니다. 설혹 짓눌려 죽어가는 곤충을 발견한다고 해도 나는 그 곤충을 위해 기도하거나 애도를 표하지 않을 겁니다. 그러나 여러분이 짓눌려 죽어 간다면 여러분을 데리고 병원으로 달려갈 겁니다. 우리는 직접 싸울 겁니다. 우리는 여러분을 다시 일어나 뛸 수 있게 할 겁니다. 이해하세요? 내가 파리에게는 부여하지 않는 어떤 가치를 여러분 모두에게 부여한다는 뜻입니다. 내가 철저한 회의론자, 모든 것을 허용하는 상대주의자가 될 수 없다는 뜻이기도 하고요.

믿음이라는 개념, 그리고 방금 말한 블루스 감수성에 대한 신념이 어디에서 나왔는지, 그 원천으로 들어가 보고 싶어요. 앞서 시장 중심으로 돌아가는 이 사회에 대해 이야기했고 더 정의로운 사회를 바란다는 이야기도 했습니다. 그러나 우리는 지금 차를 몰고 그 모든 것의 중심인 뉴욕의 거리를 달리고 있어요. 여기 건물들은 대단히 물질적이고, 매우 크고, 조금도 움직일 것 같지 않으며, 아주 칙칙합니다. 사물들이 변하고 있다고는 상상하기 어려워요.

그렇죠. 신약성서에는 놀라운 구절이 있습니다. 누가복음 18장 8절의 말입니다. "인자가 올 때에 세상에서 믿음을 보겠느냐?" 이 말에는 강력한 게 있어요. 이 구절은 종교적인 믿음만 이야기하는 것이 아니에요. 인간됨에 수탁受託적 차원이 있다는 말이죠. 우리 모두 어떤 길이든, 그 길을 계속 가려면 어느 정도 신뢰할 수 있는 게 필요하다는 인간 존재의 수탁적 체질 말입니다. 물론 베케트 같은 사람도 있습니다. 베케트는 "나는 계속 갈 수 없다. 나는 실제로 계속 가고 있다. 나는 계속 갈 수 없다. 나는 계속 가고 있다……"*라고 답합니다. 이 말에도 신앙적 차원이 있습니다. 뉴욕에는 신과 관계된 것이 거의 없을지도 모릅니다. 기독교 교회나 이슬람교 사원, 유대교 회당 등과도 거의 관계가 없을 것입니다. 그러나 왜 아침이면 일어납니까? 왜 스스로 목숨을 끊지 않습니까? 왜 차에 뛰어들지 않습니까? 만사에 신뢰를 잃을 정도로 무관심하고 냉소적이 되었기 때문입니까? 인간의 조건이기도 한 수탁적 차원을 깊이 파고들면 그런 의미의 믿음을 찾을 수 있어요. 아주 작은 믿음, 정말 작은 믿음입니다. 우리는 사랑에 빠지는 일에 대해 말하고 있는 게 아닙니다. 사랑에 빠지려면 두터운

---

* 베케트의 삼부작 소설, 『몰로이Molloy』, 『말론 죽다Malone dies』, 『이름 붙일 수 없는 것The unnameable』 중에서 『이름 붙일 수 없는 것』의 마지막에 나오는 말이다. 옮긴이

믿음이 있긴 있어야겠지만 신과는 아무런 관계가 없으며 종교와도 전혀 무관합니다. 그렇지 않나요? 신에 대해 이야기할 때가 되면 사물들은 정말이지 선명하고 짙어집니다. 여러분은 매우 두터운 믿음을 가지고 있습니다. 그러나 이처럼 진부한 믿음을 왜 계속 가지고 있는 건가요? 왜 친구를 믿나요? 왜 어머니에게 효도를 하는 걸까요? 이런 것들이 믿음의 수탁적인 차원입니다. 그리고 우리 중 일부는 그러한 수탁적 차원을 경건함과 연결 짓습니다. 플라톤은 대화편 『에우티프론 *euthyphro*』*에서 경건함을 훌륭하게 다루고 있습니다. 경건함이란 무엇입니까? 우리가 어머니의 자궁에서부터 무덤까지 움직이려면 도움이 필요한데 경건함이란 그런 도움들에 진 빚입니다.

어머니의 자궁에서부터 무덤까지, 자궁에서 무덤까지입니다. 그것은 빚입니다. 산타야나**는 "자연에 대한 경건함natural piety"을 중요하게 생각합니다. 존 듀이***도 자연에 대한 경건함을 이야기합니다. 어떤 의미에서 우리는 모두 경건주의자입니다. 우리는 먼저 태어난 사람들에게 빚을 지고 있다는 점에서 모두 경건주의자라는 말입니다. 왜냐고요? 우리에게 언어가 있기 때문입니다. 우리가 사용하는 언어가 가질 앞으로의 생명은 바로 지금 우리가 언어에 부여하고 있는 생

* 『에우티프론 · 소크라테스 변론 외』, 박종현 옮김, 서광사, 2003.
** George Sntayana, 1863년~1952년. 에스파냐 태생의 미국 철학자이자 시인, 평론가. 실재론과 관념론을 결합한 독특한 사상 체계를 발전시킨 인물로 평가받는다. "모든 영적인 관심은 동물적 삶의 지원을 받는다"는 말에서 드러나듯 비합리적인 '동물적 신앙'을 중시하면서도 보편적인 것에 대한 확실한 지식을 믿었다. 옮긴이
*** John Dewey, 1859년~1952년. 실용주의pragmatism를 대표하는 미국의 철학자이자 교육가. 전통적 철학의 사변적 인간관에서 탈피해 유기체로서의 인간과 자연 사이의 역동적인 상호 관계를 중시했다. 옮긴이

명과 관계가 있습니다. 우리가 사용하는 언어는 매우 확고한 구조를 지니고 있으며, 우리는 그 구조에 빚을 지고 있습니다. 우리가 사용하는 언어는 배운 것입니다. 그리고 당신이 문화와 사회, 사랑을 이야기할 수 있는 것도 언어 덕분이며, 신에 대해 이야기하는 종교적 담화를 통해 가능한 것입니다.

그렇다면 아침에 일어나는 것까지도 믿음의 행위로군요.

엄청난 믿음의 행위입니다. 이런 면에서도 베케트는 아주 중요하다고 생각합니다. 베케트가 이해하는 세계에서 아침에 일어나는 것은 키에르케고르가 말하는 믿음의 도약이나 다름없거든요.* 물론 아이러니는 자기 목숨을 스스로 끊는 행위에 대한 기대치가 너무 높았다는 겁니다. 왜 더 많은 것을 기대한 걸까요? 자살은 낭만적인 행위니까요.

잠자리에서 일어나는 '믿는' 사람들을 위해 마지막으로 한 가지만 묻죠. 내내 머리 속에서 떠오르는 한 가지 주제가 있습니다. '의미 있는 삶' 말이에요. 이 주제를 이야기하는 게 철학의 의무라고 생각하나요? 어떻게 사는 것이 의미 있는 삶일까요? 삶의 의미는 무엇일까요? 이런 물음들이 철학자에게 합당한 질문이기는 한가요?

합당한 질문이라고 생각합니다. '의미'의 문제는 매우 중요합니다.

---

* 베케트는 자신의 모든 작품을 무의미하다고 평할 정도로 유명한 염세주의자였지만 자살은 꿈조차 꿔 보지 않은 낙관주의자이기도 했다. 베케트는 삶은 견뎌내는 것이라 보았다. 옮긴이

허무주의는 심각한 도전이죠. 무의미성은 심각한 도전이에요. 무의미성을 이해하는 것 자체가 일종의 훈련이며 성과입니다. 물론 문제는, 여러분은 결코 실제로 무의미성을 이해하지 못한다는 거죠. 무의미성을 이해한다는 것은 정적이고 정체적인 **텔로스**telos 혹은 목적, 목표가 아닙니다. 그것은 결코 도달할 수 없는 과정이라고요. 시시포스적 과정입니다. 여러분은 더 나은 의미, 더 완전한 의미, 여러분을 더 고상하게 만들고 더 유능하게 만들어 줄 의미를 갈망하면서 언덕을 오르고 있습니다. 그러나 여러분은 결코 그러한 의미에 도달할 수 없습니다. 그러니까 여러분은 죽을 때까지 낭만적 담화에서 말하는 온전함을 얻을 수 없다는 말이에요. (웨스트는 창밖을 보더니 곧 목적지에 도착했다는 사실을 알아 차렸다.) 길모퉁이에서 내리면 되겠어요.

(웨스트는 차에서 내린 뒤 유니언 광장을 가로질러 어둠 속으로 사라졌다.)

코넬 웨스트Cornel West

코넬 웨스트는 1953년 오클라호마 툴사에서 태어났다. 고등학생이던 1960년대 후반, 이미 시민권 운동에 참여해 학내에 흑인 문화 연구 과정 black studies courses을 개설할 것을 요구하는 운동을 조직하기도 했다. 웨스트는 이때 자신이 맬컴 XMalcolm X의 호전성과 60년대 흑인 급진주의 운동의 상징이자 방어적 폭력을 주창했던 〈흑표범당〉의 맹렬함, 그리고 흑인 신학의 대표 격인 제임스 콘James H. Cone의 이론에 깊이 빠져 있었다고 말한다. 웨스트는 1993년 출간한 『인종 문제Race Matters』(1993)에서 미국의 백인 중심주의를 강도 높게 비판한다. 미국 사회 문화에 깊숙이 배어 있는 백인 우월주의가 흑인 공동체에 존재론적이고 감정적인 상처를 남기면서 실존적 불안을 낳았다는 분석이다.

웨스트는 현재 〈아프리칸 아메리칸 연구 센터〉의 교수로 있으면서 철학자, 작가, 비평가, 시민 운동가 등, 여러 분야에서 활발한 활동을 펼치고 있다. 그 밖에도 〈매트릭스〉의 속편에 직접 출현하고 영화에 철학적인 뼈대를 제공했으며, 토크쇼에도 출현하는가 하면, 랩 음반을 녹음하기도 하면서 대중적인 인지도를 높여 왔다. 또 부시 행정부를 거침없이 비판하는가 하면, 2008년 당시 민주당 대선 후보였던 버락 오바마를 지지했다가 현재는 지지를 철회하고 신랄한 비판을 가하고 있다. 2009년 오바마 대통령이 노벨 평화상을 수상하자 "평화상을 받는 전쟁 대통령"이라고 비꼰 일화는 유명하다. 영화 〈매트릭스〉와 관련된 다큐멘터리에서 자신을 모든 형태의 권위를 의심하는 급진 민주주의자로 표상한 그는 민주사회당(the Democratic Socialists of America, DSA)의 당원이다.

국경을 초월해 다양한 사회문제에 관심을 갖는 웨스트는 2002년 4월에

랍비 마이클 러너Michael Lerner와 함께 고통 받는 팔레스타인과 이스라엘 형제자매들과 연대하자며 미국 국무부 앞에 앉아 시민 불복종 운동을 펼쳤고, 2007년에는 40년 동안 팔레스타인 땅에 일어난 부조리한 불의에 항거하는 시위에 참여하기도 했다.

2011년에는 월가 점령 운동에 적극 참여하다 10월 16일 워싱턴 D.C.에서 구속되었고 그로부터 닷새가 지난 21일, 이번에는 할렘 가에서 뉴욕 경찰의 몸수색에 저항하다 다시 구속되었다. 웨스트는 여전히 월가 점령 운동을 계속하고 있다.

주요 저작

Prophesy Deliverance! An Afro-American Revolutionary Christianity, Philadelphia; Westminster Press, 1982.

The American Evasion of Philosophy: A Genealogy of Pragmatism, Madison, WI; University of Wisconsin Press, 1989.

The Ethical Dimensions of Marxist Thought, New York; Monthly Review Press, 1991.

Race Matters, Boston; Beacon Press, 1993.

Restoring Hope: Conversations on the Future of Black America, Boston, Mass; Beacon Press, 1997.

Democracy Matters: Winning the Fight Against Imperialism, New York; The Penguin Press, 2004.

Hope On a Tightrope: Words & Wisdom, Carlsbad, Calif; Smiley Books, 2008.

Brother West: Living & Loving Out Loud, with David Ritz, New York; Smiley Books, 2009.

의미 *Meaning*

2장 아비탈 로넬: 의미

아비탈 로넬은 문학 평론가이자 페미니스트, 해체주의자다. 1979년 프린스턴 대학에서 박

사 학위를 받은 뒤 파리에서 자크 데리다Jacques Derrida와 엘렌 식수Helene Cixous와 함

께 연구했다. 뉴욕 대학의 대학 특별 교수university professor이면서 스위스 유럽대학원의

철학과 미디어학과 석좌교수인 아비탈은 『전화번호부: 기술과 정신분열증, 전화Telephone

Book: Technology, Schizopherenia, Electric Speech』와 『시운전Test Drive』, 『어리석음Stupidity』 등

을 썼다. 『아트포럼Artforum』과 『아트 유에스ArtUS』, 『바카르므Vacarme (Paris)』에 정기적으로

글을 기고하고 있으며 2009년 퐁피두 센터의 초대 큐레이터guest curator로 베르너 헤어조그

Werner Herzog와 주디스 버틀러, 로렌스 리켈스Laurence Rickels, 장뤽 낭시Jean-Luc Nancy 등

과 함께 토론 프로그램을 진행하기도 했다.

나는 2000년 가을, 아비탈 로넬과 자크 데리다가 공동 개설한 강의를 듣는 행운을 누렸다. "성찰하는 삶"을 기획하고 추진하면서 늘 로넬을 생각한 것은 당연했다. 이 기획을 영화화하는 작업에 청신호가 켜지자마자 나는 눈보라를 뚫고 이스트 빌리지로 달려가 로넬을 만났다. 그 자리에서 로넬에게 이 기획에 참여할 생각이 있는지 물었다. 몇 달 뒤 우리는 카페에서 만나 논제를 미리 계획하거나 정하지 않고 촬영하는 데 합의했다. 산책은 톰킨스 스퀘어 공원에서 이루어졌다. 그곳은 로어 맨해튼에는 흔치 않은 공공 공간 가운데 하나이자 기괴하고 때로는 불쾌한 로어 맨해튼의 특징을 고스란히 간직하고 있다.

로넬 그 동안 여러 가지를 생각해 보았죠. 왜 당신이 나를 이곳으로 데려 오려 하는가? 어떻게 해서 우리가 이런 산책을 하게 되었나? 매우 흥미로운 것처럼 보이는 이 작업에서 우리는 어떤 단계를 밟아야 할까? 또 내가 가지고 있는 고도의 해석학적 의심 때문이겠지만 당신이 나 몰래 무엇을 준비해 놓고 있는 건 아닌가 궁금하기도 했어요. 당신이 내게 무엇을 심어 주려는 것인지 이해해 보려 했습니다. 그리고 당신과 함께하는 이 산책이 내 기획에서 단순한 진입로off ramp가 아니라 매우 실제적인 위상을 가지고 있다고 생각했어요. 좀 더 일반적으로는 내가 공들여 해 온 작업들에 포함되지만 또 그것을 벗어난 지평에 있는 사상의 흐름에 속해 있다는 생각이 들었습니다. 나는 당신과 인터뷰하면서, 당신이 스스로 어떤 일을 하고 있다고 생각하는지 물어볼 참이었습니다. 당신은 무엇인가를 말하고 싶을 것이고 나는 그 말에 답해야 하겠죠. 그렇죠?

테일러 이 기획을 추진하는 이유를 묻는 거라면 사실 두 가지 대답을 할 수 있어요. 하나는 공적인 것이고 다른 하나는 사적인 것이죠. 공적으로 말하면 이 영화를 사람들에게 홍보할 때는 확신이 있었어요. 철학의 무대를 거리로 옮겨 놓고, 철학은 현실에서 적실성 있는 중요한 분야라는 점을 보여 주려 했지요. 그래서 영화의 틀을 이렇게 잡은 거랍니다. 반면, 사적인 차원에서는 철학이 실제로 적실성 있는 중요한 분야인지 철학 스스로 증명하길 바란 거예요. 영화를 다른 사람들에게 설명할 때는 철학의 적실성을 원하는 내 사적 갈망과 그 적실성에 대한 회의를 분명하게 밝히지는 않았죠.

그래요? 도전적인 말이군요. 이제는 분위기가 좀 풀렸으니 머리는 아프겠지만 정식으로 작업을 시작해도 될 것 같네요. 당신처럼 나도 철학이 지극히 적실성 있고, 예리하고, 철회할 수 없는 것, 반드시 필요하며, 바람직한 무엇이라는 점을 스스로 보여 주길 원하는 갈망과 바람이 있어요. 우리는 많은 문화와 또, 하위문화를 공유하고 있습니다. 이런 우리의 문화, 우리가 공유하는 문화를 보세요. 특히 우리 사회를 지배하는 문화에서 철학은 강력한 구조들이 가한 테러로 현실과 동떨어진 자리까지 밀려났습니다. 소크라테스가 국가에 의해 죽음으로 몰리고 침묵을 강요당한 이후로 말이지요. 우리는 이러한 철학의 비적실성이 신성화된 것은 아닌지 재평가해 볼 필요가 있어요. 적실성은 비즈니스적 이해관계에서 평가되기 때문이죠. 적실성이란 사물들을 목적에 따라 주도면밀하게 분명한 방식으로 규정함으로써 어떤 결과를 내라는 요구이거나 사물들을 축소하거나 단순화하라는 요구로 여겨지기 마련입니다.

내가 당신에게 말하고 있는 이 시점에서 보면 명료성이나 투명성, 적실성을 요구하는 사람은 사물들의 적입니다. 정치인이 "분명하게 말하겠습니다"라고 한다면 이 말은 우익이 사용하는 무시무시한 마체테*란 거죠. "내 말을 액면 그대로 받아들이십시오"라는 말도 마찬가지에요. 우리 주변의 사물들이 분명하고 단순하게 보일수록, 연설가들이 더 큰 목소리로 '명료성'을 내세울수록 이런 요구는 더 교활하고 위험하며 어김없이 사악해집니다. 여기서 문제가 발생하는 거예요. 우리는 이내 장애물, 또는 불가능성에 부딪힙니다. 위선을 떨거나 부정한 수단을 사용하지 않는 이상, 나는 우리 모두가 공유하는 갈망의 적실성이나 그 갈망에 대한 일종의 성취를 이야기할 수 없어요.

내가 갈망이라는 말을 사용하는 이유도 그 때문입니다. 우리는 늘 절대적인 의미나 온전함wholeness을 갈망하거나 바라면서도 손에 넣지 못하잖아요. 당신은 그 갈망이나 바람에 대해 무언가 이야기를 해 줄 수 있을 거라 기대했어요. 어떻게든 영화를 만든다는 이 도전적인 과제와 사물들을 연결해야 해요. 일부 관객들은 이 영화를 보고 좌절할 수 있죠. 해답은 제시하지 않고 문제만 더 제기하니까요.

당신이 무엇을 걱정하는지 알겠네요. 당장 해석학에서 우리를 도와줄 사람이란 사람은 모두 동원해야겠어요. 우선 이 영화의 끝부분

---

* machete, 중남미에서 사용하는 벌채용 칼. 무기로도 사용한다. 옮긴이

이 중요할 거예요. 관객들은 똑똑해야 하고, 열린 마음을 가지고 있어야 하며 유연해야 하죠. 또 함께 힘을 모아 이 영화를 비범하게 만들수 있어야 하고요. 여기서 무엇인가가 일어나야 합니다. 만약 그 무언가를 미리 파악할 수 없다면 우리는 이 영화를 미리 계획할 수 있다고 확신할 수도 없어요. 우리는 사변적인 의미에서 이 영화가 언제 완성될 것인지, 사람들이 언제 이 영화를 볼 수 있게 될 것인지, 심지어는 어디서 그들의 입으로 들어가 몸이 될 것인지 몰라요. 루카누스*의 말에 따르면 분석 성향이 강한 자리에서 나온 모든 말은 몸으로 들어가 몸이 된다죠. 우리가 아는 한, 이 영화도 그런 성향을 보일지 모르죠. 우리는 이 영화가 누구의 손으로 들어갈지, 누구를 일깨우거나 뒤흔들거나 흥분시키거나 지루하게 만들지 몰라요. 그러나 우울한 마음에서 나오는 지루한 반응도 내가 보기에는 어쨌든 우리가 지금 하고 있는 이런 현란한 말들에 대한 반응일 겁니다.(웃음)

잊지 마세요. 하이데거는 '사유thinking'를 위해 철학을 버렸습니다. 철학 자체가 너무 제도화되어 있고, 너무 학구적이고, 지식과 과학적 성과에 너무 묶여 있으며, 인식론에 너무 오염되어 있다고 생각했기 때문에요. 하이데거는 이렇게 물었습니다. 사유란 무엇인가? 그러고는 산책에 대해, 미지의 장소nowhere로 이어지는 길에 대해 많이 말했죠. 하이데거의 중요한 작품 가운데 『숲길Holzwege』**이 있지요. 여기서 숲길은 "미지의 장소로 이어지는 길"을 뜻합니다. 길을 뜻하는 그

---

* Marcus Annaeus Lucanus, 39년~65년. 로마의 정치가이자 서정 시인, 철학자다. 세네카의 조카이기도 하다. 옮긴이
** 『숲길』, 신상희 옮김, 나남, 2008.

리스어는 메소도스methodos입니다. 이렇게 우리도 길에 서 있습니다. 미리 결정되지 않은, 전혀 프로그램되지 않은 길을 따라가고 있어요.

(로넬은 제작진 가운데 한 명이 막 찌그러트려 버리려는 음료수 캔을 가리킨다.) 반면 여기 쓰레기가 있습니다. 우리가 우리의 작업과 생각에 포함시키려고 하는 것의 일부죠. 아직 남아 있는 것이 있는지, 버릴 것 있는지 여전히 신경 쓴다는 말입니다. 우리는 여러 가지 방식으로 쓰레기를 포함시키려고 합니다. 온갖 종류의 쓰레기 처리 방식에 따라 쓰레기를 사고한다는 말이에요.

"글은 망각을 조장합니다"

어쩌면 말과 글 관계의 핵심에 대해 이야기해 볼 수 있겠네요. 글쓰기의 형태로서 영화를 어떻게 보나요? 누군가의 존재를 환기시키는 그 무엇으로서의 영화 말입니다. 물론 그 누군가는 그곳에 없는 사람이죠. 당신은 해체주의에도 한 발을 담그고 있고 기술technology에 대한 글도 많이 썼으니 적절한 주제일 것 같은데요.

그렇게 말해 주니 고맙네요. 나는 영화와 비디오, 특히 텔레비전과 여러 방송 프로그램에 관심이 있습니다. 그 프로그램이 살아 있든 죽어 있든 상관없어요.* 내게는 많은 하위 인격, 다수의 지적 프로필

---

* 텔레비전 방송 프로그램을 뜻하는 feed는 먹이, 먹을거리를 뜻하기도 한다. 옮긴이

이 있는데, 그중 하나가 기술과 미디어에 관한 문제들을 해결하려는 인격이에요. 그 인격은 분명 상이한 미디어로의 전이와 번역, 영화가 무엇을 각인하고 재현하는지, 그리고 영화가 바깥 세계와 관련해 어떤 종류의 외부성exteriority을 약속하는지 생각하고 있습니다. 그러니 당신의 놀라운 질문에 대해 생각하지 않을 수 없네요.

잠정적으로 말하면 영화와 관련된 내 관심사는 '존재의 중단 interruption of presence'을 유지하는 그 무엇으로서의 미디어입니다. 영화는 직접성immediacy과 존재에 대한 환상을 만들어 내기 때문인데요. 영화는 사물들이 출몰하는 측면에 대해, 그리고 애도의 무질서에 참여하는 방식에 대해 말해 주죠. 애도의 좌절, 그러니까 그저 흘러가게 내버려 두는 것에서만, 오직 그 순간에만 영화는 영화가 다루는 객체에 애도를 표할 수 있어요.

이 영화에서 당신이 그런 식으로 묘사된다면, 계속해서 출몰하는 그 무엇이 된다면 어떨까요?

지금 이 기획을 말하는 건가요? 이런, 매우 괴롭네요. 걱정스럽기도 하고요. 내가 자전적인 행적을 기록하는 걸 용납한다면 그것은 한 가지 이유 때문이에요. 그러니까 내가 행동하는 그대로를 글로 쓰는 건 아침에 일어나 정신을 차리려 할 때마다 내 머리를 스치는 경험적 추문들을 모두 피하기 위해서지요. 강의실에서 학생들을 가르칠 때마다 나는 저주를 퍼붓고 화를 내며 실제로 울기도 합니다. 학생들 앞에서 갑자기 이른바 내 자아를 내보여야 하기 때문에요. 나는 이른바 내 자아에게 이렇게 말하는 거예요. 글을 쓰는 일은 내게, 어떤 식으로든 치마 밑으로 숨을 수 있는 기회를 준다고요. 그러니 내가 당신과 이렇게 이야기를 나누며 함께 일하는 것은 사실 당신에게 경의를 표하는 겁니다. 나는 이런 일, 나를 이렇게 극단적으로 노출시키는 일은 피하거든요.

재밌네요. 그 말을 들으니 마음이 편해졌어요. 이야기를 나누기 시작하면서부터 잔뜩 겁먹고 있었거든요. 카메라 앞에 선다는 게 어떤 것이며, 순간적으로 머리를 굴리는 동안 그 모든 게 녹화된다는 것이 얼마나 끔찍한 경험인지를 알 수 있게 해 줘서 고마워요.

두 발로 서서 생각하는 것도 못지않게 끔찍한 경험이지요.* 니체의 말대로 우리는 신발을 벗으며 니체를 읽는 법을 배워야 합니다.**

당신의 연구에서, 더 일반적으로 철학에서 글과 말의 관계가 어떤 중심적인 위치를 차지하고 있는지에 대한 이야기로 다시 돌아가도록 하죠.

그러죠. 글은 크게 억눌려 있고 거부되고 있습니다. 내 친구이자 멘토인 데리다도 글이 어려운 상황에 처해 있다고 지적하고 계속 숙고했지요. 글은 늘 배설물, 즉 이차적인 것들과 연결되어 있습니다. 플라톤은 약물과 글, 그리고 글을 쓰는 일이 얼마나 피곤한 일인지에

---

* 애스트라 테일러가 "순간적으로 머리를 굴리는 동안"이라고 말할 때 to think on your feet이라는 표현을 썼는데 이에 대한 로넬의 대답이다. 옮긴이

** "'도둑질하지 말라! 살인하지 말라!' 사람들은 한때 이 같은 계명을 신성시했다. 그리하여 그 앞에서 무릎을 꿇고 머리를 조아리며 신발을 벗었다."(『차라투스트라는 이렇게 말했다』, 정동호 옮김, 책세상, 2000) 옮긴이

대해 말한 적이 있어요. 플라톤은 글을 해로운 발명품으로 여깁니다. 우리가 비디오 게임 같은 것이 폭력이나 모방 충동을 불러일으킨다고 말할 때처럼 플라톤은 글에 대해 그런 말을 합니다. 아이들이 텔레비전에서 본 것을 그대로 흉내 내거나 모방하듯, 왕에게 글은 처음부터 지극히 위험하다고 본 것이지요. 왕은 이렇게 말하죠. "만약 내가 우리 왕국에 글을 허용한다면 백성들은 모든 걸 잊게 될 것이다." 일종의 이차적인 보완 장치인 글은 모든 것을 적어 놓기 때문에 모든 기억을 지워 없앱니다. 글은 망각을 조장합니다.

『햄릿Hamlet』에서 벌어진 사건, 그 완벽한 추문이 떠오르네요. 햄릿은 자기 아버지 혼백과 만난 뒤 충격과 트라우마로 고통 받습니다. 혼백이 된 아버지는 이렇게 말합니다. "나를 기억하라remember me." 이 말은 영어로는, 정말 맛깔 나는 영어로는 다른 것을 뜻할 수도 있습니다. "내 남근을 돌려 줘라re-member me." 아들 햄릿은 아버지의 혼백이 밝힌 잔악한 행위를 이제 막 들었습니다. 햄릿은 드라마와 비극에 전형적으로 나타나는 절차에 따라 칼을 뽑아 들고 말하죠. "복수를 하겠습니다." 그런데 여기서 햄릿은 아버지를 기억하겠다고 해 놓고는 작은 서판을 꺼내 아버지와 만나 알게 된 추문에 대해 쓰고 있거든요. 햄릿이 마음을 바꿔 글을 쓰는 이 행동은 드러난 범죄를 기억하려고 냉장고에 포스트잇을 붙여 놓는 행위나 마찬가지에요. 자신에게 전하는 메모 말이죠. "네 아버지가 네 숙부에게 살해당했다"와 같은 메모 말입니다. 이 순간 햄릿은 자기 아버지를, 자기 아버지가 살해당한 일을 잊습니다. 이는 아이러니입니다. 어쩌면 또 다른 부친 살해의 순간일 겁니다. 햄릿이 서판, 즉 기술이 낳은 작은 열매technoberry

를 꺼내 들고 있기 때문입니다.

말과 글을 분명하게 구분하는 일에 대해 좀 더 이야기해 보면 좋겠어요. 글에 비해 말이 특권을 누린 역사적 배경에 대해서도요. 이 기획을 준비하며 고민해 온 것과 관계가 있는 문제라는 생각이 들거든요. 기록된 말과 영화의 관계, 그리고 영화 언어는 종종 글에 비해 상황을 압축하거나 단순화한다는 사실 말입니다.

내가 당신을 분석하는 사람이라면 당신이 왜 그런 말을 하는지 궁금할 겁니다. 자기를 비하하거나 좌절한 사람이 할 법한 말처럼 들리거든요. 이 자리가 분석하기 위한 자리라면 당신에게 영화의 언어를 폄하하는 말이 더 있다면 해 보라고 하겠어요. 내 생각은 다르기 때문이에요. 영화의 문법이나 독특한 구문은, 말로 표현할 수 있는 것과 보여 줄 수 있는 것의 한계를 탐구하는 가운데 만들어졌다고 생각해요. 그러나 영화의 문법이나 구문을 다른 종류의 글쓰기 아래 귀속시키기를 원하는 당신만의 이유가 있을지도 모르죠.

그건 철학에 관한 영화를 만든다는 것이 어떤 도전인가를 구체적으로 생각해 보려 했으니까요. 분명 철학은 말로 표현되는 요소가 있긴 해도 대개는 글로 기록돼요. 책이라는 형태는 무언가를 매우 깊이 탐구할 수 있게 해 주죠. 3백 쪽에서 때로는 5백 쪽에 이르는 지면에서 단 하나의 개념만 탐구하니까요. 반면 한 편 분량의 영화에서는 기록된 형태로 말할 시간이 80분밖에 없어요. 이 영화의 경우에는 각자에게 할당된 시간이 10분밖에 안 되죠.

그래요. 화가 나는 일이에요. 다른 사람들에게 10분을 준다는 건 이해할 수 있겠는데 내게도 10분밖에 안 준다는 건 받아들이기 어려워요. 의심할 여지가 없어요.(웃음)

나는 당신의 고민을 비슷한 문제나 주제를 파고드는 상이한 시간성 temporality, 상이한 접근이나 상이한 방식이라고 말하고 싶습니다. 예를 들어 현상학적 중요성과 같은 문제라면 영화는 이렇게 묻습니다. "내가 보여 줄 수 있는 것은 무엇인가? 내가 전할 수 있는 말은 무엇인가? 내가 담화를 만들거나 담화를 해체한 다음 재구성하려면 택할 수 있는 방식은 무엇인가?"

(우리가 공원을 가로질러 가기 시작했을 때 공원 모퉁이에 모여 있는 펑크족들이 눈에 들어왔다. 우리 카메라를 보고 불쾌하다는 반응을 보인다.) 이제 우리는 우리의 언어 오염물을 대중에게 공개하고 있습니다. 이것도 우리가 하고 있는 작업에 대한 반응이죠. 우리의 작업은 여기 매력적인 어떤 것이 있다고 말하는 것이고요. 그리고 사람들은 바로 지금, 이 기획에 시선을 돌리고 있습니다. 보다시피 아주 친절하게, 대단한 호기심과 지적 민첩성을 보이며 바라보고 있습니다. 우리가 하고 있는 일이 아주 마음에 드나 봐요. (공원 벤치에 앉아 있는 사람들 중에는 카메라를 향해 음란한 제스처를 취하는 사람도 있고 얼굴을 숨기는 사람도 있지만 어떤 사람들은 아예 신경 쓰지 않는다.)

하지만 하던 이야기로 돌아가죠. 먼저 나는 오래 전에 책의 주권성 sovereignty을 무너뜨리려 한 적이 있습니다. 비록 책은 특정 요구를 할 권리가 있으며 그런 권리를 내세울 자격이 있고 나 역시 책에 중독되어 어쩔 수 없이 특별한 감정을 느끼지만 말입니다. 그러나 당신이 말과 글의 차이를 지적하면서 내세운 위계질서는 매우 위험하고 대단히 해롭습니다. 당신의 구분에 따르면 말은 존재와 충만함, 직접성의 편에 있는 것으로 간주됩니다. 반면 글은 늘 뒤처져 있는 것이며 부인될 필요가 있는 것으로 여겨집니다. 루소는 늘 글에 매몰찼습니다. 다른 사람들도 마찬가지였어요. 글은 다른 무언가로 대체할 수 있다는 논리에 갇혔습니다. '나는 당신에게 글을 쓰기보다는 당신과 함께 있고 싶다'는 겁니다. 다음으로는 괴테가 등장합니다. 괴테는 여성의 등에다 글을 썼어요.* 이미 차이differences와 분리separations를 혼동했다는 뜻입니다. 즉 말은 살아 있는 로고스**였고 글은 이미 죽음과 기예***의 편에 있는 것으로 간주되었어요. 말과 글을 비교할 경우 글은 늘 열등하다는 생각이 지배적이었습니다. (멀리 구석진 곳에 있는 아이들 몇몇이 우리에게 고함친다. "엿 먹어라!") 우리는 대단한 청중을 둔 것 같습니다. (웃음) (한 십 대 펑크족이 벌떡 일어나더니 카메라를 향해 맥주병을 흔들며 우리 옆에서 껑충껑충 뛰기 시작한다.) 버클리 대학에서 학생들을 가르칠 때였어요. 행정 사무 직원이 이런 말을 했지요. 학생들을 보면 내 강의 시간이 됐다는 걸 알 수 있다고요. 내 학생들은 딱 저 아이들 같았거든요. 당신도 보다시피 지금 사방에서 우리를 밀어 대고 있습니다. 완전히

---

* 괴테는 『로마 비가Roman Elegies』를 당시 자신의 연인이자 훗날 정식 아내가 된 크리스티아네의 등 위에 썼다고 한다. 옮긴이
** logos, 이성 혹은 우주의 법칙. 옮긴이
*** techné 아리스토텔레스는 『니코마코스 윤리학Nicomachean Ethics』에서 지식을 에피스테메epistēmē와 테크네techné, 프로네이시스phronesis, 세 가지로 구분하고 있다. 에피스테메가 앎 자체가 목적인 지식이라면, 테크네는 특정 분야에 한정된, 구체적이고 분명한 목적을 가진 지식을 가리킨다. 옮긴이

버림받아 아무도 신경 쓰지 않는 이 사람들을 포함해서 말입니다. 하지만 내가 장담하건대 이들은 약물과 술에 취하게 되면 존재의 의미에 대해 진지하게 깊은 생각에 빠질 수 있을 겁니다!

그리고 보니 당신은 『마약 전쟁Crack Wars』에서 중독에 대한 글을 썼지요? 어쩌면 지금이 중독에 대해 말할 순간인 것 같습니다.

나는 다른 종류의 기억에 관심이 있었습니다. 아까 이미 운을 뗐지요. 헤겔에게 회상Erinnerung과 기억Gedächtnis은 다릅니다. 회상은 당신이 마음이나 가슴에 담아 놓아 햄릿처럼 따로 적어 놓을 필요 없이 내면화한 것을 말합니다. 반면 기억은 더 기계적이고 기술적인 프롬프터* 같은 겁니다. 당신이 무언가를 생각해 내야 한다거나 떠올려야 한다거나 자신에게 전하는 메모를 써 놓아야 한다는 것은 기억하려고 애쓸 때처럼 무언가를 잊어가는 중이거나 이미 잊었다는 것을 뜻합니다. 앞으로도 늘 그럴 거라는 뜻이죠. 그러나 다른 종류의 기억도 있습니다. 이런 기억들은 약물에 취하거나 중독된 상태와 관계가 있습니다. 영화에서처럼 으슥한 곳에서 우울한 음악을 들으며 술잔을 앞에 놓고 앉아 있는 사람의 이미지 말입니다. 이 이미지는 부활을 믿는 사람들의 기억과 관계가 있습니다. 아마 당신은 그들이 술에 무엇을 탔는지 궁금해 하겠죠.

---

* prompters, 연기자에게 연기 시작의 신호를 보내는 사람, 또는 카메라 앞에 선 연기자가 볼 수 있도록 실린더 모양의 기구에 각종의 대사 따위를 부착해 놓은 장치를 뜻한다. 옮긴이

당신이 2000년에 뉴욕대에서 자크 데리다와 함께 강의했을 때, 그 때 주제가 기억과 망각이었죠. 우리는 데리다의 저서 『폴 드 만의 기억*Memoires for Paul de Man*』에 초점을 맞췄죠. 분명 영화와 비디오는 집합적 기억들을 벼리고 또 기록을 보존하는 전 과정에서 어떤 것을 기억하고 어떤 것을 잊을 것인지를 결정하는 데 중요한 역할을 해요. 우리는 지금 비디오와 오디오를 이용해 이 순간을 기록하고 있네요.

그건 이런 의미입니다. 영화를 촬영하는 이 순간, 나는 이것을 애도 또는 애도의 구조라는 말로 표현합니다만, 심지어는 이 순간에도 우리는 이미 죽은 사람들을 기록해 놓은 문서 보관서 색인의 일부예요. 그러니 이 말을 하는 순간도 여기 이 공원에서는 현재이고 활기찬 순간으로 보일지 모르겠지만 이미 죽음의 행진의 일부입니다.

지금과 같은 순간들을 포착해 기록으로 남기려는 충동에 대해 이야기하기로 해요.

데리다는 『문서 보존 열병*Archive Fever*』이라는 멋진 책에서 기록하려는 충동에 관해 말한 바 있죠. 주디스 버틀러는 미군 병사들이 감금된 사람들을 고문하고 있었다는 사실을 폭로한 추문 투성이 사진에서도 문서를 보존하려는 의도를 발견해요. 문서를 보존하려는 전국적인 충동에 대해서는 할 말이 많습니다. 이 문제는 이렇게 표현할 수도 있을 겁니다. 우리는 자신에 관한 문서를 남기려는 일에 어느 정도나 중독되어 있는가? 또는 필요한 명령이나 의도도 없이 모든 것을 보존하려는 노력, 데리다가 "무작위적 문서 보존anarchivisation"이라고 말한 충동에 어느 정도나 중독되어 있는가?

지난 며칠 간 알게 된 사실인데, 우리가 카메라에 담은 장면 중에 사진을 찍고 있는 사람들이 많았어요. 우리가 가는 곳마다 사람들은 사진을 찍고, 또 찍자마자 그 사진을 들여다보더군요.

맞아요. 절대적인 중개mediation라고 할까요? 트라우마적 존재론을 인정하는 태도의 일종이기도 하고요. 트라우마적 존재론이란 자신의 경험에 진정한 의미의 자신이 존재하지 않는다는 것을 말해요. 경험이란 건 우선 타자가 포착하거나 단순화해서 당신에게 제시해야 하는 거예요. 타자는 사진일 수도 있고 영화일 수도 있죠. 경험은 종종 이렇게 유포될 수밖에 없어요.

촬영 감독인 존은 최근에 이런 말을 했어요. 자기가 경험한 걸 사진으로 찍어 놓지 않는다면 그건 일어난 게 아니라고 말이죠.

맞아요. 사진은 지연 또는 집행 연기를 보여 줍니다. 사진에서 보이는 것은 발생했을지도 모르는 경험이 재구성된 것이니까요. 경험 자체에는 더 이상 권위가 수반되지 않습니다. 확고부동한 사건의 본질이 빠져 있지요.

"의미를 요구하는 증상, 질병, 연약함"

재구성은 우리가 경험에 의미를 부여하는 과정의 일부죠.

우리가 의미를 부여하는 일을 여전히 고집한다면 분명 의미를 원하는 갈망이 있는 것이겠죠.

 그 갈망에 대해 이야기해 봐요. 의미, 삶에는 의미가 있어야 한다
는 생각, 삶의 의미에 대한 탐구 등은 계속 등장하는 주제잖아요. 일
반 대중에게 철학을 소개하는 책에서는 특히 그렇고요.
 사람들이 당신에게, 삶에는 의미가 있어야 한다고 말하나요?

 물론이죠. 이런 일반적인 질문들은 철학과 연결되잖아요. 삶의 의
미는 무엇인가? 삶을 의미 있게 만드는 것은 무엇인가? 이런 질문은
의미를 갈망하는 마음을 이야기하죠. 당신 역시 이런 갈망을 인정하
지 않았나요?
 다양하게 표현되기는 했지만 나도 청소년기에는 의미를 갈망했
고 지금도 여전히 갈망하고 있습니다. 어떤 것에는 목적이 있다고 정
말 믿고 있어요. 내가 생각하는 건 칸트가 말하는 "목적 없는 목적성
purposefulness without purpose"에 가까워요. 칸트가 예술을 정의하며 한
말이죠. 칸트에 따르면 예술은 어떤 개념 하나로 분류되지도 않고, 예
술에 의미를 산출하거나 어떤 목적에 이바지하라고 강요할 수도 없어
요. 그럼에도 예술은 마치 어떤 목적이 있는 것처럼 진행되고, 활력을
주는 허구[개념, 의미, 목적]와 공존합니다.
 의미를 제시하겠다는 약속은 역사적으로든 지적으로든 일단 의심
해 봐야 한다고 생각해요. 문제가 되는 핵심은 아니지만, 의미는 때
로 진보와는 무관한 매우 파시스트적인 면이 있었죠. 삶에서 나타나
는 어떤 사건이나 구조, 주제에 서둘러 덧씌워지는 의미는 미봉책이

며 무의미성이 안겨 주는 상처를 치료할 응급조치인 경우가 비일비재합니다. 무의미함이 지닌 개방성이라는 불안한 구조 속에 상황을 붙잡아 두는 일은 매우 어렵다는 걸 잘 압니다. 그 개방성이 좋은 것이든 아니든 마찬가지입니다. 정말 어렵습니다. 신이나 국가 등, 의미를 궁극적으로 부여하는 존재, 즉 초월적인 의미 부여자를 재빨리 부여잡는 이유도 여기에 있죠. 의미를 원하는 많은 사람들의 갈망은 예컨대 권력욕에 눈이 먼 사람들이나 무고하지만 의심스러운 목적을 추구하는 사람들 손에서 오용되거나 남용되는 경향이 있어요.

이런 경향은 이해할 수 있어요. 의미를 얻으려는 강박 충동을 이해합니다. 그런 충동을 뿌리 뽑아야 한다고 말하려는 게 아니에요. 제거하려 한다면 실수하는 겁니다. 다른 의미를 불러오는 결과만 낳을 뿐이니까요. 억누를수록 튀어 오르듯이 말이에요. 우리는 의미를 요구하는 아우성을 어떤 증상, 때로는 질병이나 연약함의 표지로 이해해야 합니다. 우리는 이 아우성과 끊임없이 협상을 벌이고 있어요. 모두들 의미 같은 그 무엇이 유한하고 가련한 우리 존재를 받쳐 주길 원하죠.

(우리는 모퉁이를 돌아 개 놀이터를 지나갔다. 큰 개 10여 마리가 서로를 쫓으며 돌고 있고 주인들이 그 모습을 지켜본다.) 예컨대 당신은 이 개들이 노는 모습을 보고 있습니다. 그런데 이 즐거운 장난을, 자체로는 파악할 수 없거나 설명할 수는 없으나 존재의 절대적인 우연에 따라 그냥 여기 있는 그 무엇이 임의로 돌출된 상황으로 보지 않죠. 왜 의미로 환원하려고 합니까? 보세요. 개들이 서로 냄새를 맡고 있네요. 좋습니다. 의미로 환원할 수 있다고 쳐요! 하지만 상황에 의미를 슬쩍

끼워 넣을 때는 그 의미가 지평 전체를 축소해 애매하게 만들고, 사람들을 규합하는 일종의 구호로 나아가는 첫 걸음이 될 수 있습니다. 의심스러운 구호 말입니다.

이야기를 듣다 보니 요즘 일어난 일련의 사건들이 떠올라요. 9.11 테러에 의미를 부여하려는 욕망 말이죠. 9.11 테러를 기회로 보복하자는 구호를 만들어 내려는 바람이 있었고, 그 바람이 결국 이라크 전쟁과 아프가니스탄 전쟁으로 이어졌지요.

그렇죠. 다시 말하지만 내가 하고 싶은 말은, 삶은 대단히 복잡해서 의미를 이해할 수 없는 경우가 비일비재하고 의미가 지나치게 많기도 하다는 것뿐이에요. 여러분은 상황을 한눈에 파악하고 싶어해요. 사실 그러고 싶지 않은 사람이 어디 있겠어요? 그러고 나서 여러분은 생각합니다. "이제 다 파악했으니까 이 문제는 덮어 둬도 돼. 다 마무리된 거야." 그러나 이런 생각은 속임수예요. 그렇게 생각한다고 해서 벌어지는 일이 지닌 엄청나게 많은 의미와 갑작스러운 성격을 다 이해할 수 있는 것은 아니니까요.

이 문제는 당신의 연구와 어떤 관계가 있죠? 어리석음stupidity 같은 개념을 하나 택해 산산조각 낸 다음 여러 각도에서 그 개념을 탐구하는 작업으로 유명하잖아요.

엄밀히 말하자면 그 개념들이 무궁무진할 경우에만 그렇죠. 그런 개념들은 우리를 부르고, 소환하며, 자기에게 관심을 가져 달라고 요구합니다. 무엇인가에 어떤 의미가 있고 그 의미가 마침표를 찍어 단번에 결정할 수 있는 것이라고 합시다. 그렇다면 우리는 그 의미를 몇 번이고 다시 살펴 보고, 다시 검토하고, 질문을 던지고, 차갑게 식어 버린 뚜껑을 다시 열고, 일반적으로 갖고 있는 확신을 다시 생각해 보라는 식의 윤리적 요청은 받지 않을 겁니다. 이 모든 것에는 지적 노력이 요구되죠. 구급 요원이 응급 처치를 하듯 우리의 윤리적 본능을 깨우는 겁니다. 이 모든 것은 우리에게, 문제에 매달려 완전히 다시 검토하라고 요구해요. 그러나 우리가 무엇인가를 완전히 정복할 수 있을 것이라는 생각은 버리라고 하지요.

"이론가의 의무는 사적인 작은 전쟁터에 서는 것"

이 문제는 철학과 더 폭넓게 연결되는 것 같아요. 그렇기 때문에 철학이 끝나지 않는 것 아닌가요? 철학은 우리가 해답을 발견하지 못해 책을 덮을 수 없는 문제들에 대해 말하죠. 철학은 계속 질문을 던지고, 다시 책을 여는 끝없는 과정이죠. 어떤 사상가들 손에서 마무리된 문제라고 해도 다를 건 없죠. 당신은 스스로를 역사 전반에 걸쳐 존재했던 사상가들과 나누는 지속적인 대화의 일부라고 생각하나요? 당신이 보기에 이 대화는 어느 곳을 향하고 있나요?

그럼요. 나도 그 대화에 참여하고 있습니다. 블랑쇼*는 "무한 대화"

---

* Maurice Blanchot, 1907년~2003년. 프랑스 소설가이자 평론가. 철저한 반사실주의적 소설로 주목을 받았으며 현대 비평의 특징인 심부深部 비평을 대표한다. 옮긴이

라고 말하겠죠. 나는 철학적 사고의 가장자리에 있는 사람들과도 대화를 합니다. 가능한 것의 한계를 실제로 생각하고 그 한계와 씨름하는 사람들 말입니다. 또한 칸트와 니체, 하이데거, 데리다같이 위대한 사상가들도 매우 존경합니다. 여기에는 프로이트도 포함돼요. 나는 정신분석학자에게도 마음을 열고 때로는 그들에게 매료됩니다. 매우 불안하고 말썽과 알력이 가득한 만남일때도 많지만요. 늘 쉬운 결합인 것은 아닙니다.

철학, 특히 북미 철학의 미래가 어떻게 될 것인지는 모르겠습니다. 한번 생각해 볼까요? 그런데 굳이 말하자면 비록 '우리'라는 것이 존재한다고 해도 나는 그 공동체에는 속하지 않을 겁니다. 내가 환영을 받거나 꼭 포함될 것 같지는 않습니다. 유럽에서는 나를 미국 철학자로 생각하죠. 미국에서는 나를 어떻게 생각하는지 모르겠군요. 알고 싶지도 않습니다! 무엇보다 사람들은 대체로 이 나라에서 우리가 무엇을 생각하고 무엇을 말하는지 관심조차 갖지 않아요.

사람들이 다른 문제에는 흥미를 가질 것 같네요. "이곳은 대체 어떤 종류의 야생동물 보호구역인가? 그 보호구역에 살고 있는, 사물들에 대해 생각하는 데 골몰하는 사람들과 그 사물들에 대해 글을 쓰는 사람들, 그리고 자신들이 쏘고 있는 게 공포탄이라는 사실을 알고 있는 사람들, 이들이 대체 누구인가?" 위대한 철학자 임마누엘 칸트에 따르면 이론가의 **의무**는, 아무도 신경 쓰지 않는다는 이유만으로 국가를 상대로 한 사적인 작은 전쟁터에 서는 겁니다. 사람들은 공포탄만 쏘아대고 있으니까요. 그러니까 당신의 의무는 큰 목소리를 내는 것, 당신의 생각을 말하는 것, 추문을 의식하고 실망을 표현하는 것,

그리고 귀를 기울이는 사람이 아무도 없다고 확신하더라도 성실하게 그런 일을 해 나가는 겁니다. 이것이 내가 실천하려는 책임입니다. 계속해서 책임을 이야기하고 계속 실천에 옮기는 것 말입니다. 설혹 지켜보는 사람 한 명 없고 귀를 기울이는 사람 한 명 없더라도, 그러면 어떻습니까? 누군가는 이런 일을 해야 합니다. 공식 기록이 남지 않더라도 해야 합니다. 청중이 아무도 없더라도, 아무런 이익도 없고 자신이 하찮은 존재가 되는 것 같은 기분이 들 수밖에 없더라도 상황에 반응하는 것, 이것이 책임의 본성일 겁니다.

예전에 사물을 계속해서 마주 대하라는 윤리적 요청을 받는다고 말한 적이 있죠? 한편으로 당신은 이렇게 촬영을 해달라는 요청도 받지요. 하지만 그렇게 요청하는 사람들이 반드시 청중들인 것은 아니에요. 간단한 질문을 해 보죠. 누구를 위해 글을 쓰나요?

글쎄요. 나는 내가 누군가 조금이라도 살아 있는 사람들을 위해 글을 쓴다는 생각이 놀랍기만 합니다. 나는 죽은 사람들을 위해 글을 쓰는 일에 익숙해요. 나는 내가 읽은 그 무엇이나 사람들이 무시하는 책, 사람들이 포기한 문제나 문제들, 사람들이 버린 그 무엇에 봉사하라는 요청을 받고 있습니다. 나는 공동체를 갖지 못한 사람들의 공동체를 위해 글을 씁니다. 나는 정체성 중심의 정치를 선언해 본 적이 없습니다. 그런 정치라면 나를 어딘가에 정착시키거나 나에게 그럴듯한 패스워드를 주겠지만 말입니다. 데리다의 노선을 따르는 사람들이라도, 이유는 설명할 수 없지만, 반드시 나를 좋아하는 것은 아니에요. 물론 나를 데리다 추종자로 생각하는 집단도 일부 있죠. 나는 어떤 아이디ID도 기꺼워하거나 내보인 적이 없습니다. 아이디가 있으면 어딘가에 마음 편히 있을 수 있겠죠.

나는 무소속의 정치를 실천하고 있는 거예요. 그렇다고 고립을 자초하거나 자아도취에 빠지지는 않습니다. 그러니 청중이 모든 것에 우선하는 경우는 없습니다. 나는 누군가를 염두에 두는 일은 없지만 누군가를 초대하고 환영합니다. 나는 누군가가 내 부름을 받아들일 거라고 상상합니다. 그런 사람이 있을 수도 있고 없을 수도 있습니다. 모험입니다. 당신도 모험을 해야 합니다. 당신의 부름을 받아들이는 사람이 아무도 없더라도 말입니다. 당신은 모험을 할 수 있습니다. 아니, **반드시** 해야 할지도 모릅니다. 당신의 운명을 모르는 상태로 남아 있는 게 바로 당신의 운명입니다.

왜 그렇게 의무에 묶여 있어야 하나 궁금해 하는 사람이 틀림없이 있을 테죠. 당신을 공격하는 말이 될 수도 있겠지만 그래도 말하자면, 우리가 하는 일은 몸과 마음을 지치게 합니다. 우리는 이 일을 하며 교도소에 있는 것 같은 상당한 고립감을 느끼기도 합니다. 이런 고립 상태에서 벗어나 철학을 길거리로 옮겨 놓으려는 시도는, 물론 염려되는 바가 없는 것은 아니지만, 즐거운 일입니다. 휴가 기간에 뉴욕 포트 어소러티 버스터미널에 작은 상자를 가져다 놓고 거기 서서 철학을 가르치고 싶다는 생각도 했죠. 버클리 대학에 있을 때는 휴일마다 사람들을 가르치고 작은 수료증 같은 것을 주고 싶다고 생각했습니다. 매우 이상적이고 퍼포먼스를 염두에 둔 생각들이죠.

왜 그런 생각을 했을까요?

몇 가지 이유가 있었어요. 한 가지는 글을 쓰고, 이야기를 하고, 가르치는 공간을 바꾸고 싶었죠. 제도가 인정하는 곳을 벗어난 교육에는 어떤 일이 일어날까? 그런데 그렇게 하면 미친 사람 취급을 받을 수도 있겠죠. 오래 전에 버클리 스프라울 플라자에서 고함치듯 말하는 사람을 봤어요. 공원에서도 그런 사람을 만났지요. 그런 사람과 나의 차이점은, 나는 건축학이 이야기를 하는 곳으로 규정한 곳 안에 있다는 겁니다. 하지만 나도 고함은 칠 수 있을 겁니다.

그러면 합법적으로 고함칠 수 있는 사람은 누구고 그럴 수 없는 사람은 누구죠? 이 영화에 등장하는 철학자는 모두 박사 학위가 있죠. 어린 시절 내 주변에는 학교 교육을 받지 않은 사람이 있었어요. 그 사람처럼 나도 공식 교육에 회의가 좀 있었지요. 딸 수 있는 자격증이 있고 그래서 갑자기 철학자가 되는 거 아닌가요?

갑작스러운 게 아니죠. 하루하루를 보내며 철학자가 되는 거예요. 분명 나는 꼬마 철학자였습니다. 두 살 때 주변 사람들에게 보스 행세를 하고 불쌍한 우리 부모님에게 윤리를 강요하곤 했죠. 그때 이미 소크라테스처럼 모든 일을 간섭했습니다.

박사 학위는 어리석어 보일 때도 있습니다. 그래도 나는 그 불가능한 훈련을 굳게 믿었습니다. 그 훈련이 무언가를 함축하고 있으며 어쩌면 보상이 따를지도 모른다고 믿었죠. 학자는 계속 앉아 연구합니다. 엄청난 훈련이 필요해요. 이런 훈련은 사회가 인정하지도 않고 잔혹한 인력 시장에서 제대로 평가받지도 못합니다. 한 자리 마련해 주거나 도서관 이용권, 강좌, 박사 학위를 주는 기관과의 관계는 애매하고 실망스러운 경우가 대부분이죠. 여러분도 알다시피 학교는 때로 거대한 무덤과 같아요. 학교에서는 창의적이거나 혁신적인 일은 전혀 일어나지 않습니다. 학교는 위생 처리를 거친 지식의 분과들이 전달하기로 되어 있는 것만 전달하는 기관입니다. 학교에는 무엇을 가르치고 배울지를 결정할 권한을 가진 정화 장치가 있어서 실제로 우리 삶에 활력을 불어 넣고 삶을 아름답게 만들어 주는 많은 것이 버려집니다.

대학원 시절에 나는 상당히 고통스러웠습니다. 프린스턴 대학에 있을 때는 정말 너무 불행하고 비참했습니다. 그때보다 더 비우호적이고, 백인 중심적이고, 우파적이며, 자기만족에 빠져 있던 시기도 없을 겁니다. 하지만 그동안 아시아에서 말하는 수양과 배움에 대한 사랑이 내 안에 자리 잡기도 했습니다. 프린스턴이 심화시키고 심지어는 찬양하기도 하는 자기 학대적인 면도 자리 잡았죠. 그렇다고 자기 학대적인 면이 아시아적이라는 말은 아니고요. 내가 스스로 그렇게 만든 겁니다. 뚜렷한 목표도 없이 그저 열심히 연구하도록 내가 내 자신에게 강요하거나 초자아가 나에게 강요한 겁니다. 뭔가를 손에 넣기 위해서가 아니라 그냥 순수하게 연구만 했죠. 도서관의 개인 열람석에 앉아 있어 보세요. 누구라도 정말 혼자라는 느낌이 들 거예요. 아무 것도 당신에게 반응하지 않는 세계에 있는 것 같죠. 머리는 점점 복잡해지는데 기껏해야 자기 내면의 소리나 문서 보관실의 방송 소리, 팟캐스트 소리만 들릴 뿐입니다. 그마저 무엇인가가 또는 누군가가 듣고 있다고 믿을 만한 보장도 없죠.

"무한한 채권자, 그리스도"

다시 앞으로 돌아가 '의미'라는 주제를 살펴보도록 하죠. 윤리에 대해 묻고 싶어요. [우리 대화를 듣고] 당황하는 사람도 있겠지만 질문을 품는 사람도 있을 것 같거든요. 그러니까 궁극적인 의미가 없다면 어떻게 윤리적으로 활동하거나 행동할 수 있을까요?

고마워요. 이 문제는 분명하게 밝힐 필요가 있고 정말 대화가 필요한 부분입니다. 내가 이상한 사고 공간에 틀어박힌 사람처럼 보이지 않기 위해서라도 말이죠. '무한한 무책임성'이라고 잘못 이해하지 않았으면 해요. 오히려 정반대거든요. 궁극적인 의미나 투명성을 내세우거나 주장하는 곳, 초월적인 보증인이 모든 것에 '의미 있음'이라는 도장을 찍어 주는 곳, 누구도 어떻게 행동하고 무엇을 해야 할지 불안하게 어림짐작할 필요가 없는 곳이 있다고 해요. 그런 곳에서 당신은 책임지라는 요청을 받지 않습니다. 존재의 문법, 또는 타자를 돌보라는 자명한 원리가 당신을 위해 간결하게 준비되어 있으니까요.

전통 윤리학에 이름을 남긴 몇몇 사람들에 따르면, 사물에는 미리 정해진 대본이 있고 처방도 정해져 있습니다. 당신은 자신이 하기로 되어 있는 모든 것을 알고 있습니다. 당신을 위한 지도가 어느 정도 그려져 있는 겁니다. 그런 확실한 표시가 없을 때는 모든 것이 어렵고 끔찍해지며, 어떤 상황이나 세상의 곤경도 무한한 번역이 필요하게 됩니다. 당신에게는 궁극적 의미나 궁극적 보상, 최후의 심판을 보장해 주는 것이 없죠. 당신은 정답이 나올 수 없는 계산에 휘말려

혹독한 회의에 빠지게 됩니다. 자기 자신이나 자신의 도덕과 의도에 확신이 있는 사람은 진정한 의미에서 윤리적인 사람이 아닙니다. 그런 사람들은 진정한 책임을 지라는 명령을 붙들고 영웅처럼 씨름하지 않습니다. 책임을 완전히 지는 것은 불가능합니다. 당신은 책임을 지느라 지쳐 본 적이 없습니다. 충분히 책임을 져본 적이 없습니다. 당신은 고통 받는 사람, 가난한 사람, 굶주리는 사람을 위해 충분히 주거나, 제공하거나 행한 적이 없어요. "사람은 자신에게 할당된 분량의 책임을 다할 수 없다." 이것이 도스토예프스키와 레비나스*, 데리다가 공유했던 법칙입니다. 우리의 할당량은 무한히 높게 설정되어 있습니다. 무한한 채권자 그리스도라는 인물이 만들어진 이유가 여기에 있죠.

플라톤은 시민들이 철학적으로 충분히 엄밀할 수 없다고 생각해서 지옥을 만들었습니다. 우리는 플라톤에게 감사해야 합니다! 플라톤이 제시한 지옥을 만들어 그 지옥에 치기 어린 심판의 장소, 또는 최후의 장소라는 의미를 부여합시다. 그리고 천국도 추가합시다. 플라톤은 천국에 대해서는 별로 신경 쓰지 않았지만 말입니다. 플라톤은 지옥으로 폴리스 시민에게 공포심을 심어 주려고 했던 거죠. 지금도 여전히 우리에게는 매우 단순하고 신비로운 모델로 다시 돌아가려는 습관이 있어요. 사람들에게 계속 옳은 일을 시킬 수 있다는 이유에서 말이지요. 그 모델은 그것에 눈 먼 사람들을 묶어 놓고 두려움을 안겨 주는

---

* Emmanuel Levinas, 1906년~1995년. 리투아니아 출신의 프랑스 철학자. 후설의 현상학과 유대교의 전통을 바탕으로 서구 철학의 전통적인 존재론을 비판하며 타자에 대한 윤리적 책임을 강조하는 윤리론을 발전시켰다. 옮긴이

요소들을 가동시키고 순조롭게 위력을 발휘합니다. 그러나 사람들이 일단 눈을 뜨게 되면, 그 모델은 겁을 주어 바르게 행동하게 만들려는 하나의 신화고 허구였다는 사실을 깨닫게 됩니다. 사람들은 스스로 행동해야 한다는 뜻입니다. 따라야 할 것으로 분명하게 처방된 명령도 없고, 현 상태를 구제해 줄 지시도 없습니다. 당신은 혼자라고요. 초자아가 "그것은 나쁘다", "그것은 좋다"라고 하나하나 전달해 주는 시스템보다 더 어렵게 됐죠.

어떤 것들은 해석학적 불안을 일으킬 정도로 해독하기가 어려워 정말 힘든 노력을 기울여야 합니다. 이런 문제를 헤아려야 합니다. "왜 이런 일이 벌어지는가? 왜 저런 일은 일어나지 않았는가? 세상이 안고 있는 한없는 궁핍과, 사람이라면 반드시 응답해야 하는 끊임없는 부름은 나와 무슨 관계가 있는가?" 그러니 확실한 지시나 분명한 의미가 없을 때는 그만큼 많은 노력을 기울여야 하고 대단히 윤리적인 사람megaethical이 되어야 하죠. 누군가 당신의 움직임 하나하나에 명령을 내리며 그렇게 말했다는 이유로 "이것은 해야 하고, 저것은 하지 말아야 한다"고 생각한다면, 그렇게 사는 삶이 훨씬 더 쉬운 게 사실이죠.

이 모든 과정에서 철학은 무슨 일을 합니까? 철학은 높은 곳에서 내려오는 이런 규칙이나 행동 원리에 의문을 제기하도록 돕는 건가요? 플라톤이 지옥을 만들어 냈다는 점에서 철학에는 다른 역할이 있는 것도 같은데요.

철학은 규칙, 규정, 세부 사항, 그리고 위아래 할 것 없이 모든 것을 만들어 낸 책임이 있습니다. 철학은 평행 우주나 라이벌 팀같이 이 모든 헛소리를 똑같이 찍어 내죠. 철학은 권력에의 의지 자체입니다. 철학에는 무언가를 배치할 수 있고 그걸 수행할 수 있는 엄청난 능력이 있습니다. 철학은 그 능력을 연료 삼아 더 많은 권력을 갖고 싶어 하지요. 그러니 철학을 늘 믿을 수는 없는 겁니다. 그래도 최소한 철학은 아무것도 모르는 상태에서 움직이지 않으며 무고한 방관자를 처벌하지도 않습니다.

그거 알아요? FBI는 약물이나 중독에 대해 어떤 이론이나 지식도 갖고 있지 않습니다. 그들이 갖고 있는 것은 '계획표'입니다. 중독성 약물과 비중독성 약물의 차이를 알려 주는 이론도 정립되어 있지 않습니다. 그동안 우리는 법을 집행하는 사람에게 사회체social body가 [직접] 중독성 여부를 판단하도록 근본적인 구조를 확실하게 재고할 것을 요청할 수 없었습니다. 철학적 사유는 바로 이런 일에 개입해 서류를 모두 펼치고 불가능한 물음을 던지고 불가능성과 씨름하며 살아갈 겁니다. 우리는 가능한 것에는 관심이 없습니다. 물론 그런 것에 관심을 갖는 사람과 철학자도 일부 있겠죠. 하지만 가능한 것이라면 군이 철학자들이 개입할 필요가 없어요.

당신은 정말 중요한 질문을 던졌어요. 만약 내가 대충 다루고 만 것이 있다면 내 스스로 깨닫기 전에 당신이 좀 더 분명하게 이야기해 달라고 말해 주면 좋겠군요.

의미를 찾기 위해서가 아니면 연구를 하는 목적이 뭐죠? 의미에 도달하리라는 믿음이 없는 상태에서 의미를 찾으려는 노력을 기울이고 있는 것이라고 봐도 될까요?

맞아요. 의미를 찾으려는 노력은 피할 수도 없고 본래 상태로 되돌릴 수도 없어요. [우리와] 의미의 관계는 끊을 수도 없고 부정할 수도 없죠. 지금까지 나는 우리가 생각할 때 갖는 모든 추정과 전제 precomprehension를 공격했습니다. 기본적인 것부터 살펴보다 보면 어쩔 수 없어요. "이해understanding는 무엇인가? 앎comprehension이란 무엇인가? 당신이 무엇인가를 이해했다고 했을 때 무슨 일이 발생하고 또는 무슨 일이 발생하지 않는가?" 어쩌면 당신이 무엇을 이해한다는 생각은 착각일지도 모릅니다. 당신은 "전이해를 가지고preunderstood" 있기 때문에 아예 아무 것도 듣지 않았다는 뜻일지도 모르고요. 이게 해석학이 말하는 거죠. 해석학적 순환hermeneutic circle이라는 말이 있습니다. 배우려는 것을 이미 이해하고 있다는 뜻입니다. 그러니 그 습관, 순환을 깨뜨리고 "이해한다는 것은 무엇을 의미하는가?"하는 질문을 던지기 어려운 겁니다.

『어리석음』을 쓴 이유가 여기에 있습니다. 어리석음은 깨트리기 어려운 윤리적 골칫거리입니다. 나는 몸과 마음이 약해져 있는 주체, 즉 인사불성인 사람을 생각해 보려고 했습니다. 이해하는 데 실패한 사람들에게 초점을 맞췄죠. 물론 나는 그런 사람들이 얼마나 신성한 존재인지 보여 주려고 노력합니다. 세상을 전혀 모르고 분명한 내면성이나 요구도 없고 단지 어리석음만 있는 사람들, 그들은 신성한 존재입니다. 그렇지만 당신은 이런 인물과 무슨 윤리적인 행동을 하겠습니까? 지금 우리 뒤편으로 몇 사람이 보이죠? 영화에선 편집될지도 모르지만, 정신이 완전히 나가 존재하지 않는 것 같은 사람들 말이에요. 장담하지만 그들은 어리석지 않아요. 하지만 그들은 분명 인사불성이거나 인사불성에 가까운 상태에 놓여 있습니다. 그러면 의식이 거의 소멸된 사람들과 윤리는 어떻죠? 이것이 내가 제기하는 문제입니다. 어떤 윤리 서적도 이 문제를 다루지 않았고요. 덧붙이자면, 나는 사람들을 우민화하는 정치학에 대해서도 꽤 진지하게 다루고 있습니다.

철학이 시작될 때부터 자기가 모르는 것을 모른다고 인정하는 것, 자신의 무지를 정확하게 알고 이런 인식을 기반으로 지혜를 주장하는 것이 철학의 전통이었죠. 이런 전통에 있다고 생각하지는 않나요?

만약 내가 의도적으로 그 일부가 되고자 하는 전통이 있다면 그 전통이란 적응하지 못하는 사람들의 전통일 겁니다. 니체는 그런 사람들을 어릿광대라고 부르죠. 아주 사랑스럽다는 듯이 부르는 것 같아요. 어릿광대란 혼란을 일으키고 침입하여, 매끈한 총체성을 부수는 누군가를 말하죠. 왕궁의 어릿광대를 생각해 보세요. 셰익스피어 작품에는 왕에게 알아듣기 힘든 말을 해서, 진실을 말하는 일을 피하는 어릿광대가 나와요. 정치적으로 늘 나는 엉덩이의 종기처럼 성가신 존재가 되는 것, 문제를 만들어 내는 것, 소규모 전투를 만들어 내는 것을 내 의무라고 생각했어요. 그런 소규모 전투에서 남성이라는 젠더는 대개 싸움을 벌여 모든 것을 엉망진창으로 만들지요. 학군단 사람들에게 접근해 재치 있고 용감한 말로 괴롭힌 적도 있어요. 나는 여성으로서 그럴 수 있다고 생각했고 그들도 굳이 나에게 험악하게 굴지 않을 거라고 생각했거든요. 행동을 할 때마다 나는 공적 영역에서 내가 잠정적으로 지니고 있는 여성 젠더를 느낍니다. 이러한 여성 젠더 덕분에 나는 어떤 전복적인 전략과 함께 행동하고 일탈을 저지를 수 있습니다. 여기에는 어떤 계보가 존재하는데, 독일식이기도 하고 아이러니하기도 한 일종의 궤적이 있습니다. 철학적 사고의 주요 노선과 주요 거리에 갑자기 습격하듯 뛰어든 사람들이 이 궤적을 이루죠. 이 궤적에서 가능하다면 하인리히 하이네*와 함께 있으려고 합니다. 또 누가 이 계보에 속할지 모르지만 나는 이 계보를 존중합니다. 이 계보는 늘 말썽거리를 만듭니다. 무엇보다 이 계보는 방해와 불평, 그리고 군소리를 만들어 내는 데 더 큰 관심이 있죠. 보통 '사고'로 인정받지 못하는 것들, 합법적이거나 합당한 숙고로 간주되지 않는 것들을 만들어 내는 일이죠. 나는 바로 이 지점에서 멈춰서 불법 점거를 한 채로 여러 소음을 만들어 냈습니다. 이곳이야말로 늘 사고가 필요한 곳입니다. 소크라테스가 거리에서 쇠파리**처럼 성가신 소리를 내기 시작한 이래로요. 소크라테스 이전 시대의 활기를 제대로 자리매김하는 문제도 있습니다만, 이 문제는 다음에 산책할 기회가 있으면 해야겠어요.

마침 젠더 문제가 제기됐네요. 여성 철학자들이 있지만 소수인 상황에서, 당신은 왜 젠더 문제를 이야기하지 않나요?

21세기인 오늘날에도 여성은 철학을 할 수 없다는 말을 계속 들

---

* Heinrich Heine, 1797년~1856년. 독일의 시인. 낭만주의와 고전주의의 전통을 잇는 서정 시인이면서 반反전통적·혁명적 저널리스트였다. 프랑스 7월 혁명에 감화를 받아 '청년 독일파'에 대한 독일 의회의 탄압이 거세지던 시기, 파리로 망명하기도 했다. 마르크스와 친교를 맺는 등, 진보적 사상에 눈을 떴지만 공산주의 사상과는 거리를 뒀다. 평생동안 한편에서는 봉건 체제에, 다른 한편에서는 왜곡된 혁명 운동에 저항했다. 옮긴이
** 소크라테스는 『변명』에서 자신을 무지한 아테네인들을 자극해 그들을 깨우치는 '쇠파리(등에)'에 비유했다. 옮긴이

죠. 나도 많이 들었습니다. 어쩌면 사실일지도 모르죠. 만약 철학이 어떤 요새, 남근 로고스 중심phallogocentric의 요새를 형성하는 일부라면 말입니다.

"남근 로고스 중심"이라는 말의 뜻이 정확히 뭐죠?

데리다가 사용한 용어를 차용한 건데요. 데리다는 남근이라는 환상, 다시 말해 이성과 그 이성의 계산된 중심주의에 따라 사고, 습관, 그리고 문화적 제도들이 구성된다고 봤어요. 그리고 우리가 그러한 사고, 습관, 제도들을 어느 정도 물려받았고 그것들에 어느 정도 물들었는지 보여 주었죠. 우리는 이 가운데 있습니다. 물론 지금 내가 하는 말은 이번 학기에 한 48시간 강의나 그 강의에서 언급했던 '고기를 갈아 버리는 육식 로고스 중심주의'*에 대한 설명에 비하면 맛보기도 안 됩니다.

남근과 그 강력한 유산으로 다시 돌아갑시다. 철학, 특히 형이상학은 여성의 배제와 물러남에 의존하고 있습니다. 헤겔에게 여성은 공동체의 적이었고 다른 한편으로는 공동체의 아이러니였지요. 그러니 사실이 그렇다면 우리는 발레리 솔라나스**식으로 바라볼 수도 있

---

* carnologocentrism, 데리다는 "eating well"이라는 제목의 인터뷰에서 "육식 (남근) 로고스 중심주의"에 대해 말한다. 데리다는 인간과 동물의 관계는 동물의 희생을 토대로 한 구조에 의해 지탱되며 이러한 '희생 구조' 위에서는 채식주의자 역시 "동물들, 심지어 인간들까지 함께 먹는다"고 말한다.(구자광, 2009, 「데리다와 아감벤의 인간」, 『새한영어영문학』 제51권 3호 참고) 옮긴이
** Valerie Jean Solanas, 1936년~1988년. 미국의 급진적인 페미니스트 저술가. 1968년 앤디 워홀Andy Warhol을 살해하려 한 사건으로 유명하다. 희곡 『슬럼 매니페스토SCUM Manifesto』에서 남성 없이 여성으로만 이루어진 사회를 그렸다. 옮긴이

는 겁니다. 철학이 여성에게 가하는 폭력은 매우 심각하고, 철저하며, 무자비합니다. 그러므로 "아니다. 여성 철학자도 있다"는 말로 맞받아치는 것은 어리석은 일입니다. 여성 철학자도 분명 있을 겁니다. 그러나 환영받지 못하고 매장되어 주소address가 없습니다. 물론 위대한 선동가들은 그 주소를 바꿀 필요가 있다고 말할 겁니다. 료타르*도 그렇게 말했죠. 철학적 사고가 마련해 주는 주소지에서 사람이나 사물이 벗어나야 합니다. 더 진보적이어야 합니다. 그 범위를 '인간이 아닌 존재posthuman'로까지 넓혀야 합니다. 여기에는 동물과 식물, 다른 종, 인간 친화적인 다른 종과 그렇지 못한 종도 포함되어야 합니다. 분명 이 모든 것에 질문을 던져 일깨워야 합니다.

그러니 여성 철학자가 있느냐는 질문에는 긍정과 부정 모두 가능합니다. 철학 분야에 여성이 있다는 생각은 망상과도 같으니까요. 다른 한편으로는 사라 코프만Sarah Kofman이나 주디스 버틀러 같은 탁월한 철학자들로부터 알 수 있듯이 우리는 여성 철학자들을 만나 왔고, 여성 철학자들은 분명 존재합니다. 모종의 사상 체계에 따라 해부하듯 샅샅이 살펴보면 찾을 수 있지요. 그러나 여성 철학자의 이름을 하나하나 점검해 나가면 꼼짝 없이 덫에 걸리게 됩니다. 그러니 이쯤에서 명단 점검을 그만두자고요.

어떤 면에서는 여성들이 철학적 대담에 참여하고 있다고 인정한 상태에서 다음과 같은 질문에 답할 수도 있습니다. "여성 철학자들이 또 다른 적의 담화를 그대로 모방하고 있는 것은 아닌가? 요새 뒤로 숨

---

* Jean Francois Lyotard, 1924년~1997년. 프랑스의 철학자이자 문학 이론가. 포스트모더니즘을 새로운 지적 · 문화적 흐름으로 개념화했다. 옮긴이

은 것은 아닌가? 혹시 여장 남자는 아닌가? 의식이 없거나 지나치게 의식적이지는 않나? 불행한 의식이거나 양심의 소리는 아닌가? 그 대담에서 무엇을 하고 있는 걸까? 어떤 희생의 경제학으로 여성 철학자들의 존재 또는 거짓된 존재를 설명할 수 있는가? 반갑지 않은 침입자나 기생충, 또는 농담쯤으로 간주되던 사람들이 본질적으로 자신을 정신병자 취급하는 태도에 얼마나 맞서 싸웠는가?"

제도적으로 우리는 남성, 여전히 힘차게 승리를 구가하고 있는 가부장제를 다뤄야 합니다. 프로이트가 아직까지 한 번도 도전받아 본 적이 없다고 말한 그 가부장제 말입니다. 여성은 끊임없이 뒤로 물러나고, 후진해야 하며, 실수를 저질러야 합니다. 어떻게 말해야 할지 모르겠지만, 이처럼 여성을 정신병자 취급하는 때가 있습니다. 이 사실을 덮을 수는 없죠. 그럴 때 누군가는 징후적 반응을 보이는 좀 더 나은 이웃이 될 준비를 하고, 누군가는 한적한 교외의 히스테리로 스스로를 위장합니다. 제도와 철학의 압력이 유발하여 폭발한 히스테리만 다룬 책도 있죠. 히스테리가 신경쇠약을 뜻한다면 그것은 때로 여성 자체가 됩니다. 히스테리는 특별한 방식으로도 작동해요. 엘렌 식수*도 말했듯이 혁명적 소요를 불러일으키고 심각한 말썽을 유발하기도 하지요. 훌륭한 전략적 용도를 가진 여성의 가면이 되는 겁니다.

이렇게 말할 수도 있어요. "통계에 따르면 철학을 하는 여성이 두어 명 더 있다"고요. 그러나 철학의 집에서 여성을 환영한다는 의미도 아니고, 남성이 철학을 할 때 **여성이 된다**는 의미도 아니에요. 들

---

* Hélène Cixous, 1937년~ . 프로이트와 데리다에게 영향받은 프랑스의 페미니스트 저술가, 시인, 극작가, 철학자, 문헌 비평가. 옮긴이

뢰즈*는, 글 쓰는 일에는 "여성이 되는" 불가피한 과정이 있다고 했습니다. 여성화 과정을 증명할 수도 있습니다. 글을 쓸 때 무슨 일을 겪는지 떠올려 보세요. 젠더를 새로 설정하는 일regendering, 당신이 누구인가를 새롭게 설정하는 일이 일어납니다. 이성적 수단으로는 설명할 수 없는 상황을 경험하게 되죠. 이는 로고스 중심주의logocentrism의 일반적인 주장을 뒤엎는 겁니다.

여성들은 늘 비이성적이고 히스테리를 부리는 존재로 규정되죠. 여성에게 언제나 따라 붙는 수식어예요.

네. 여성들이 내뱉는 언어 유형을 정리한 어휘들이 있지요. '한탄하다'와 '우는 소리를 하다', '투덜대다', '불평하다' 같은 것들이요. 여성은 위대한 담론 형성 과정의 옆줄 바깥에, 그 외곽에 있는 존재입니다. 이것이 내가 주장하려는 겁니다. 나는 "사용하는 사람이 거의 없는 이런 말투, 소수화된 이런 흔적과는 상관이 없다"고 말하고 싶지 않습니다. 그런 말투와 함께 머물고 싶고, 그 말투에 귀를 기울이고 싶습니다. 아시겠죠, 나는 주변화된 것 자체와 협상을 하려는 겁니다. 그리 색다른 노력이 필요한 일도 아닙니다. 양쪽 진영 모두에서 논란을 불러일으킬 수도 있지만 N-워드**를 여러분 언어에 섞는

---

* Gilles Deleuze, 1925년~1995년. 프랑스의 철학자. 철학과 문학, 과학을 강의하고, 퇴임 후에는 줄곧 좌파를 옹호하며 집필과 방송 활동을 했다. 구조주의 등 1960년대 서구 근대 이성의 재검토라는 사조 속에서 서구의 2대 지적 전통인 경험론과 관념론을 비판적으로 해명했다. 옮긴이
** N-word, 흑인을 비하하는 표현인 니그로Negro의 N. 옮긴이

것과 같습니다. "우리는 퀴어*다. 우리가 여기 있다"고 말하고 그 말
(퀴어)을 인정하고 장악하는 겁니다. "여기 쓰레기가 있다. 조심해라"
하고 말하는 것이지요. 그 의도는 모욕하고, 상처 주고, 압도하려는
겁니다. 그 말을 받아들이고 전용해 무기로 삼아 스스로를 방어하는
데 사용하세요.

"타자를 안다고 생각하는 순간, 당신은 그들을 죽일 준비가 된 겁니다."

그게 당신의 윤리적 기획의 일부인가요? 아니, 당신에게 윤리적 기
획이 있기는 한가요? 윤리로 다시 돌아가죠.

바타유** 이후가 중요합니다. 바타유는 에로스에 대해, 그리고 욕
망할 만큼 역겨운 사물들에 대해 글을 쓴 위대한 작가이자 기인입니
다. 말하자면 매우 많은 제약을 위반한 위대한 사상가였어요. 여기
서 위반transgression이라는 건……, 아니, 설명은 여기서 그만 두기로

---

* queer, '기묘한', '괴상한'이라는 뜻을 가진 용어로, 처음에는 동성애자를 비하하기 위한
표현으로 사용되었지만 나중에 성적 소수자들 스스로 그 의미를 긍정적으로 재규정했다.
지금은 동성애자, 성전환자 등 이성애 중심주의에서 소외된 성적 소수자들을 광범위하게
가리키는 말로 널리 쓰이고 있다. 옮긴이
** Georges Bataille, 1897년~1962년. 프랑스의 작가이자 사상가. 평생 무신론의 입장에서
인간을 구원할 통일 원리를 찾는 일에 몰두했다. 그의 사색은 철학과 문학, 예술, 사회학
등 광범위한 영역에 걸쳐 있었지만 중심축은 죽음과 에로티시즘이었다. 옮긴이

하죠. 위반은 바타유가 제기하는 큰 이야기 가운데 하나이니 말입니다. (경찰차가 사이렌을 울리며 공원을 순찰한다.) 경찰이 있네요. 조심해야겠어요.

왜 바타유를 이야기하냐면, "기획"이라는 말이 대단히 의심스럽다는 점을 증명한 사람이기 때문이에요. 바타유에 따르면 기획은 늘 죽음에 이르는 작업의 일종이죠. 다른 면에서는 폐쇄적이 되는 것 closural, 자기를 울타리로 둘러싸는 것self-inclosing, 어떤 의제의 노예가 되는 것servile to an agenda이기도 합니다. 나에게 윤리적 기획이라는 게 있는지 없는지 모르겠다고 말한 이유가 여기에 있습니다. 윤리적 기획뿐만 아니라 내 자신이나 내 연구에 대한 윤리적 요청처럼 나에게 윤리와 맺고 있는 또 다른 관계가 있는지 없는지도 모르겠습니다.

여기 데리다가 전하는 교훈도 있어요. 만약 자신이 명예롭게 처신했다고 느낀다면 별로 윤리적인 사람은 아닌거죠. 선한 양심을 간직한 채 떠난다면 당신은 일종의 무가치한 사람이 됩니다. 마찬가지로 "보십시오. 나는 이 노숙자에게 5달러를 주었습니다. 나는 대단한 사람입니다"라고 생각한다면 당신은 기본적으로 무책임한 사람입니다. 책임감 있는 존재는 스스로 처신을 잘한 적이 없다고 생각하는 사람입니다. 레비나스가 그랬죠. 레비나스는 도스토예프스키를 인용한 것이고요. 책임감 있는 사람들은 자신이 충분히 책임을 다 한 적이 없다고, 타자를 충분히 보살핀 적이 없다고 생각합니다. 그리고 이들은 어떠한 윤리적 기획도 갖고 있지 않습니다. 그런 말은 너무 엄청난 진술이기 때문입니다.

레비나스에게는 무엇인가가 있어요. 레비나스는 놀라운 사상가지만 종종 경멸을 받기도 하지요. 많은 사람이 지금도 여전히 그를 공격하고 있습니다. 이 영화에서 당신이 인터뷰하려는 사람 중에도 그런 사람들이 있죠.* 아무튼 레비나스는 특히 가장 수동적인 수동성passive passivity, 즉 타자the Other 앞에서 머리를 숙인다는 사상을 발전시켰습니다. 타자는 당신이 이해하거나 파악하거나 환원할 수 있는 모든 것을 매우 크게 초월해 있는 존재이기에 윤리적 관련성ethical relatedness, 즉 관계가 없는 관계relation without relation를 만들어 냅니다. 당신은 타자를 안다거나 파악하고 있다고 추정할 수 없습니다. 타자를 안다고 생각하는 순간, 당신은 그들을 죽일 준비가 된 겁니다. 당신은 이렇게 생각하죠. "그래, 저들은 이런저런 일을 저질렀지. 그들은 악의 축이야, 그러니 폭탄 몇 개를 떨어트려도 돼." 그러나 당신은 그들을 모를 수 있어요. 그들의 다름alterity을 이해하지 못할 수 있습니다. 이때 '다름'은 당신이 가진 이해로는 침범할 수 없는 타자성Other을 말합니다. 만약 이런 가능성에 직면한다면 당신은 어떤 의미에서는 그 타자성을 살아가게 해야 합니다. 물론 나는 지금 많은 것을 단순화하고 왜곡하고 있습니다. 차라리 이 자리에서 이 문제를 놓고 세미나를 열수 있으면 좋겠네요.

마음에 들기는 하지만 충격적인 발언이군요. 우리가 갖기에는 너

---

* 여기서 로넬은 슬라보예 지젝을 염두에 두고 있다. 지젝은 자신의 책에서 레비나스의 타자 윤리학이 유대교 율법의 한계에서 벗어나지 못하고 있다는 점을 라캉의 이론에 견주어 논증한 적이 있다.(Slavoj Zizek · Scott Stephens · Rex Butler, *Interrogating the Real*, Continuum, 2006) 옮긴이

무 어려운 관점이랄까요? 처신을 잘한 적이 단 한 번도 없다는 생각이나 어떤 것도 완전히 이해한 적이 없다는 생각 말이죠. 조금 거창하게 보일 수도 있겠어요.

분명히 그래요. 실패를 받아들이거나 인정하지만 "그래 실패야. 내 인생은 끝났어!"라는 식의 허무주의적인 반응을 보이지 않고 또 그것을 자랑스러워하지도 않는 그 무엇에 대해 말하고 있는 것이니까요. 그것은 레비나스의 말처럼 무한infinite, 끝없는 망설임, 트라우마, 학대입니다. 하이데거의 『존재와 시간Being and Time』*을 보면 존재의 기본 범주 혹은 속성 가운데 하나가 **조르게**sorge, 즉 염려concern, 관심care, 또는 불안anxiety입니다. 조르게는 염려로 번역되기도 하고 관심으로 번역되기도 합니다. 그러니 하이데거에 따르면 존재 양상으로서의 불안 때문에 우리는 그토록 이해를 원하는 겁니다. 불안하지 않다면, 상황을 무난하게 받아들인다면 우리는 아무것도 탐구하거나 헤아리려 하지 않습니다. 내 생각에 불안은 탁월한 윤리성을 보여 주는 감정입니다. 누구나 불안 장애를 가지고 있다고 말하려는 건 아니에요. 부시 대통령이 불안해 한다는 걸 상상이나 할 수 있겠어요? 부시는 모든 사람을 전쟁터와 전기의자로 보내면서 단 한 마디도 하지 않은 사람입니다. 부시는 아무런 불안도 표현하지 않아요. 부시 같은 사람들은 자신이 불안을 표현하지 않는다는 사실을 매우 자랑스러워하죠. 잠자리에 누워 눈을 뜨고 뒤척인 적이 한 번도 없을 겁니다. 또한 그들은 사람을 죽이려는 기질

---

*『존재와 시간』, 전양범 옮김, 동서문화동판주식회사, 2008.

을 성문화하면서도 불안을 표현하지 않죠. 이는 비윤리적인 자세입니다. 하이데거를 윤리적 본보기로 삼을 수는 없지만, 적어도 그는 범죄적 실수를 범한 우리 시대에 관해 중요한 이야기를 했고, 자신과 나란히 생각하는 것이 얼마나 중요한 일인지를 알려 줬습니다.

그러나 그렇게 하나하나 생각해야 한다는 건 정말 스트레스입니다. 당신 말이 맞아요. 예컨대 우리는 하이데거 존재론의 특징인 불안이라는 감정을 문자적으로 해석하려고 하지는 않죠. 하지만 동시에 문자적으로 해석한 흔적도 있습니다. 우리는 이런 해석과 맞서 싸워야합니다. 한편으로 하이데거는 불안을 심리적으로 해석하는 일을 피하고자 합니다. 다른 한편으로 현존재*가 하고 있는 항해에는 인류학적 성향이 있습니다. 아무튼 실존적인 부분으로서 나는 매우 불안합니다. 비참하리만큼 당황하고 있습니다. 겁이 나서 움츠리고 울고 있습니다. 이 세상에서 벌어지는 일에 크게 화를 내고 있습니다. 그리고그 일은 내 위장에 자리 잡습니다. 나는 위장에 자리 잡은 그것이 어디를 통과하는지 잘 알고 있습니다. 이 형편없는 미국이라는 나라에서부끄럽거나 한심한 일이 벌어지면 그 일은 내 몸에 담깁니다. 내게는끝나지 않을 두통이나 복통이 있습니다. 때로는 구토하고 싶습니다.

당신도 아는 것처럼 니체는 구토를 말한 위대한 철학자였습니다. 니체에게 구토는 변증법을 뒤엎는 것, 그러니까 사고를 흡수하고 철

---

* 현존재Dasein는 "거기에(da) 있다(sein)"는 뜻을 함축한다. 하이데거에게 현존재인 인간은 세계 내 존재이면서 어디서 와서 어디로 가는지 모르게 우연히 세상에 내동댕이 쳐진 존재이기도 하다. 하이데거는 이러한 현존재의 조건을 피투성被投性이라는 말로 설명하면서 불안이 인간 존재의 숙명임을 암시한다. 옮긴이

학적 수고로움을 인내하는 일과는 반대되는 것이었습니다. 그러니 사유에 관한 많은 은유들이 소화나 흡수 작용과 관계되어 있는 것도 이상할 게 없죠. 니체에게 모든 것을 토한다는 것은 권장할 만한 건강한 일이었고 역사의 독소를 제거하는 일이었습니다. 니체는 되새김질을 한다는 이유로 소를 좋아했답니다. 소에게는 위, 또는 위라고 생각할 수 있는 주머니가 네 개나 있지요. 소는 매우 훌륭한 소화기관을 가지고 천천히 소화를 시킵니다. 화도 잘 내지 않습니다. 니체는 르상티망*이라는 말로 분노 또는 억눌려 있는 격한 감정이 얼마나 많은 집단 체계와 위를 심각하게 망가트리는지 이야기했죠.

아무튼 "우리 시대 시민 중 의식이 불완전한 사람들은 어떤 징후를 보이고 있고 그들은 어디에 위치해 있는가?" 이게 문제라고 봐요. 이 질문에 답하려면 당신이 어디에서 부시 행정부의 영향을 받고 있는지 알아봐야 할 겁니다. 하루 날을 잡아서 다양한 판독 장치를 가지고 정치체body politic에 대해 살펴보기로 합시다. 당신은 정치체를 어디서 받아들이게 되나요? 여러분도 알다시피 정치체는 우리를 속이고 기만하지요. 당신의 징후는 어디에서 발견이 됩니까? 절망의 알고리즘에 따르자면 당신의 염증은 어디에서부터 발생하나요? 나는 대상포진을 앓고 있습니다. 대상포진이 뭔지 알아요?

그럼요. 나도 앓은 적이 있거든요. 묘하게도 당신이 설명한 바로 그런 상황에서 말이에요. 9.11 사태 뒤 뉴욕에 불법 억류된 아랍인과

---

* ressentiment, 일종의 한恨과 격분 같은 감정. 옮긴이

이슬람교도에 관한 다큐멘터리를 만들 때였어요.* 폐허가 된 공동체로 들어갔죠. 그들이 거기서 벌어지는 일들을 극복할 수 있도록 돕기에는 내가 너무나 무기력했어요. 그 기획이 절정이 이를 때쯤 나 역시 끔찍한 대상포진을 앓았죠. 그러니 이 세상에는 대단히 위험한 도덕적 확신이 있다는 데 분명히 동의합니다. 죄 없는 사람을 재판도 없이 몇 년 동안 외로운 독방에 계속 가둬 둘 수 있는 확신도 그런 도덕적 확신의 한 가지 유형일 뿐이고요. 이런 종류의 확실성과 윤리적 각성ethical vigilance, 그리고 애매한 태도로 얻는 위안에 저항하는 일에 대해 더 말해 줄래요? 그리고 그런 저항을 계속하기가 어려운 이유에 대해서도요.

알력이 있는 구조 속에서 산다는 것, 해결할 수 없는 긴장 상태를 계속 유지한다는 것은 어려운 일입니다. 처음에 당신은 좌절감이나 청중에 대한 질문을 던졌습니다. 어쩌면 이 두 질문을 연결할 수 있을 것 같네요. 나는 좌절의 해석학에 관심이 있습니다. 물론 좌절은 힘들고 불쾌합니다. 하지만 깨어 있으려면 좌절은 반드시 필요합니다. 다시 말해 좌절은 이해하지 못한다는 점, 우리가 이해하지 못한다는 점을 이해한다는 점, 우리가 막다른 골목처럼 좌절감을 안겨 주는 압력 지대pressure zone에 들어와 있다는 점을 깨달으려면 꼭 필요한 것이죠. 그렇지 않나요? 프로이트에 따르면 사람들은 마무리 진술이나 태도를 통해서, 완전히 이해했다고 생각하거나 상황을 미봉함으로써 대단히 자아도취적인 위안을 얻습니다. 반면 우리가 이해하지 못했다

---

* 애스트라 테일러가 어소시에이트 프로듀서로 참여한 다큐멘터리 〈요주의 인물Persons of Interest〉. 2004년 선댄스 영화제 경쟁 부문에 진출했다. 옮긴이

는 사실을 인정하면서 상황을 보류하고 철저히 방치한다면 만족감은 훨씬 적고 좌절감이 더 클 겁니다. 그러나 우리는 좌절할 필요가 있습니다. 많은 사람들이 머리(생각)와 위장(음식)을 즉시 채워 주겠다는 약속을 받아먹으며, 또 그 약속에 힘을 받으며 살아갑니다. 허섭스레기 같은 생각과 음식인데도 말이지요. 그러니 우리는 그런 배부름을 거절하는 한편 비관주의나 금욕주의에 빠지는 일도 없어야 할 거예요. 어려운 일이라는 건 압니다. 그러나 우리는 이제 이쯤에서 멈춰 서야 해요.

(예닐곱 살 난 여자아이가 축구공을 들고 로넬에게 다가온다. 우리는 잠시 하던 일을 멈추고 그 모습을 지켜보았다.)

여자아이 당신은 남자예요, 여자예요?

로넬 어느 쪽 같니?

여자아이 남자요.(웃음) 영화 찍어요? 나도 영화 좋아하는데…….

제작보 어떤 영화를 좋아하니?

여자아이 여자애랑 엄마가 나오는 영화요. 여자애랑 엄마랑 싸우거든요. 그런 다음에 따로따로 방으로 들어가요. 그리고 싸운 일을 생각하는데 번개가 쳐요. 정신을 차려 보니까 여자애랑 엄마랑…….

제작보 몸이 바뀌었단 말이지? 〈프리키 프라이데이Freaky Friday〉 말이니?

여자아이 맞아요! 제목을 까먹었네요.

로넬 내가 여자인지, 남자인지 알고 싶어하더니 이번에는 영화에 출연할 수 있는지 알고 싶은 거니?

여자아이 아니에요! (겁이 났는지 언니에게로 도망간다.)

로넬 재미있네요. 자기에게 이야기를 나누려는 충동이 있는데도 그
러고 싶지 않은 척 하네요.

카메라맨 왜 저 아이가 이야기를 더 안 할까요?

로넬 정말이지, 바타유가 말한 바로 그 순간이군요. 공포와 호기심
이 공존하고 있어요. 저 아이는 호기심에 우리 화면으로 들어와 놓
고 그 다음에는 자신의 욕망을 두려워하는군요. 아이의 행동에는 성
적인 면도 있었죠. 영화에 출연할 가능성을 보는 리비도화된 애착 말
입니다.

테일러 저 아이들이 "저 사람들 동성애자를 찍고 있어"하고 말하는
걸 언뜻 들었어요.

로넬 그래요? 그렇다면 아이가 보여 준 건 동성애 공포증의 일부겠
군요. 나이에 비해 훌륭한 게이더*를 가지고 있네요. 물론 동성애자
와 동성애 혐오자의 연령이 하루가 다르게 낮아지고 있기는 하지요!

"의미를 만드는 일을 멈춰라!"

조금 다른 이야기를 해 보죠. 지금까지 걸어온 지적 경로에 대해
알고 싶어요.

---

* gayder, 동성애자들끼리 서로를 알아보는 능력을 말한다. 옮긴이

내게는 말하자면 두 가지 내면화 과정이 있습니다. 처음에는 칸트를 따르며, 여러 가지 한계는 있겠지만 세상을 분명하게 이해할 수 있을 거라고 기대했습니다. 그러다 칸트에게서 벗어나 바타유를 받아들였습니다. 바타유의 경우, 사물은 쉽게 의미로 환원되지 않습니다. 어느 시점에선가 바타유는 이렇게 말합니다. "의미를 만드는 일을 멈춰라!" 의미를 만드는 일은 세상을 탈취하려는 의도를 가지고 일종의 권력에의 의지를 만드는 일이죠. 나는 더 이상 의미를 만들어 내는 일에서 무언가를 기대하지 않습니다. 그렇다고 나에게 관찰자 의식witness consciousness이 없다는 건 아니에요. 요가에서 말하는 그런 의식 말입니다. 무관심하다는 것도 아니에요. 오히려 나는 신경을 더 많이 씁니다. 무슨 일이 벌어지고 있는지 모르니까요. 벌어지는 일에 꾸러미로 미리 포장된 의미란 없습니다. 우리가 총체화된 형태의 의미라 부르는 건 그곳에 없어요.

데리다를 어떻게 생각하는지 궁금해요. 데리다의 어떤 사상을 물려 받았나요? 분명 데리다는 당신의 연구에 깊은 영향을 주었을 텐데요.

아주 예리한 지적입니다. 데리다와는 매우 가까웠죠. 해마다 가을이면 뉴욕 대학에서 함께 학생들을 가르쳤어요. 데리다는 대단히 많은 걸 내게 물려주었습니다.

이 영화를 찍기 전에 우리가 도서관에서 나눈 대화가 떠오르네요. 도서관에서 영화 촬영을 제안하면서 당신은 내가 좋아하는 책에 대해 이야기할 수 있을 거라고 했죠. 당신은 첫 영화에서 지젝에게도 그런 말을 했죠?* 지젝은 거기서 자기가 좋아하는 영화 세 편을 언급했고요. 생각해 보니 질투가 나는군요! 당신, 지젝이 말한 그 영화 DVD를 그에게 선물했잖아요? 그 장면 기억나요? 당신이 지젝에게 준 선물 말이에요. 어쨌든 도서관에서 만나 당신이 중요한 책 서너 권을 지정해 달라고 했을 때, 어떤 말을 해야 할지 생각해 봤어요. 그런데 불가능한 일이라는 생각이 들더군요. 내게는 아주 중요한 책이 너무 많고, 거기서 부정적인 영향을 받을 때도 많거든요.

무슨 이야기인지…….

카프카는, 책은 꽁꽁 언 바다를 내리치는 도끼처럼 당신을 내리칠 거라고 했어요. 내게 이렇게 묻고 싶겠죠? "어떤 책이 내게 도끼 자국을 냈는가? 나를 배 밖으로 내던졌는가? 내게 엄청난 충격을 주었는가? 나를 황폐하게 만들었는가?" 어쩌면 나도 그처럼 트라우마로 남을 영향을 받아 왔을 겁니다. 작업을 진행하다 보면 나에게 상처를 준 것들로 되돌아오는 경우가 비일비재하기 때문이죠.

반면 데리다의 경우, 분명 나는 그의 사상을 받아들였고, 그를 신봉했으며, 이 사상계의 거목에게 감사했습니다. 데리다는 많은 면에서 관대하고, 친절하고, 탁월하며, 겸손합니다. 물론 자아도취적인 면들도 있지요. 데리다는 너무 많은 걸 주었기 때문에 그가 준 게 무엇이냐는 질문에 답하기 어렵습니다. 선물과 용서, 성적 차이, 운

---

* 이 책의 바탕이 된 다큐멘터리를 촬영하기 전, 테일러는 철학자이자 정신분석학자, 정치가로서 지젝의 면모를 담은 또 다른 다큐멘터리 〈지젝!Zizek!〉(2005)을 제작한 바 있다. 여기서 말하는 첫 영화란 〈지젝!〉을 가리킨다. 옮긴이

명, 칸트적 존중 등……, 정말이지 데리다의 영향력을 열거하자면 끝이 없어요. 감사하는 마음을 표현하려면 어디서부터 시작해야 할지 모르겠네요. 어린 시절에는 대학이 얼마나 위선적인 곳인지 모르는 법이지요. 데리다는 그 사실을 알게 해 줬습니다. 데리다는 모든 괴짜들, 환영받지 못하는 사람들을 이끌기도 했습니다. 개방을 강요했다는 말입니다. 데리다가 환대, 아무런 조건도 붙이지 않는 급진적 환대와 그 환대의 구체적 형태와 이에 필요한 요건들에 대해 글을 쓴 건 당연한 일입니다. 데리다는 프랑스에서 서류 없이 밀입국한 사람들과 집이 없는 사람들에게 존엄성을 부여하는 정치적 작업에도 열심이었습니다. 그러니 나는 어디서 시작해 어디서 끝내야 할지 모르겠습니다. 지젝이 당신의 영화에서 말했듯이 나는 데리다 추종자입니다. 바로 이 지점에서 내가 제시할 수 있는 건 "데리다 추종자Derridean"라는 이름을 가진다는 것의 의미, 데리다 추종자와 데리다의 차이점, 데리다를 기리는 상반된 방식에 관한 이야기입니다.

오랫동안 보수 미디어, 주류 미디어, 자유주의 미디어 할 것 없이 데리다를 공격했습니다. 데리다는 커다란 표적이었죠. 한동안 사람들은 데리다와 포스트모더니스트들을 맹렬하게 비난하는 것이 자신의 진정성bona fides을 증명하는 한 가지 방법이라고 생각했던 것 같아요.
그런 전략이 크게 부각된 적이 있기는 하지만 이미 한물 간 전략일 겁니다. 여러 영역에서 엄청난 적대감이 표출됐죠. 어떤 영역에서는 데리다의 연구를 동성애적으로, 또는 페미니즘적으로 전유하려는 경향들이 지배하기도 했습니다. 이런 경향들이 나타난 건 데리다가 글을 아름답게 썼기 때문이기도 하지요. 칸트 이후로 철학적인 글을 쓰려면 아름다운 문체를 버려야 했어요. 아주 최근, 상탈 무페*는 자신이 철학자가 되기 전에는 글을 아름답게 썼다고 고백하기도 했죠. 무심결에 내뱉은 말은 아니었어요. 만약 당신이 글을 아름답게 쓴다면 사람들은 당신을 엄연한hard-bodied 철학자로 여기지 않을 겁니다.

네. 많은 사람들은, 진정한 철학자라면 열정을 배제하고 매우 건조하고 대단히 분석적인 글을 써야 한다고 믿고 있죠. 플라톤이나 몽테뉴, 쇼펜하우어, 니체, 들뢰즈, 가타리** 등, 상상력을 발휘하며 즐겁게 읽어야 하는 철학자가 대단히 많은데도 말이죠. 그러나 오늘날 이들의 산문체를 그대로 모방하면 별로 성공하지 못할 텐데요.

맞아요. 그렇게 하다가는 철학의 더 엄격하고 가혹한 영역에서 견디어 내질 못할 겁니다. 칸트는 당신에게 어떤 주장이 있다면, 그 주장을 진실에 가깝게 만들려면, 간명한 언어를 사용해야 한다고 말합니다. 시적 발언을 장신구로 사용하거나, 시적인 문체를 사용하거나, 시적 발언과 연결해 그 간명한 언어 용법을 흩뜨리면 안 된다고 말하지요. 물론 시인들이 늘 퇴거 명령을 받고 있는 이 상황에서 문체는 이미 엄격한 감시를 받고 있습니다. 니체가 칸트와 싸운 것도 이런 이유에서였습니다. 니체는 글을 아름답게 쓰고 다양한 문체를 사용했죠.

---

* Chantal Mouffe, 1943년~ . 벨기에 출신의 진보적 정치 철학자. 현재 영국 웨스트민스터 대학에서 학생들을 가르치고 있다. 1970년대 후반부터 무페의 관심사는 줄곧 마르크스를 반경제주의적이고 반본질주의적인 관점에서 읽어 내는 것이었다. 옮긴이
** Felix Guattari, 1930년~ . 정신분석학자. 라캉을 비판하며 정신분열 분석론을 정립했고, 1969년 들뢰즈와 만나 적극적인 욕망의 정치학을 전개했다. 옮긴이

당신이 진리를 말하고 진리가 당신 편이라면 어떤 색깔과 문체가 가장 멋질지를 까다롭게 고민할 필요 없다고 말하는 사람들이 있습니다. 그냥 평소대로 글을 쓰십시오. 미천하고 서투를 수는 있어도 당신에게는 진리가 있습니다. 당신은 문체에 있어서는 일종의 금욕을 실천해야 합니다. 당신이 형이상학의 한계들과 씨름하고 있다면 매우 심각하고 또 정곡을 찌르는 방식으로 언어에 휘둘리게 되는 일이 종종 발생합니다. 당신은 언어를 느끼며 언어를 다룹니다. 사실 언어가 요구하는 대로만 움직입니다. 언어가 당신의 온몸을 지배하고 손에게 명령을 내려 특정한 방식으로만 움직이게 합니다. 그러므로 당신은 언어와 매우 첨예한 관계를 맺고 있습니다. 만약 당신이 "의미를 만들어 낼 수 있거나" 진리가 요구하는 임무를 수행하고 있는 것이라면 이러한 관계는 성립하지 않을 겁니다. 그런 것들은 언어로 인한 소동이나 기쁨을 어느 정도 이상으로는 용납하지 않을 것이기 때문입니다.

"글쓰기는 이미 죽음과 기술의 편에 있습니다"

사실 많은 철학자들이 예술과 거리를 두길 원하죠. 역사적으로 오늘날까지 계속 이어져 내려오는 현상입니다. 철학자들은 자신들이 예술보다는 과학을 하고 있다고 생각하길 좋아하죠.

맞아요. 중요한 건, 철학적 발언이 창조적이고 예술 지향적일수록 정통성이 떨어지는 것으로 여겨진다는 점이에요. 그러니 이 대화를 듣고 있는 여러분, 여러분 가운데 진지한 철학자로 인정받기 원하는 사람이 있다면 글을 아름답게 쓰지 말아야 합니다. 언어학적 발명 linguistic invention의 순풍에서 영감을 얻거나 그 영감에 맞춰 돛을 올리지 말아야 합니다. 그것은 좋은 생각이 아닙니다. 경력에 도움이 되지 않아요.

철학이 예술과 시와 어떤 관계를 맺고 있는지 질문할 필요가 있어요. 그 질문은 새로운 문제를 열어 놓습니다. 당신의 질문은 결코 우연한 게 아니에요. 하이데거의 경우 예술은 근본적인 폭로일 수 있죠. 예술은 존재를 드러냅니다. 철학은 존재를 드러낼 수도, 그렇지 못할 수도 있죠. 하이데거는 시와 철학은 쌍둥이 봉우리라고 이야기합니다. 그러니 시와 철학의 관계, 그리고 글을 잘 쓰는 사람에게 갖는 칸트적인 시샘에 대해서도 할 말이 많을 수밖에요. 칸트는 대단히 영악했습니다. 『비판Crtique』* 서문에서 이렇게 말하고 있지요. "나는 형편없는 작가다. 시간에 쫓기기 때문에 글을 쓸 시간도 없다. 그러니 곧장 진실을 이야기할 수밖에. 나에게는 상상력을 동원해 가며 글을 쓸 시간이 없다." 독일어 원문을 번역하면 그래요. 이렇듯 칸트가 산문을 아름답게 쓸 수 없는 자신의 무능함을 인정한 뒤 철학적인 글에는 무슨 일인가가 일어났습니다. 철학적인 글은 감각에 호소하지 말아야 하고 글의 아름다움을 무시해야 한다는 것이 거의 절대 명령처럼 되어 버린 거죠. 그러나 칸트는 우리를 속이고 있습니다. 처음에는 "보라, 나는 어쩔 수 없다, 나는 글을 아름답게 쓸 수 없다"고 합니다. 그런 다

---

* 『순수 이성 비판 서문』, 김석수 옮김, 책세상, 2005.

음 갑자기 파워 게임으로 넘어가, 진지한 사상가가 되려면 글을 아름답게 쓰지 말아야 한다고 말하고 있잖아요? 결국 칸트는 아름다운 글을 써서는 안 된다는 문제를 자기 의지의 문제이자 철학적 필요성의 문제로 만들었습니다. 장뤽 낭시*는 이 논리를 더 발전시켰고요. 내가 『어리석음』에서 이 문제를 다루면서 낭시의 어처구니없는 인기에 대해 언급한 바 있지요.

앞서 말했듯이 성적 차이의 수준에서도 비난이 제기되는 경향이 있습니다. 칸트는 자신의 발레화를 버리고 남자답게 걷는 길을 택하죠. 보세요. 주제를 까먹거나 길을 잃지 않았어요. 산책 말입니다. 철학을 하러 신고 나가기에 발레화는 정말이지 너무 여성스러워요. 발레화는 글을 아름답게 쓰는 일을 강조합니다. 그러니 철학이 아니지요. 발레화에는 엄숙함도, 진지함도 없습니다. 철학자들이 즐겨 쓰는 그런 것들 말입니다.

그럼 철학을 길거리로 옮겨 놓는 작업은 어떻게 생각해요?

우리는 그 요청을 받아들여야 해요. 버클리 대학에서 라디오 프리 이론**이라는 것을 시작했을 때가 생각나는군요. 라디오 프리 이론은 정식으로 전파를 탈 만한 지원을 받는 데는 실패했지요. 당시 프랑스

---

* Jean-Luc Nancy, 1940년~ . 프랑스의 진보적인 철학자. 옮긴이
** Radio Free Theory, 아비탈 로넬이 "고품격 이론의 새터데이 라이브 쇼(폭로와 풍자로 유명한 텔레비전 쇼 프로그램)"를 표방하며 정력적으로 추진했던 라디오 방송을 말한다. 시험 녹음에서 해체주의를 맹렬히 공격한 비평가나 작가들에게 예고 없이 전화를 걸어 반박하는 등, 파격적인 프로그램이었으나 대학이 지원 계획을 철회하는 바람에 시험 방송에 그쳤다. 옮긴이

철학자 낭시가 철학을 다른 가능성과 다른 채널, 다른 미디어 전달자를 통해 접해 보고 싶다고 말했어요. 이건 늘 내 바람이기도 했습니다. 기술, 그리고 하이데거가 "기술의 드러냄technological revealing"*이라 부르는 것의 효과와 관련된 질문들이나 전개 양식들을 우회적으로 다룰 수도 있습니다. 그러나 나는 그보다 기술 속에서 살고, 기술과 더불어 일하고 싶었습니다. 또한 영화나 텔레비전, 기술의 급습과 그 양상들이 우리를 어떻게 재기록하고 있는지 알고 싶었습니다. 그러므로 문제는 이 바람에는 무엇이 포함되는지, 어떤 종류의 개방 openings이 포함되는지 상상하는 겁니다. 개방에는 분명 해롭고 환영할 만하지 못한 것도 있고, 환영할 만하거나 실제로 환영받는 것도 있기 때문입니다.

바로 그렇기 때문에 나는 당신의 시도를 존중해요. 당신은 철학적 사유와 그 사유의 정교화가 당신의 작업과 겉으로 보기에는 양립할 수 없다는 전제에서 시작하기 때문입니다. 영화와 사유는 양립할 수 없나요? 아니면 반대로 하이데거가 언젠가 텔레비전에 나와 말한 것처럼 불가분하게 연결되어 있는 건가요? 하이데거는 텔레비전이 자기 생각을 드러내 준다는 불가사의하고 난해한 말을 했습니다. 텔레비전이 어떤 방식으로든 자기 사유의 본질을 자기에게 밝혀 드러내 보여 준다고 말입니다.

---

* 하이데거는 「기술에 대한 물음The question concerning technology」에서 기술은 본질적으로 "숨김과 드러냄Concealing and Revealing"이라는 이중성을 갖는다고 말한다. 기술은 자연을 고갈시키는 한편, 숨겨진 본질을 드러내 진실을 여는opening 측면도 가지고 있다. 이러한 기술의 이중성은 기술의 중립성을 의심하는 근거가 된다. 옮긴이

하이데거가 어떤 뜻으로 그런 말을 했는지 분명하지는 않습니다. 그러나 하이데거의 발언은 영화와는 가장 거리가 먼 철학조차도 영화를 찍고 또 그것을 보여 주는 행위를 기꺼워한다는 점을 암시하고 있죠. 라캉*도 텔레비전에 출연해 전이transference와 인종차별의 구조들을 설명했습니다. 이는 텔레비전이 상영하는 타자의 주이상스**와 관계가 있지요. 나도 텔레비전에 관한 연구를 진행하며 『아트포럼 Artforum』에 "트라우마 TVTrauma TV"라는 글을 썼어요. 거기서 나는 텔레비전이 숨기고 있는 비밀 채널, 종종 드러나지 않는 채널에 대해 다뤘죠. 그러면 영화는 무엇을 하고 있습니까? 영화를 찍으며 사고가 영화에 새겨지는 동안 영화는 사고에 어떤 가능성을 제시하고 있나요? 어떤 종류의 구문을 창조하거나 제거하고 있습니까? 이 모든 것에 관심을 가질 필요가 있습니다. 정치적 결정과 입법 행위가 텔레비전의 특정 표현 양식에 의존하고 있는 지금, 우리는 여기에 더 큰 관심을 기울여야 해요.

영화와 텔레비전은 생각하는 일이나 글을 쓰는 일과는 전혀 양립할 수 없는 것처럼 보입니다. 그러나 이 말을 의심해 봐야 합니다. 보수적이고 구식인데다가 폐쇄적이고 방어적이라서 그런 것은 결코 아닙니다. 두 영역이 공존할 수 있는 지점이 있다고 생각하거든요. 한 영역에서 다른 영역으로 이동해 가는 일은 오늘날을 살아가는 우리에게 매우 중요한 작업입니다. 일work, 즉 "실패로 끝날 일", "파괴로

---

* Jacques Lacan, 1901년~1980년. 프랑스의 철학자, 정신분석학자. 인간의 언어를 통해 인간의 욕망을 분석하는 이론을 정립해 프로이트의 계승자라는 평가를 받았다. 옮긴이
** jouissance, 향락. 언어화되거나 사회적으로 용인된 쾌락 원칙을 넘어 선 쾌락. 옮긴이

이어질 일", 체육관에서 하는 "체력 쌓기work out", 정신분석학의 경구에서 따온 "극복하기work through" 등등, 지금 이곳에서 해야 할 일들이 엄청나게 많아요. 다양한 사고 양식들 사이의 대화와 내부의 발화發話를 기록하는 일도 포함됩니다. 우리가 하고 있는 일도 이와 다르지 않습니다. 분명 글쓰기는 기술과 무관하지 않아요. 글쓰기는 이미 죽음과 기술의 편에 있습니다. 우리는 많은 면에서 죽음, 기술과 같은 편에 서 있는 겁니다.

우리는 같은 목표와 의도, 구조, 계획 등을 가지고 있지만 몇 가지 점에서 당신은 나보다 더 빨리 움직이고 있습니다. 어디를 가든, 어디에 쓰든 내게는 각주를 많이 다는 독일식 습관이 있거든요. 나는 각각의 표현 방식과 그러한 방식을 택하게 된 이후에 문구가 나아갈 재앙 같은 여정에도 신경을 씁니다. 내 글쓰기 성향은 대중적이지 않습니다. 출판사에서도 이제는 이런 각주나 군더더기가 많이 붙은 글은 원치 않습니다. 어디서든 글은 최소한의 구절로 표현되어야 하죠. 백업을 하거나 문서 보관서를 만들 필요가 없게 됐어요. 하이데거는 예상했던 거예요. 우리가 사물을 줄여 쓰는 것은 이미 기술의 영향을 받고 있다는 거죠. 우리는 뉴욕 대학을 엔와이유NYU로, 미국연방수사국을 에프비아이FBI로, 관점point of view를 피오브이POV로, 로스앤젤레스 공항을 랙스LAX로 부릅니다. 이렇게 언어를 작은 신호나 문자 메시지로 줄이는 일은 기술의 영향을 받았기 때문입니다. 줄여 쓰기가 존재에 대한 우리의 라포*를 변화시킨다고나 할까요? 하이데거는 언어를

---

* rapport. 주로 상담 심리학에서 사용하는 용어로, 상담자와 내담자가 상호 협조할 수있게 하는 신뢰나 친근감을 뜻한다. 옮긴이

축소하는 이런 현상을 한탄합니다. 언어의 축약은 전혀 이해할 수 없는 방식으로 우리를 쥐어짜고 해를 미친다는 거죠.

앞서 이야기했듯, 그게 바로 내 관심사예요. 내가 택한 주제들을 존중하고 싶고, 과도하게 환원하지 않으며, 표현을 짧게 해야 한다는 유혹에 저항하고 싶어요. 이것이 내 불안의 근본적인 원천입니다. 궁극적으로 당신의 말에 동의하고 있어요. 나도 영화 언어에는 시각적 의미와 청각적 의미, 제스처적 의미 등, 다양한 수준의 의미가 있으며, 이 영화를 보는 사람들도 지금 우리를 둘러싼 환경, 공원, 이곳에서의 삶, 그리고 이 모든 것에 대한 우리의 반응을 읽고 있다는 가정 아래 작업을 하고 있어요. 사람들이 이 작업을 통해 다양한 통찰을 받아들일 거라 생각하면서요.

그건 묘사할 수 없는 것을 묘사하는 일에 몰두하는 사람들, 가능성의 한계들과 협상하려는 노력을 확산시키려는 모든 사람들이 붙잡고 씨름하는 문제겠죠. 이런 씨름은 반드시 필요합니다. 나는 이 작업을 위해 당신과 만난 모든 사람들이 가학적으로, 그러면서도 행복하게 당신의 커트 명령에 절대적으로 복종해야 한다고 생각합니다.

아비탈 로넬Avital Ronell

아비탈 로넬은 문학 평론가이자 페미니스트, 해체주의 철학자로 프라하에서 태어났다. 학계에 몸담기 전까지는 행위 예술에 관심을 가졌다. 유대 철학자이자 종교 철학자 야코프 타우베스Jakob Taubes, 한스 게오르크 가다머Hans Georg Gadamer와 함께 베를린 자유대학 해석학 연구소에서 공부했으며, 1979년 프린스턴 대학교에서 괴테, 횔덜린, 카프카에 대한 논문으로 박사 학위를 땄다. 이후에는 자크 데리다, 엘렌 식수와 함께 파리에서 연구를 계속했다. 캘리포니아 버클리 대학교에서 비교문학 교수로 임용되고 나서는 필립 라쿠 라바르트Phillippe Lacoue-Labarthe, 장뤽 낭시, 주디스 버틀러와 함께 학생들을 가르쳤다. 1995년 뉴욕 대학교로 옮겨와 자크 데리다와 2004년까지 함께 강의를 했으며, 2009년에는 뉴욕 대학교 독일어문학부의 방문교수로 있던 슬라보예 지젝과 호흡을 맞춰 강의하기도 했다. 현재는 스위스 유럽대학원 철학과 미디어학과 석좌교수로 있다. 로넬은 주로 대필/유령적 글쓰기, 중독, 테크놀로지, 어리석음, 시험하기testing와 같이 일반적으로 학계가 주목하지 않은 주제를 다룬다.

로넬의 저작에서 드러나는 해체적인 면모는 데리다의 영향이 큰데, 로넬은 데리다를 영어권에 처음 소개한 번역가 중 한 명이기도 하다. 로넬의 작업은 여러 분과 학문을 넘나든다. 해체주의와 정신분석, 포스트페미니즘과 포스트 구조주의를 오간다. 또 데리다, 하이데거, 니체, 레비나스, 블랑쇼, 낭시를 포함해 많은 철학자들에게서 영향을 받았지만 완전히 새로운 작업을 해 왔다고 평가받는다. 난해한 이론과 일상의 잡담이 뒤섞여 내용과 형식, 모든 면에서 아주 독창적인 글을 쓰고 있기 때문이다.

로넬은 『아트포럼Artforum』과 『아트유에스ArtUS』, 『바카르므Vacarme

(Paris)』에 정기적으로 글을 쓰고 있다. 2009년 퐁피두 센터의 초대 큐레이터guest curator로 베르너 헤어조그와 버틀러, 로렌스 리켈스Laurence Rickels, 낭시 등과 함께 토론 프로그램을 진행했다.

주요 저작

Dictations: On Haunted Writing, Indiana University Press, 1986.

The Telephone Book: Technology, Schizophrenia, Electric Speech, University of Nebraska Press, 1989.

Crack Wars: Literature, Addiction, Mania, University of Nebraska Press, 1993

Stupidity, University of Illinois Press, 2002

The Test Drive, University of Illinois Press, 2004

Loser Sons: Politics and Authority, University of Illinois Press, 2012.

윤리 *Ethics*

3장 피터 싱어: 윤리

피터 싱어는 프린스턴 대학 〈인간 가치 센터〉 석좌교수이자 멜버른 대학 〈응용 철학 및 공공 윤리학 센터〉 명예교수다. 『뉴요커New Yorkers』는 피터 싱어를 가리켜 생존해 있는 철학자 중 "가장 영향력 있는 철학자"라고 칭했다. 동물 권리 운동에 많은 영감을 준 『동물 해방Animal Liberation』과 『실천 윤리학Practical Ethics』, 그리고 최근의 『물에 빠진 아이 구하기The Life You Can Save』에 이르기까지 많은 책을 썼다.

센트럴파크 근처에서 피터 싱어를 만났다. 애플 스토어임을 알리는 거대한 직육면체 유리 건물에서였다. 5번가에서 출발해 타임스 광장까지 걸으며 광고와 소비 윤리를 논의할 계획이었다. 이 건물은 우리가 다룰 주제에 잘 어울리는 기념물인 셈이었다. 5번가는 뉴욕의 화려한 쇼핑가 중 하나고, 타임스 광장은 거대한 텔레비전 광고와 입체 광고로 소비자를 유혹하는 장소가 된 지 오래기 때문이다. 그날은 전형적인 여름 날씨였고, 우리가 시내 중심가를 걸어 내려가는 동안에도 거리는 쇼핑객과 관광객으로 붐비고 있었다.

테일러 주변을 보고 떠오르는 생각을 그때그때 말하는 게 어떨까요? 지나가며 눈에 띄는 것을 자유롭게 이야기하기로 해요. 그러다가 눈길을 잡는 게 있으면 잠시 쉬면서 이야기를 나눠도 좋고요.

"윤리란 우리가 살면서 내리는 기본적인 선택에 관한 문제입니다"

싱어 자, 우리는 지금 뉴욕 5번가에 있습니다. 이 거리에는 구찌와 휴고, 보스, 에스까다 등, 모든 명품과 유명 디자이너의 상점들이 자리 잡고 있지요. 화려한 쇼핑 거리임이 분명합니다. 저것 보세요. 저

상품들의 가격은 믿기 어려울 정도죠. 드레스나 핸드백 같은 게 하나에 수천 달러나 합니다. 우리가 사는 세상에는 1달러도 채 안 되는 돈으로 하루를 연명하는 사람만 수십 억 명인데요.* 선진국에서 조금만 더 도와준다면 수많은 사람을 살릴 수 있을 겁니다.

이러한 현실은 윤리적인 문제를 제기합니다. 값비싼 물건을 살 수 있는 사람들이 있으며 그런 물건을 사면서 어떤 도덕적인 문제도 느끼지 않는 사람들이 있습니다. 그들은 도덕적인 문제의식을 가져야 합니다. "돈을 어디에 쓰는 게 옳은 것인가"라는 질문을 던져야 하죠.

값비싼 상점들이 여러 가지 심각한 윤리 문제를 불러일으키는 이유가 여기 있습니다. 사람들이 이 문제를 조금이라도 생각해 보면 좋겠어요. 우리 대부분은 구찌나 루이비통을 소비할 정도는 아니더라도 어느 정도 돈을 가지고 있습니다. 선진국, 즉 풍요로운 세상에 사는 우리 모두는 사치품이나, 알고 보면 필요하지 않은 하찮은 것에 돈을 씁니다. 값비싼 상점에서 쇼핑을 하는 사람뿐 아니라 바로 여러분에게도 영향을 줄 수 있는 문제라는 겁니다. 돈을 어디에 써야 합니까? 내 소비 행태가 나에 대해, 나의 우선순위에 대해, 내가 중요하게 생각하는 것에 대해 어떤 것들을 말해 주고 있습니까? (싱어는 근처 진열장에 놓인 터무니없이 비싼 구두를 살펴본다. 잠시 쉬어 가기 좋은 곳이었다.)

---

* 2008년, 〈세계은행World Bank〉이 빈곤선[poverty line, 최저한도의 생활을 유지하는 데 필요한 수입 수준]을 하루 1.25달러로 설정했을 당시의 통계치를 반영한 것이다. 〈세계은행〉은 [빈곤선에 해당하는] 재화와 서비스 양을 조절할 때 미국에서 1.25달러로 구입할 수 있는 물품들과 비교할 수 있게 했다. 이들 재화와 서비스에는 자신이 벌어들인 수입과 집에서 기른 것이 모두 포함된다.

우리 앞에는 지금 버그도프 굿맨 백화점*이 있습니다. 돌체앤가바나가 진열되어 있군요. 돌체앤가바나 구두라니……, 재미있네요. 30년 전쯤, 「기근과 풍요, 도덕성Famine, Affluence and Morality」이라는 글을 쓴 적이 있는데, 그 글에서 이런 상상을 해 보자고 했죠. 당신이 얕은 연못 옆을 걸어가고 있습니다. 연못을 다 지나갈 때쯤, 어린 아이 한 명이 연못에 빠져 죽을 위험에 처했다는 사실을 알아차립니다. 부모가 어디 갔는지 사방을 둘러봐도 보이지 않죠. 당신이 연못에 들어가 꺼내 주지 않으면 아이는 물에 빠져 죽을 수 있는 상황이지요. 물에 들어간다고 당신이 위험에 빠지지는 않습니다. 연못이 얕다는 걸 알기 때문입니다. 그러나 당신은 좋은 구두를 신고 있죠. 아무리 연못이 얕아도 연못에 들어가면 구두는 십중팔구 망가질 겁니다.

어떤 선택을 할 거냐고 물어보면 누구나 당연히 구두 따위는 잊고 아이를 구할 거라고 대답합니다. 그러면 나는 이렇게 말하죠. "좋습니다. 나도 당신 말에 동의합니다. 그런데 당신이 지금 신고 있는 구두 값 정도만 〈옥스팜Oxfam〉이나 〈유니세프UNICEF〉 같은 곳에 기부한다면, 가난한 나라의 아이를 한 명 이상 구할 수 있을 겁니다." 그런 나라에서는 기본적인 치료를 받을 수 없어서 아이들이 설사처럼 정말 별것 아닌 질병에도 목숨을 잃습니다.

그런데 여기 진열된 돌체앤가바나 구두를 보세요. 이 구두는 당신이 평소에 신는 구두보다 훨씬 비싸죠. 문득 이런 생각이 드네요. 당신은 이런 비싼 구두를 신고 있습니다. 그러면서 여전히 연못에 들어

---

* 뉴욕 시 맨해튼 5번가에 위치한 명품 백화점. 옮긴이

가 아이의 생명을 구하겠다는 생각은 버리지 않고 있지요. 그렇다면 그 신발로 살릴 수 있는 아이들의 생명은 참 많을 거라고요.

여기 5번가에서 윤리를 이야기하는 일이 흥미로운 이유죠. 윤리란, 우리가 살면서 내리는 기본적인 선택에 관한 문제기 때문입니다. 그리고 그런 선택 가운데 하나가 바로, 우리 돈을 어떻게 쓰느냐 하는 문제고요. 버그도프 굿맨이나 구찌, 루이비통 같은 상점을 지나갈 때면 사방에 있는 상점들이 우리를 부르는 듯합니다. 돈을 여기서 써라, 이 값비싼 디자이너 제품을 사라고 말입니다.

하루에 1달러도 안 되는 돈으로 겨우겨우 연명하는 사람들이 십억 명에 이르는데도 수천 달러짜리 핸드백이나 구두를 사는 사람들이 있다는 현실은 역겹기까지 합니다. 〈유니세프〉에 따르면 가난에서 비롯된 질병이나 영양실조로 매일 2만 7천 명의 아이가 죽고 있습니다. 우리는 분명 이런 현실에 개입할 수 있어요. 그들을 도울 수 있습니다.

출발이 좋네요. 구체적인 사례를 들었는데, 지금부터는 좀 더 추상적인 이야기를 해도 좋을 것 같아요. 윤리적으로 생각한다는 건 무슨 뜻일까요? 우주를 지배하는 궁극적인 권위가 없는 상태에서도 윤리적 기준을 가질 수 있을까요?

이 거리를 거니는 사람들을 보세요. 물론 이들 대부분은 관광객이니, 물건을 많이 사지는 않을 테죠. 이곳은 세상에서 가장 부유한 나라의 중심지 가운데 하나며, 그중에서도 가장 비싼 동네 가운데 하나입니다. 이 장소 자체가 윤리적인 문제를 제기합니다. 우리가 우리 삶에서 할 수 있는 일은 무엇인가? 돈은 어떻게 써야 하는가? 우리가 정한 우선순위가 과연 올바른 것일까? 이 모든 게 윤리와 관련돼 있습니다. 윤리는 우리에게 중요한 것은 무엇이며 궁극적인 문제는 무엇인지 성찰할 것을 요구합니다. 그리고 우리가 결정을 내리는 데 도움을 줄 기준을 정립하려고 합니다. 나는 내 인생 대부분을 윤리가 제기하는 문제와 씨름하며 보냈죠.

많은 사람이 윤리적 기준은 종교가 있어야만 가질 수 있다고 생각합니다. 아니면 우리에게 해야 할 일을 지시하는 계명이나 신성한 경전을 전해 주는 신이 있어야만 기준을 가질 수 있다고 생각합니다. 나는 이 모든 것을 믿지 않습니다. 윤리는 우리 안에서 나와야 하죠. 그렇다고 윤리가 완전히 주관적이라는 뜻은 아닙니다. 당신 마음대로 옳고 그름을 가를 수 있다는 뜻도 아닙니다. 우리에게는 추론할 수 있는 능력과 사고할 수 있는 능력이 있죠. 그러니 우리가 처한 상황을 깊이 성찰해 볼 수 있어요.

윤리는, 우리에게 저마다의 필요와 결핍, 욕구가 있다는 생각에서 출발합니다. 그리고 세계에서 우리가 차지하고 있는 자리를 생각할 때 깨닫는 것은 세계에 다른 많은 사람들, 더 정확하게 말하면 '쾌락과 고통을 느낄 수 있는 존재sentient being'들이 있다는 사실이죠. 그들 모두 각자의 이해관계를 가지고 있으며 우리가 우리의 이해를 고려하듯, 그들 역시 자신만의 이해를 고려한다는 사실을 깨닫게 되는 겁니다. 자기 자신의 이해만을 생각하지 말고 다른 사람의 입장도 헤아려야 한다는 게 윤리의 핵심입니다. 우리는 우리의 행동이 사람들에게 어떤 영향을 미칠지 생각해야 합니다. 경전도 같은 말을 하지만 경전에만 있는 내용은 아닙니다. 윤리는 우리에게 질문을 던집니다. "내가 다른 누군가에게 하려고 하는 행동을 그들이 내게 행하려 한다면 나는 그 행동을 좋아할 것인가?" 당신은 다른 모든 주요한 윤리적 전통에서 똑같은 질문을 발견합니다. 보편적인 도덕 원리나 마찬가지죠. 이 원리는 기독교나 유대교, 이슬람교뿐 아니라 힌두교와 유교의 전통에서도 발견할 수 있습니다. 그 물음은 사람들이 자기 행동을 정당화하려 할 때, 사람들이 자기가 행동한 방식을 다른 사람이 받아들일 수 있는 관점에서 정당화하려 할 때, 상황과 무관하게 나타나는 겁니다. 윤리의 지향점이 여기 있습니다.

"타인에 대한 공감에서 책임으로"

다른 사람의 이해를 고려한다는 것에 대해 좀 더 말해 보죠. 어떻게 그럴 수 있을까요? 이성reason과 공감empathy의 관계도 궁금하군요.

방금 그 말에 윤리적 쟁점이 숨어 있습니다. 서양 철학의 출발점으로 돌아가 보죠. 소크라테스가 있습니다. 여기서 잠깐, 우리는 지금 어떻게 살아야 하는가를 이야기하고 있죠. 우리가 택할 수 있는 가장 진지한 주제이지요. 소크라테스는 윤리를 추론의 문제로, 이해하려는 노력의 문제로 봤습니다. 따라서 윤리적 선택을 "이것이 내가 느끼는 바다"라거나 "이것이 당신이 느끼는 방식이다"라는 식으로, 마치 그 선택이 완전히 주관적인 문제인 것처럼 다루지 않아요.

물론 윤리에서 감정도 중요한 역할을 합니다. 특히 다른 사람에 대한 연민, 이를 테면 개발도상국가에서 죽어 가는 아이의 입장, 그 아이를 지켜보고 있는 가족의 입장이 되어 보는 우리의 능력도 윤리의 일부입니다. 우리는 그런 사람의 입장에서 생각해야 하죠. 그렇지 않으면 우리가 하고 있는 일은 1루도 한번 밟아 보지 못한 채 끝나고 말 겁니다. 그런 다음에야 우리는 이성을 관여시킵니다. 이성은 우리가 취할 수 있는 최선이 무엇인지 생각하게 합니다. 무엇이 옳은가? 무엇이 그른가? 다른 사람의 입장이 되어 본다는 뜻이죠. 다른 사람의 이해를 인정하며 자신에게 묻는 겁니다. "지금 내 자리가 아니라 그들 자리에 있다면 무엇을 선택하겠는가?"

가장 기본적인 의료 혜택도 받을 수 없어 설사 때문에 죽어 가는 아이를 둔 가족의 삶과 내 자신의 삶을 동시에 살고 있다고 생각해 보세요. 아이를 죽게 내버려 둔 채로 핸드백을 살까요? 아니면 아이를 살리고 핸드백을 포기하겠습니까? 물론 이건 매우 쉬운 선택이죠.

다른 사람 입장이 되어 보는 게 바로 윤리의 기본 개념입니다. 다른 사람의 입장이 되어 본다는 건 다른 사람들의 이해를 고려한다는 뜻이며, 모든 사람들, 사실상 쾌락과 고통을 느끼는 모든 존재(동물도 포함시켜야 하니까요)를 당신 안에 품는다는 뜻입니다. 동물들도 감정을 느낄 수 있고 무언가를 경험하므로, 동물을 빼놓으면 안 됩니다. 일단 모든 사람들의 이해를 고려하고 나면 좀 더 보편적인 관점에서 무엇이 최선인지 결정하려는 노력을 기울일 수 있죠.

쇼핑을 하지 말라거나 돈을 쓰지 말라는 게 아니라 선한 일에 돈을 쓰기를 바란다는 거죠? 사람들에게는 그렇게 해야 할 윤리적 책임이 있다는 뜻이기도 하고요.

맞아요. 그 점을 분명히 해야 합니다. 다른 사람의 입장에서 생각할 때, 가장 우선시해야 할 일은 고통을 막는 겁니다. 윤리는 실제로 취하는 행동과 그 행동이 미치는 영향에 대한 것일 뿐 아니라 하지 않은 행동, 하지 않기로 한 행동에 대한 것이기도 합니다. 바로 이 지점에서, 쓸 수 있는 돈이 정해져 있다는 사실을 고려할 때, 어딘가에 돈을 쓴다는 것은 어딘가에는 돈을 쓰지 **않았다**는 뜻이죠. 다른 어떤 일을 이루는 데에는 돈을 쓰지 않았다는 뜻이기도 하고요. 사람들은 "새 옷 한 벌 사는 데 천 달러를 쓴다고 해서 다른 사람에게 피해를 주는 것은 아니지 않느냐"고 말합니다. 그러나 그들에게 도울 기회가 있었다는 점을 생각해야죠. 지금 이 세상이 어떻게 돌아가고 있는지를 보세요. 당신은 실제로 누군가에게 도움을 베푸는 데 자주 실패하고 있는 셈입니다. 우리에게는 다른 사람을 도와야 할 도덕적 책임이 있습니다. 피해를 주지 말아야 할 도덕적 책임이 있는 것처럼 말입니다.

'세상 돌아가는 방식'이란 뭔가요? 그저 단순하게 구두를 구경하는 데서 시작해 어떻게 살아야 하며, 돈을 어디에 써야 하는지에 관한 급진적인 결론에 이르렀잖아요. 어떻게 이런 결론에 이를 수 있죠? 우리의 윤리적 책임이 전 지구로 확대되어야 하는 이유는 뭘까요?

오늘날 세상이 존재하는 방식부터 이야기해야겠네요. 발상은 간단해도 매우 급진적인 영향력을 미칠 수 있지요. 여러분에게 잉여나

초과분이 없다면, 또는 중세 시대처럼 여행이 제한된 폐쇄적인 공동체에 살고 있다면, 여러분은 자기가 사는 공동체를 넘어서서 할 수 있는 일이 무엇인지 고민하기 어려웠을 겁니다. 그러나 지금 우리가 살고 있는 지구화된 세상에서 풍요와 가난은 엄청난 대조를 보이고 있습니다. 우리에게는 중세 시대와는 다른 기회와 책임이 있다는 뜻이에요.

간단한 생각을 한번 해 봅시다. 정말 나쁜 일이 벌어지려 하는데 당신이 아주 조금만 희생한다면 그 일을 막을 수 있습니다. 그렇다면 당신은 마땅히 희생해야 합니다. 매우 상식적인 말 같죠. 대부분의 사람이 이 말에 동의할 겁니다. 그런데 잠시 멈춰 서 이런 생각을 한번 해 봅시다. 우리가 사는 이 세상에서 내가 아주 조금만 희생하면 다른 곳에 사는 아이들의 생명을 실제로 구할 수 있다고 말입니다. 생각이 여기에 미치면 우리가 느끼는 책임감은 더 커집니다. 그리고 살짝 놀라며 "어떻게 그럴 수 있지?"하고 묻습니다.

우리가 이상한 세상에서 살고 있기 때문입니다. 우리가 사는 세상은 어떤 의미에서는 늘 비상사태고 위기입니다. 날마다 어린아이 2만 7천 명이 충분히 고칠 수 있는 질병으로 죽어 갑니다. 우리는 이 사실에 분개하면서도 굳이 현실을 바로 보려 하지는 않아요. 우리를 둘러싼 세상은 풍요롭습니다. 우리의 책임은 우리 바로 앞에 놓인 상황 너머로 확장되지만 이 사실을 늘 인식하진 않죠.

앞서 당신의 동료이기도 한 앤서니 애피아와 인터뷰를 했어요. 애피아나 다른 철학자들은 이렇게 주장합니다. 세상의 가난을 덜기 위해 더도 말고 덜도 말고 '당연한 몫fair share'을 각자 해야 한다고 말예요. 당연한 몫이 어느 정도인가는 또 다른 문제고요. 어떤 사람들은 당신이 사람들에게 불합리한 요구를 하고 있다고 비판하죠. 더 이상 기부를 할 수 없을 때까지 계속 기부를 해야 한다고 말하면서, 결국 사람들로 하여금 다른 사람들의 생명만큼이나 중요한 무언가를 희생하게 만든다고요. 이런 비판에 어떻게 대답할 건가요?

간단히 말해서, 다른 사람들이 자신의 당연한 몫을 다하지 않는다고 해 봅시다. 이때 우리가 각자의 당연한 몫보다 더 많은 몫을 책임진다면 생명을 구할 수 있을 겁니다. 그럼 우리는 그렇게 해야 합니다. 이런 상황에서 당연한 몫보다 더 많은 몫을 담당하지 않겠다는 얘기는 우선순위를 잘못 정한 거죠. 예컨대 얕은 연못에서 빠져 죽어가는 아이가 한 명이 아니라 열 명이라고 생각해 봅시다. 공교롭게도 연못 근처에는 어른 열 명이 있습니다. 이들은 모두 아이 한 명씩은 구할 수 있습니다. 당신도 그중 한 사람입니다. 당신은 연못으로 뛰어들어 한 아이를 구하고는 '다른 어른도 똑같이 하겠지'하고 생각합니다. 그러나 당신이 아이를 풀밭에 안전하게 눕힌 뒤 다른 어른 다섯 명은 아이를 구하지 않았다는 사실을 알고는 충격을 받습니다. 연못에는 익사하기 직전의 아이가 다섯 명이나 남아 있습니다. 아이를 구한 당신과 다른 어른 네 명이 "됐어. 우리는 생명을 구하는 일에 우리가 당연히 해야 할 몫을 다 했어"하고는 다른 곳으로 걸어갈까요? 아니잖습니까. 다른 어른들은 아무 것도 하지 않았는데 당신만 찬물에 두 번 이상 뛰어들어야 한다면 불공평한 일일지 모릅니다. 그러나 당신이 다른 아이들을 구할 수 있는데도 그대로 빠져 죽게 내버려 두는 일 역시 여전히 잘못입니다.*

　당신은 공리주의 사상가로 알려져 있는데요. 결과에 따라 어떤 행동이 도덕적인지 아닌지가 결정 나며 선은 최대화하고 악은 최소화해야 한다고 생각한 사람들, 즉 제러미 벤담Jeremy Bentham과 존 스튜어트 밀John Stuart Mill 같은 사람들이 발전시킨 철학 노선을 따르고 있죠. 문제가 생기면, 영향을 받는 모든 사람에게 최선의 결과이면서 동시에 고통을 최소화하는 해결책을 구하자는 거죠. 여기서 최선의 결과란 가장 많은 사람의 선호를 만족시키는 것을 뜻하고요. 당신의 윤리관을 받아들이려면 이러한 공리주의자가 돼야 하나요?

　많은 사람들이 그렇게 질문합니다. "당신이 제시하고 있는 입장이 특정한 윤리적 견해나 결과주의, 또는 공리주의에 의존하고 있는 건 아닌가?" 분명 결과는 중요합니다. 우리는 행동의 결과를 늘 고려해야 합니다. 그러나 "한편에서는 사람들이 굶어 죽는데 사치품에 돈을 쓰는 건 잘못이다"라는 견해를 받아들이기 위해 꼭 공리주의자가 될 필요는 없습니다. 자연권 이론에 의지할 수도 있으니까요. 중세시대 가톨릭 철학자이자 신학자였던 토머스 아퀴나스Thomas Aquinas는 이렇게 말했습니다. "우리에게는 우리의 필요를 충족시키는 한에서 재산을 향유할 자연권이 있다. 그러나 필요를 모두 만족시켰다면, 필요 이상으로 지나치게 많이 가지고 있다면, 반면에 다른 사람은 자기 필

---

* 피터 싱어는 『물에 빠진 아이 구하기』The Life You Can Save: Acting Now to End World Poverty』(2009)에서 이 딜레마를 더 자세히 다루고 있다. [『물에 빠진 아이 구하기』, 함규진 옮김, 산책자, 2009]

요를 충족시킬 만큼 갖고 있지 못하다면, 그때 재산에 대한 우리의 권리는 [필요를 충족시키지 못한] 그 사람의 권리를 능가하지 못한다." 사실 아퀴나스의 말에 따르면 설령 그런 사람들이 우리 재산을 취한다 해도, 설령 우리의 쌀을 취해 자기 가족을 먹인다 해도 도둑이 아닙니다. 우리는 필요한 것보다 더 많은 쌀을 가지고 있는데 어떤 사람들은 가족조차 먹일 수 없다면 그 쌀에 대한 우리의 자연권은 사라지는 겁니다. 그러므로 전혀 다른 종류의 시각, 완전히 다른 종류의 윤리적 시각에서도 이런 급진적 결론은 나올 수 있습니다. 이게 급진적인 이유는 우리가 놓여 있는 상황 때문이고요.

이왕 자연권 이야기가 나왔으니 묻겠습니다. 공리주의는 더 일반적인 권리론과 어떻게 양립할 수 있을까요? 양립하는 게 가능하긴 한가요? 당신은 1975년에 『동물 해방*Animal Liberation*』*을 세상에 발표하면서 유명해졌어요. 동물의 권리가 주제였죠. 그때 동물에게 부여한 기본권이 뭐죠? 또 그 근거는 무엇입니까? 〈유인원 프로젝트〉**와 그 프로젝트가 지금 어떤 상태인지 이야기해 줘도 좋겠네요. 개인적으로 동물은 재산이 되지 않을 기본적인 권리를 가진다는 생각도 궁금하고요. 일부 이론가들이 이에 대해 논의하고 있지요.

---

* 『동물 해방』, 김성한 옮김, 인간사랑, 1999.
** Great Ape Project, 1994년에 영장류 동물학자, 인류학자, 윤리학자들이 모여 설립한 국제 조직으로, 유인원에게도 생명권, 개체의 자유, 고문 금지 등의 기본적인 권한을 보장해야 한다고 주장한다. 인간과 똑같지는 않지만 동등하게 도덕적 고려를 해야 한다는 주장이다. 유인원이 아닌 다른 동물들을 배제하고 있다는 점에서 종 중심주의를 벗어나지 못했다는 비판도 있다. 옮긴이

나는 공리주의자입니다. 권리를 윤리 이론의 기반으로 삼지 않는 다는 말입니다. 정치와 법의 맥락에서는 권리 개념이 유용합니다. 유인원에게 생명과 자유, 그리고 고문 받지 않을 권리가 있다는 말은 정치적 요구입니다. 〈유인원 프로젝트〉의 주장이죠. 유인원도 특정한 방식으로 대우받아야 하는 존재라는 점을 간단하고 유용하게 줄여서 표현한 말입니다. 법은 이 점을 인정해야 합니다. 올해 스페인 국회의 위원회는 정부가 유인원의 이러한 권리를 지지해야 한다는 데 동의했습니다. 역사적인 투표였지요.

똑같은 이유로 나도 동물이 재산이 되어서는 안 된다는 데 동의합니다. 동물은 고통과 쾌락을 느끼는 존재입니다. 재산이라는 위상을 동물에게 부여하는 건 동물과 예컨대, 자동차의 중요한 차이점을 무시하는 거나 마찬가지입니다.

"체제가 아니라 개인이 많은 걸 결정합니다"

공리주의와 자연권 논의로 잠깐 돌아가 볼까요? 만약 우리가 서로 다른 윤리학적 입장에 의지해 같은 주장에 이른다면 이 논의 전체의 기반은 어디서 찾을 수 있나요? 윤리는 어디서 시작되나요?

종종 그런 질문을 받습니다. 윤리는 어디서 오냐고요. 그 질문에 답하려면 먼저 인간을 진화적 측면에서 살펴봐야 합니다. 윤리는 인간이 고안한 게 아닙니다. 윤리는 우리의 영장류 조상들, 어쩌면 다른 사회적 포유동물이 이미 가지고 있던 성향입니다. 그들은 서로 상호 작용하면서 자기 자녀에 대한 관심이나 자기 혈족에 대한 관심 같은 감정을 발전시켰습니다. 이러한 감정이 부모로서 자녀를 보살펴야 한다는 우리의 책임이 되었고요. 또한 윤리의 중심인 상호성reciprocity 개념은 인간이 아닌 다른 사회적 동물에게서도 발견할 수 있습니다. 누군가가 당신에게 선을 행하면 당신은 그에게 보답하죠. 누군가가 당신에게 고약한 일을 하면 당신도 고약하게 대할 거고요. 이런 기본 적인 정의 개념은 실제로 진화의 결과입니다.

그러나 언어를 발전시키고 이성의 능력을 개발하면서 윤리를 새로 운 차원에 올려놓게 됩니다. 윤리는 더 정교해졌고, 우리는 다른 사 람에게 하는 행동을 언어적으로 정당화할 필요가 있다는 생각을 하 게 되죠. 우리의 행동이 낳을 결과를 생각하고 그 행동이 다른 사람 에게 미치는 영향을 상상할 수 있는 능력을 신장시킵니다. 또한 사회 구성원들이 행동 방침으로 삼을 수 있도록 일반 행동을 규제하는 규 칙을 개발하는 능력도 신장시킵니다. 사회마다 자기가 속한 사회의 다른 구성원을 죽이거나 속이지 말아야 한다는 등의 기본 규칙이 있 습니다. 그러나 우리가 발전할수록, 그리고 우리의 상황을 되돌아볼 수록, 우리는 그 규칙에 비판적이 될 수 있죠. 즉, 최종적인 규칙이란 없습니다. 사회에는 규칙이 있습니다. 이 규칙은 사회에서 유용한 기 능을 발휘합니다. 그러나 우리는 그 규칙을 비판할 수 있고 그 규칙이 실제로 효과가 있는지 평가할 수 있습니다. 그 규칙이 우리가 바라는 역할을 다하고 있는가 질문해 보는 거죠. 그런 다음 우리는 모든 상황에서 그 규칙을 지켜야 할 건지 여부를 선택할 수 있습니다. 그러니 어떤 규칙이 선한 결과나 중요한 무언가에 장애가 된다면 우리는 그 규칙을 바꿔야 합니다.

예를 들면 어떤 거죠?

무고한 사람을 죽이지 말라는 규칙은 분명 일반적으로 선한 규칙이죠. 그러나 누군가가 불치병, 예컨대 암으로 고통 받는다고 합시다. 그 사람은 자기가 살 날이 몇 주 또는 몇 달밖에 남지 않았다는 사실을 알고 있어요. 그 남은 날들이 무가치하고, 그가 원치 않는 삶이라면 어쩌죠? 그렇다면 규칙을 바꿀 수 있어야 합니다. 암으로 고통 받는 사람이 자기를 죽여 달라고 도움을 요청한다면 누군가는 그 사람이 죽을 수 있도록 도와줘야 합니다.

때로는 사회의 규칙을 바꿀 필요가 있다는 말을 듣다 보니 생각나네요. 당신은 어느 논문에선가 "우리가 우리 사회의 상식적인 도덕에 저항하고 도전할 수 있다는 건 대단한 행운"이라고 말했죠? 이런 자유를 이용하려는 사람이 소수인 게 슬프다는 말도 덧붙이면서요. 다시 한 번 짚고 넘어갈 가치가 있는 말 같아요.

우리는 어떤 행동을 취해야 하고 어떤 선택을 내려야 하는가를 끊임없이 생각하는 과정에서 윤리를 발견합니다. 지금 이 시대를 사는 우리는 운이 매우 좋죠. 전통적 관습에 얽매여 있지 않으니까요. 많은 사회에서는 관습에 도전할 경우, 이단으로 몰려 추방을 당하거나 화형에 처해집니다. 이 세상의 다른 한 편에서는 여전히 이런 일이 벌어지죠. 그러나 적어도 민주적이고 발전된 열린 사회라면 우리는 규칙에 도전할 수 있습니다. 규칙에 대해 생각할 수 있습니다. 지금 벌어지고 있는 일이 탐탁지 않다면 저항할 수 있습니다. 그렇게 한다고 해서 이 사회가 우리를 벽 앞에 세워 놓고 총으로 쏘지는 않을 겁니다. 우리에게는 윤리적으로 행동할 기회뿐 아니라 자신이 내린 윤리적 판단을 살펴볼 기회도 많아요. 논의를 이끌고 궁극적 원칙들을 살펴봄으로써 우리가 취할 행동을 결정해 온 바로 그 판단 말입니다.

마르크스와 헤겔에 관한 글을 쓰면서 우리 사회가 상대적으로 열려 있는 사회라고 말했죠? 『죽음의 밥상The Ethics of What We Eat』*에서는 산업화된 공장형 농업을 부채질하는 동기 중에는 이윤 추구 욕구가 엄청난 비중을 차지한다는 점을 분명히 밝혔고요. 그러나 동시에 소비자로서, 또는 자선 단체에 돈을 기부하는 사람으로서, 개인이 가지고 있는 힘과 개별적인 선택의 중요성을 강조하죠. 좀 더 전통적인 마르크스주의적 시각을 내세우지 않는 건 왜죠?

마르크스와 헤겔에 대한 글을 많이 썼죠. 두 사람을 다룬 입문서를 따로 따로 쓰기도 했고요. 마르크스와 헤겔의 사상은 인간의 자기 이해에 많은 도움을 줬죠. 그러나 나는 마르크스주의자였던 적이 없습니다. 마르크스는 자본주의가 가난한 노동자를 점점 더 많이 만들어 낼 것이라고 예측했습니다. 그러나 이 예측은 빗나갔습니다. 혁명이 필연적이라는 예측도 빗나갔습니다. 공산주의 체제에서 국가는 '말라

* 『죽음의 밥상』, 함규진 옮김, 산책자, 2008.

죽을 것'이라고 말했지만 이것도 잘못된 생각이었습니다. 자본주의는 매우 생산적인 체제입니다. 물론 나도 자본주의의 어떤 면은 좋아하지 않습니다. 그러나 자본주의보다 더 좋은 결과를 가져다 줄 작동 가능한 체제는 없습니다. 동물의 고통과 환경오염에 책임을 지지 않는 건 자본주의나 공산주의나 마찬가지죠. 구소련에서 동물이 어떤 대접을 받았고, 환경에는 어떤 일이 발생했는지 찾아보세요. 어떤 체제든, 동물의 고통과 환경오염을 줄이려고 하는 사람들의 노력이 많은 것을 결정합니다. 소비자와 유권자가 동물의 고통과 환경오염을 막을 생각만 있다면, 자본주의 체제도 대안적인 체제만큼이나, 또는 그보다 더 잘 굴러갈 수 있습니다.

"인간에게는 동물을 사용할 권리가 없다"

잠깐 주제를 바꿔 볼까요? 실천윤리를 연구하게 된 개인적인 배경이 무엇인지 궁금해요.

실천윤리학의 쟁점에 관심을 갖기 시작한 것은 1970년대로 거슬러 올라갑니다. 방글라데시에 위기가 찾아왔죠. 파키스탄군이 방글라데시를 침략해 수백만 명의 방글라데시 사람들이 굶어 죽을 위기에 처했습니다. 그때 우리에게 기아 상태의 이 사람들을 도와야 할 책임이 있는가를 생각하게 되었습니다.

비슷한 시기에 우연히 윤리적인 이유로 채식을 하는 사람을 만났습니다. 그 뒤 내 자신에게 이런 질문을 하게 되더군요. 계속 고기를 먹는 일이 정당한가? 무엇이 우리에게 고기 먹을 권리를 부여하는가? [설령 우리에게 그런 권리가 있다고 하더라도] 그 권리가 동물을 점심 거리나 저녁거리로 다루는 행위를 정당화하는가? 공장형 농장과 집약형 농장, 이러한 것들이 동물을 어떻게 가둬 놓는지 설명한 글을 읽게 됐습니다. 당시에는 그런 농장 경영 방식이 막 시류를 타고 있었죠. 나는 그 방식을 정당화할 수 없다고 생각했습니다. 우리 인간은 원하는 대로 동물을 사용할 권리가 있다는 생각을 당연하게 받아들입니다. 이는 옹호할 수 없는 생각입니다. 도덕적으로 봤을 때 종들 간의 경계는 중요하지 않습니다. 종이 다르다고 해서, 그리고 우리가 우연히 다른 종의 고기 맛을 좋아하게 되었다고 해서, 고통을 받을 수 있고 고통을 느낄 수 있는 또 다른 존재를 마음대로 취할 권리는 우리에게 없습니다.

이 두 가지 쟁점 때문에 응용 윤리에 관심을 가지게 되었습니다. 1970년대 초만 해도 응용 윤리는 공식적인 윤리 분야가 아니었습니다. 철학자들은 응용 윤리를 본연의 철학이라고 생각하지 않았죠. 그러나 바로 그때야말로 응용 윤리에 대해 생각해 볼 수 있는 적기였습니다. 1960년대와 1970년대 초에 학생운동이라는 급진적 움직임이 일어나면서 응용 윤리의 쟁점들이 큰 관심을 받게 된 겁니다. 급진적 운동은 "학술적인 연구를 베트남 전쟁이나 시민 불복종 운동, 또는 반전 운동 같은 시의성 있는 문제들과 연결시킬 수 있는가"하는 질문을 던졌습니다. 나는 이런 쟁점을 철학 안으로 들여오는 데 흥미를 느꼈습니다. 마침 그 당시 몇몇 사람들이 응용 윤리라는 개념을 발전시키고 있었습니다. 과거 훌륭한 철학자들이 노력한 덕분에 이제 응용 윤리는 전혀 새로운 분야가 아닙니다. 1920년대부터 1970년대까지만 해도 응용 윤리는 철학의 한 분야로 인정받지 못했는데 말이죠.

철학은 세상에 관여해야 합니다. 중요한 일입니다. 물론 그렇게 하려면 여러분은 어느 정도의 사실적 배경을 가지고 들어와 실제 상황을 이해해야 하죠. 예를 들어 돈을 어디에 써야 하는가라는 문제를 제기하려면 그 돈으로 세상에 어떤 도움을 줄 수 있을지, 저기에 있는 제품들의 가격은 얼마며, 그 돈을 〈옥스팜〉 같은 단체에 기부한다면 어떤 일을 할 수 있을지 등에 대해 알 필요가 있습니다. 무엇보다 〈옥스팜〉 같은 단체가 제대로 일을 하고 있는지, 어떻게 그 단체의 효율을 높일 것인지 등에 대해 공부할 필요가 있죠. 이것도 응용 윤리입니다. 동물에 대한 처우의 경우…… (〈뱅크 오브 아메리카Bank of America〉 지점의 호기심 많은 경비원이 다가와 대화가 잠시 중단됐다.)

경비원 하나 물어 봅시다. 미국에서 가장 부유한 5퍼센트나 1퍼센트 사람들이 그들의 부를 나눠야 한다고 말하는데 그들을 어떻게 설득할 생각이죠?

싱어 우선 나는 5퍼센트나 1퍼센트를 향해서만 말하고 있는 게 아닙니다. 우리 대부분은 그리 많은 걸 가지고 있지 않기 때문에 빌 게이츠나 워렌 버핏만큼은 기부할 수 없죠. 그럼에도 우리는 여전히 무언가를 할 수 있습니다. 둘째, 알다시피 부유한 사람들 중 일부는 내 의견을 어느 정도 수용하고 있습니다. 게이츠와 버핏은 분명 훌륭한 사례죠. 그러나 나는 『뉴욕 타임스New York Times』에 "세계의 빈곤을 해결하기 위한 싱어의 제안Singer Solution to World Poverty"이라는 글을 쓰고 난 뒤, 그 글을 읽은 많은 사람들이 자기 부의 상당 부분을 기부했다는 편지를 받았습니다. 그 글에서 나는 필수품이 아닌 사치품에 쓰는 돈은 해외 원조 단체에 기부해야 한다는 근본적인 주장을 했지요. 나는 이런 운동이 확산되길 바라고 있습니다. 그나저나 나를 어떻게 알아 보셨죠?

경비원 그냥 궁금했습니다. 즐거웠습니다. 대답해 줘서 감사합니다. 나도 내 몫을 해야겠습니다.

싱어 만나서 반가웠습니다. 건강하세요.

와, 정말 이상한 만남이네요. 하지만 저 사람도 설득된 것 같아요. 다시 동물의 권리라는 문제로 돌아가기로 하죠. 여기 카메라맨에게 이야기 좀 해 주세요. 내가 채식주의자라고 놀리거든요. 이 사람도 설득해 줘요!(웃음)

옥스퍼드 대학원 시절 우연히 리처드 케센이라는 친구와 점심을 먹게 됐죠. 캐나다 친구였는데, 고기가 들어 있다는 이유로 음식을 먹지 않더군요. 나는 왜 고기를 먹지 않는지 그와 이야기하기 시작했습니다. 그 대화에 자극을 받아 이런 질문을 하게 됐죠. 음식을 만들기 위해 동물을 다루는 방식을 우리는 어떻게 정당화할 수 있을까? 물론 꼭 고기를 먹을 필요는 없는 거죠. 온건한 채식주의자vegetarian든, 엄격한 채식주의자vegan든 고기를 먹지 않고도 더 오래, 건강하게 산답니다. 아마도 고기를 많이 먹는 사람보다 평균적으로 더 건강할 겁니다. 육식은 필수가 아닙니다. 육식은 일종의 사치입니다. 고기 맛을 즐긴다는 사람들이 있습니다. 그렇다면 고기 맛을 즐긴다는 건 얼마나 중요하단 말인가요? 닭고기나 햄, 돼지 고기 등, 특정 음식을 먹고 싶은 우리의 욕구는 어디까지 충족될 수 있습니까? 채식과 비교했을 때 우리가 동물에게 가하는 고통을 어디까지 정당화할 수 있는지 묻고 있는 겁니다. 우리가 그들을 죽이는 건 결국 특정한 맛을 내기 위해서니까요. 이런 문제에 대해 생각하기 시작하면, 우리가 동물에게 정말 많은 고통을 가하고 있다는 사실을 깨닫게 됩니다. 집약형 농장을 개발해 동물을 우리 안에 가둬 놓고 땅에는 발도 붙이지 못하게 하잖아요. 동물은 우리 밖으로는 나가보지도 못합니다. 때로는 우리 안에 너무 많이 가둬 놓아서 동물들이 한 발자국도 움직이지 못하는 경우도 있어요. 우리가 먹는 달걀을 낳는 암탉의 경우에는 날개도 펴지 못합니다. 암탉은 1년 이상, 즉 생애 중 상당히 많은 기간을 그런 곳에서 지냅니다. 우리 밖에 풀어 둔 채로 두는 것보다 더 싸게 달걀과 고기를 생산할 수 있다는 이유에서요. 이런 우리의 행동을 정당화할 수 있을까요? 정당화할 수 없다고 봅니다. 이 문제는 당신을 더 깊은 수렁으로 이끌어 이런 질문을 던지게 할지도 모르죠. "동물의 어떤 점 때문에 우리의 행동이 정당화되는 것인가? 우리가 우리의 행동을 정당화할 수 있다고 생각하게 만드는 건 무엇인가?" 우리는 동물을 식용으로 쓸 뿐 아니라 연구용이나 서커스 같은 오락용으로도 사용하며 모피를 얻으려고 덫을 놓아 죽이기도 합니다. 결국 내가 깨닫게 된 건, 이것이 또 다른 편견일 뿐이라는 겁니다. 이것은 단지 철저한 차별일 뿐입니다. 인종차별과 성차별로 우리에게 익숙한, 그러한 편견이 낳은 차별 말입니다.

동물의 위상을 생각해 보세요. 당신이 생각하는 위상은 사실 우리에게 익숙한 또 다른 편견의 결과물입니다. 그 편견은 18세기 사람들이 다른 인종 사람들을 납치해 노예로 만들고 자기들 마음대로 도구처럼 사용했을 때 가졌던 것과 똑같은 겁니다. 18세기 사람들이 다른 인종 사람들과 맺었던 관계는 사실 우리가 동물과 맺고 있는 관계와 똑같습니다. 우리는 동물을 다른 집단, 열등한 집단으로 보니까요. 단지 다르고 열등하다는 이유로 동물들을 이용할 수 있다는 이데올로기를 전개하고 있는 겁니다. 생각해 보세요. 종들 간의 경계는 본질적으로 그렇게 큰 도덕적인 의미를 띠지 않습니다. 그 경계선은 생물학적 차이를 가리킬 뿐입니다. 생물학적 차이는 도덕적으로 전혀 중요하지 않습니다. 동물은 **호모 사피엔스**homo sapiens 종의 일원이 아니니 우리는 원하는 대로 동물을 사용할 권리가 있다고 칩시다. 그러면 유럽인이 아니고 피부색이 하얗지 않다는 이유로, 또는 아프리카에서 왔다는 이유로, 원하는 대로 그 사람들을 사용할 수 있다고 말하는 사람들을 변호할 겁니까? 내 생각에 이 두 현상은 똑같지는 않더라도 비슷합니다. 둘 사이에는 어떤 유사성이 있습니다. 우리가 동물을 사용할 수 있는 이유는 우리가 동물보다 더 이성적이기 때문이라고 말하는 사람들도 있습니다. 인간은 언어를 사용할 수 있기 때문이라고, 더 높은 수준의 자기 이해를 갖고 있기 때문이라고 말하는 사람들도 있을 겁니다. 물론 대부분은 사실이죠. 인간과 인간이 아닌 동물 사이에는 차이가 있습니다. 그러나 이 차이가 성립하지 않는 환경이 있습니다. 모든 인간이 다 이성적이지는 않습니다. 유아기의 인간은 이성적이지 않아요. 심각한 지적 장애를 지닌 인간은 침팬지나

오랑우탄보다 덜 이성적이고, 자기 이해와 소통 능력 모두 떨어집니다. 그러나 우리는 덜 이성적인 인간이 침팬지나 오랑우탄보다 더 작은 권리를 가진다고 생각하지 않죠. 그런 인간을 우리 마음대로 사용할 수 있다고 생각하지도 않잖아요. 무언가를 발견하기 위해서, 그들에게 고통을 주거나 생명에 치명적인 방식으로 그들을 실험할 수 있다고 생각하지도 않죠. 그러나 침팬지 같은 동물에게는 그렇게 합니다. 그러니 도덕적 차이를 낳는 건 종의 경계인 것 같습니다. 합리성이나 자기 이해 같은 다른 특성들이 존재를 대하는 방식을 결정하는 건 아니라는 말이죠.

"장애, 문화적 편견만의 문제일까?"

잠깐 다른 이야기를 하느라 못 들었던 학창 시절 이야기로 돌아가 볼까요? 당신은 "플라톤에 따르면 소크라테스는 '어떻게 살아야 하는가'하는 문제에 관심을 가지고 있었다"고 말했어요. 그렇다면 왜 철학에서는 한동안 이런 질문이 유행하지 않았을까요?

1960년대 중반이었죠. 대학에서 철학을 막 공부하기 시작한 때였어요. 당시 철학은 대개 단어의 의미를 분석하는 일에 매달렸지요. 언어 분석의 시대였던 거죠. 그래서 윤리는 "좋다good"거나 "나쁘다bad"라는 말은 무엇을 뜻하는가와 같은 질문으로 바뀌었죠. 우리가 취해야 할 행동에 대한 구체적인 내용이 없었습니다. 일부 철학자들, 즉

에이어A. J. Ayer나 브로드C. D. Broad 같은 지도적인 철학자들은 실제로 이렇게 이야기했습니다. "철학은 당신이 무엇을 해야 하는지에 대해 말해 주지 않는다. 철학은 그런 것과 관계가 없다."

그러나 말했듯이 1960년대에는 베트남전 반대 운동과 흑인 해방 운동, 학생운동 등이 있었습니다. 이런 운동이 전개되면서 사람들은 대학의 연구가 현실에 더 많은 적실성을 가져야 한다고 요구하기 시작했죠. 일부 사람들은, 오늘날의 큰 쟁점은 적어도 부분적으로는 윤리적 쟁점이며 철학은 마땅히 그 쟁점에 대해 무엇인가 말해야 한다고 생각하기 시작했죠. 나도 그 분야의 철학에 관심을 갖게 되었고 이는 나중에 응용 윤리로 발전했습니다. 옥스퍼드에서는 민주주의에서 법에 복종할 책임이 있는가 하는 문제를 가지고 논문을 썼습니다. 이 문제는 많은 저항과 시민 불복종 운동, 심지어는 반전 시위에서 폭력 사태까지 벌어졌던 베트남전 기간 중에 매우 적실성 있는 쟁점이었습니다. 그리고 응용 윤리의 쟁점이자 분명 철학적 쟁점이었습니다. 법에 복종할 책임과 같은 문제는 전통적으로 정치철학이 다루던 문제입니다. 그 뒤로 나는 널리 논의되지 않는 일부 다른 문제에 관심을 갖게 되었습니다. 그중 하나가 가난한 사람을 도와야 할 책임에 관한 거죠. 1970년대 초, 지금은 방글라데시가 된 지역에서 벌어진 위기 때문에 이 문제는 매우 적실성 있는 주제였습니다. 파키스탄군이 동파키스탄* 주민을 억압하자 난민 수백만 명이 국경을 넘어 인도로 도망쳤고, 인도에서 굶어 죽을 위험에 처했던 겁니다. 당시 인도에는

---

* 1971년 말 독립해 방글라데시가 되었다. 옮긴이

이들 난민을 도울 만한 자원이 전혀 없었어요. [다른 사람들을] 도와야 할 부자의 책임, 이것이 내가 응용 윤리 분야에서 쓴 초기 논문 가운데 하나입니다. 끝으로, 앞서 말했듯, 동물에 대한 처우를 둘러싼 문제에도 관심을 가졌습니다. 이는 철학이 어떻게 일상생활과 연결되는지 보여 주는 매우 현실적인 문제기도 했습니다. 동물을 어떻게 대하느냐의 문제는 우리가 날마다 일상에서 마주치는 문제죠. 사람들 대부분은 날마다 두세 차례 고기를 먹습니다. 이 문제는 지금 여기의 문제며 앞으로도 계속 부각될 문제인 겁니다.

우리는 동물의 윤리적 위상과 지위를 계속 생각해야 합니다. 생각하는 데 실패한다면 우리는 공장형 농장 제품을 구입할 때마다 그릇된 행동을 하게 될 겁니다. 동물에게 그릇된 일을 행하고 있는 사람들에게 우리의 자원, 우리의 돈을 주게 되는 셈이니까요. 그들이 계속 그 일을 하도록, 이미 2만 마리가 들어가 있는 우리에 더 많은 닭을 집어넣도록, 최대한 값싼 달걀을 생산하기 위해 더 많은 암탉을 우리에 밀어 넣거나 이미 몸을 움직일 수 없는 우리에 돼지를 더 많이 집어넣도록 장려하는 일이나 마찬가지란 말입니다. 우리는 이 문제에 윤리를 적용할 수 있습니다. 철학은 이런 쟁점에 대해 생각해야 합니다. 철학은 단지 단어의 의미를 분석하거나 동료 철학자만 읽는 학술지에 논문을 싣는 데 그쳐서는 안 됩니다. 이런 것들은 우리 모두가 생각해야 하는 중요한 쟁점입니다. 철학은 우리가 이런 쟁점들을 생각할 때 도움을 주고, 논의의 수준을 높이고, 우리의 사상과 개념을 분명하게 밝혀 주며, 모든 사람들이 생각해 볼 수 있도록 논쟁을 일으켜야 합니다.

현대 윤리의 쟁점으로 또 어떤 사례를 들어볼 수 있을까요? 생명 윤리에 관한 사례는 어떨까요? 당신이 관심을 가지고 있는 분야기 도 하고요.

생명윤리는 의학과 생물학에서 발생하는 윤리적 쟁점을 연구합니다. 의사와 과학자 등, 많은 사람이 이 분야에 종사하고 있죠. 이들은 지성인이며 사려 깊은 사람들입니다. 그러나 의학이나 과학 분야의 훈련만 받은 사람과 생명윤리가 품고 있는 철학적 논증을 이해하는 사람 사이에는 주목할 만한 차이가 있습니다. 의사들이 안락사를 이 야기할 때 종종 인용하는 경구가 있죠. "살인하지 말라. 그러나 주제 넘게 나서서 생명을 유지시키려 할 필요는 없다." 의사들은 이 경구 를 앞세워 환자를 죽게 내버려 두는 일은 괜찮지만 적극적으로 죽음 을 앞당기지는 말아야 한다는 생각을 정당화합니다. 그런데 사실 이 경구에 지켜야 할 조상의 지혜 따위는 없습니다. 풍자적인 시의 일부 일 뿐입니다. 이 말을 분석해 들어가면, 인공호흡기를 끄거나 튜브를 빼 누군가를 죽을 수 있게 하는 일과 치명적인 주사를 놓아 적극적으 로 환자를 죽이는 일 사이에 도덕적으로 큰 차이가 있다는 주장을 의 심하게 됩니다. 정당화하기 어려운 주장입니다. 두 경우 모두 환자 가 죽었고, 이들의 죽음은 당신의 결정이 낳은 결과며, 일단 인공호 흡기를 끄거나 주사를 놓은 다음에는 환자가 죽을 게 확실하기 때문 입니다. 이런 문제는 의사들이 수십 년 동안 병원에서 다뤄 온 방식 과는 조금 다르게, 더 비판적이고 반성적이며 철학적인 시각을 적용 할 때 더 분명해집니다.

장애라는 주제로 넘어가는 게 좋을 것 같아요. 당신은 장애를 다루며 한 차례 논쟁을 일으키기도 했죠. 이 기획을 진행하며 다른 철학자들과 같은 주제를 다루기도 했습니다. 『실천 윤리학Practical Ethics』*에서 당신은 "장애인의 삶은 비장애인의 삶보다 가치가 덜하다"고 말하면서 선별적인 영아 살해를 지지했습니다. 그러나 삶을 가치 있게 만드는 것은 무엇일까요? 공동체, 동료애, 미래를 위한 계획, 문제 해결 능력, 창의력, 목적과 낭만 등, 이 모든 것은 비장애인만이 아니라 장애인에게도 열려 있습니다.

공리주의자로서 당신은 고통을 줄이고 싶어하죠. 그러나 장애인을 위해 활동하는 운동가와 장애를 다루는 이론가들은 이렇게 주장합니다. "장애인에게 심각한 고통을 유발하는 것은 장애를 가진 몸을 가지고 태어났다는 사실이 아니라 장애에 대한 문화적 반감이다." 설사 신체에 고통을 주는 장애를 앓고 있는 경우라도 말이지요. 장애인들에게는 장애인을 차별하고 장애인에게 공적 생활과 주거, 교육, 의미 있는 일 등에 접근할 기회를 제한하는 세상에서 살아가는 게 가장 큰 고통이란 뜻이죠. 장애인은 세상의 소수자들 가운데 그 수가 가장 많아요. 우리 모두는 의존 상태에서 삶을 시작하며, 먹을 만큼 나이를 먹으면 다시 그 의존 상태로 돌아가 삶을 마무리하는 거잖아요. 장애에 대한 문화적 인식을 바꾸고 사회적 기회를 열어 놓는 것이 자살 보조나 특정한 영아 살해, 드물게는 장애 관련 낙태 등을 지원하는 것보다 고통을 훨씬 더 많이 줄일 수 있는 방법이라 생각해요.

---

* 『실천 윤리학』, 황경식 옮김, 철학과현실사, 1991.

장애인에 대한 편견은 분명 존재합니다. 피부색이나 인종에 대한 편견만큼이나 나쁘죠. 확실히 인정합니다. 이런 편견에 맞서 싸우기 위해 우리는 할 수 있는 일을 해야 하죠. 최근 몇 년 간 조금씩 진전도 있었어요. 장애가 업무 수행에 영향을 주지 않는 분야에서 장애인 고용을 차별하는 행위를 불법으로 규정하는 법안 같은 것은 나도 강력하게 지지합니다.

　다음으로 장애인이 되도록 부유하고 만족한 삶을 살 수 있도록 배려해야 한다는 것도 동의합니다. 예를 들어 건물과 대중교통 수단에 휠체어를 타고 접근할 수 있어야 하며 학교에서는 장애인의 필요에 맞게 서비스를 제공해야 합니다. 대부분 우리가 이미 하고 있는 일이죠. 이런 일은 비용이 많이 들고 분명 한계도 있을 겁니다. 그렇지만 마땅히 그렇게 해야죠.

　그렇지만 장애인에 대한 문화적 편견과 그 결과로 나타난, 장애인의 필요를 제대로 수용하지 못하는 사회의 실패가 장애의 유일한 문제라는 말은 믿을 수 없습니다. 우리 모두가 의존 상태에서 삶을 마친다고 말했죠? 그래요. 우리 중에 그런 상태가 빨리 오느냐, 늦게 오느냐에 무관심한 사람은 거의 없을 겁니다. 주변을 살펴보세요. 수많은 중년이 건강을 유지하려고 체육관에 다니고 있죠. 건강하고 독립적인 상태를 더 오래 유지시켜 줄 것이라는 증거가 딱히 없는데도 노화 방지 성분이 많이 들어가 있는 음식을 먹습니다. 알츠하이머병을 예방하는 약을 제일 먼저 발견하는 회사는 아마도 수십억 달러는 벌어들일 수 있을 겁니다. 휠체어를 타더라도 나는 가치 있는 삶을 살 수 있습니다. 확신합니다. 하지만 한편으로 나는 하이킹이나 서핑 같은 육체 운동을 즐기죠. 더 이상 이런 운동을 할 수 없게 되면, 내 삶의 가치는 그만큼 줄어들 겁니다.

다른 조건이 같다면 장애가 없는 것이 있는 것보다 더 좋지 않냐는 쟁점에 대해 말하고 있는 겁니다. 이때 내 견해보다는 당신의 견해가 실제 우리 행동과 모순된다는 것을 알 수 있죠. 왜 임신한 여성에게 담배와 술, 약물 등을 못 하게 하는 거죠? 당신은, 탈리도마이드* 복용을 금지한 게 잘못이라고 생각합니까? 임신한 여성이 그 약을 먹으면 잠을 자는 데 큰 도움을 받을 수 있죠. 임신한 여성이 약을 복용한 결과 장애를 가진 아이를 낳더라도 만약 그 자녀의 삶이 장애로 더 나빠지지 않는다면 그 약을 금지해야 할 이유는 없잖아요?

다음으로 당신은 지체장애를 염두에 두고 질문했습니다. 해리엇 존슨** 같은 사람들은 휠체어를 타고 있다는 이유로 휠체어를 타지 않은 사람보다 심각한 정신장애를 가지고 있다는 것이 어떤 것인지를 더 잘 안다고 생각합니다. 그러나 나는 이해할 수 없습니다. 앞에서 미래를 위한 계획, 문제 해결 능력, 창의력, 목적 등에 대해 이야기했죠? 나는 이처럼 삶을 가치 있게 만드는 모든 것이 모든 장애인에게 다 가능하다고 생각하지 않습니다.

---

* thalidomide, 1960년대 초반까지만 해도 진정제와 최면제로 유럽에서 널리 사용되었다. 그러다가 여성이 임신 초기에 복용할 경우 태아에게 선천적인 기형이 나타날 수 있다는 사실이 발견되어 제조가 중단됐다. 옮긴이

** 고故 해리엇 맥브라이드 존슨Harriet McBryde Johnson은 신체장애를 지닌 변호사였고, 싱어와 논쟁을 벌인 뒤, "말로 하기 힘든 대화Unspeakable Conversations"(*New York Times Magazine*, 2003년 2월 16일)라는 글을 썼다. 싱어 또한 해리엇 사망 후 "그럼에도 행복했던 사람Happy Nevertheless"(*New York Times*, 2008년 12월 28일)이라는 추모 기사를 직접 썼다.

끝으로, 당신은 부모들의 이해관계를 무시하고 있어요. 그들이 장애가 있는 자녀를 키우고 싶다면 물론 그럴 수 있어야 합니다. 그리고 사회는 그들을 도와 그런 자녀에게 되도록 최선의 삶을 제공해야 하죠. 그러나 그런 자녀를 키우고 싶지 않은 부모들에게까지 아이를 키우도록 강요해야 한다고는 생각하지 않습니다. 태아에게 다운증후군이 있다는 말을 들을 경우, 임신한 여성은 십중팔구 낙태를 선택합니다. 단지 문화적 편견 때문일까요? 지적인 면에서 당신과 동등한 사람으로 성장할 수 있는 자녀를 선호하는 것이 과연 부당한 걸까요?

"상식적인 도덕에 도전하기"

그래도 나는 여전히, 사람들의 삶의 질을 섣불리 판단하는 것은 위험하다고 생각해요. 몸과 정신이 극단적으로 손상된 개인들에게 사람들이 관심을 갖도록 유도하고, 그 관심을 인간이 아닌 동물에게까지 확대하도록 설득하는 것이 종 차별에 도전하고 모든 존재를 평등하게 고려한다는 목표를 더 효율적으로 달성할 수 있는 방법이겠죠.

아무튼 당신의 입장은 많은 사람이 소중하게 생각하는 견해, 말하자면 인간의 생명은 신성하다는 믿음 같은 매우 기본적인 가정에 도전하고 있습니다. 이처럼 우리가 당연하게 받아들이는 생각에 도전하는 게 철학의 역할이겠죠. 비록 그런 일이 처음에는 우리를 불편하게 만들더라도 말이에요. 이런 철학의 역할에 대해 더 이야기해 보세요.

응용 윤리를 철저하게 파고들다 보면 상식적인 도덕, 즉 사람들이 일반적으로 가지고 있는 생각에 종종 도전하게 됩니다. 고대의 철학 전통과 일치하죠. 소크라테스가 사람들에게 "정의란 무엇인가?"하고 묻기 시작했을 때도 똑같은 일이 벌어졌습니다. 사람들은 정의가 무엇인지 안다고 생각했으나, 정의에 대해 생각하기 시작하자 정의가 무엇인지 이해하지 못하고 있다는 사실을 깨달았습니다.* 그 결과 소크라테스는 젊은이들을 도덕적으로 타락시켰다는 죄목으로 기소되어 독약을 마실 수밖에 없었죠. 다행히 오늘날의 철학자에게는 이런 일이 일어나지 않습니다. 그러나 보수적 관점에서 보면 응용 윤리는 정말 도덕을 타락시킨다고 할 수 있을 겁니다. "타락시킨다"는 말은 좀 잘못됐고, 응용 윤리는 분명 도덕에 도전합니다. 무고한 사람을 죽이는 것은 언제나 나쁘다는 생각처럼 우리가 오랫동안 소중하게 여겼던 무엇인가에 대해 달리 생각하도록 인도할지도 모르죠. 고통스러운 질병으로 죽어 가고 있으니 차라리 지금 죽을 수 있게 도와달라는 사람이 있다고 생각해 보세요. 우리 마음대로 동물을 사용할 수 있다는 관념을 생각해 보세요. 이 역시 우리가 도전하고 싶을지 모를 상식적인 도덕 개념입니다.

상식적인 도덕은 다양한 방식으로 발전해 왔습니다. 상식적인 도덕은 부분적으로는 우리의 사유가 진화한 결과고 부분적으로는 지역적 관습이 축적된 결과입니다. 때로는 종교적 가르침의 유산이기도 하죠. 여기 서구의 경우, 2천 년 동안 기독교의 가르침을 받아 왔고,

---

* 플라톤, 『국가 · 政體』, 박종현 옮김, 서광사, 1997.

그 가르침은 우리의 도덕에 지속적으로 영향을 미쳤습니다. 오늘날에는 예컨대 성서를 신성화하지 않는 등, 기독교 사상 중 특정 가르침을 거부하는 사람들도 있습니다만 기독교 사상의 일부는 여전히 우리 주변에 남아 우리의 사고방식에 영향을 줍니다. 우리는 그런 사상에 도전할 수 있어야 합니다. 물론 일부는 종교를 유지하고 종교 윤리를 따르고 싶어할지도 모릅니다. 그러나 그렇다고 해서 다른 모든 사람도 당연히 그래야 하는 건 아닙니다. 인간의 생명은 신성하다는 교리, 인간은 신의 형상대로 창조되었으나 동물은 그렇지 않다는 생각 등이 우리의 도덕 판단과 도덕적 태도에 영향을 미치고 있을지 모릅니다. 응용 윤리는 이런 생각을 다시 성찰하게 합니다.

인간 심리에 대해 이야기해 볼까요? 사람들은 당신의 철학이 있는 그대로의 인간을 다루지 않는다고 비판하기도 하죠. 많은 사람들이 인간이라는 하드웨어에는 이기심이 내장되어 있다고 주장하죠. 그게 사실이라면 당신의 철학은 분명 인간의 본성을 거스르는 거고요.

응용 윤리를 통해 도출되는 개념은 받아들이기도 어렵고 실천하기도 어려운 경우가 있습니다. 대단히 엄격할 수 있다는 말입니다. 인간의 심리는 다양한 면에서 고려해야 할 요소입니다. 분명 우리는 있는 그대로의 인간에게 최선이 무엇일지 찾기 위해 노력해야 하며 제안도 해야 합니다. 우리가 바라는 모습 그대로의 인간을 위한 도덕성은 쓸모가 없습니다. 반면 도덕은 인간의 현재 모습을 바꿀 수 있는 거죠. 우리는 영원히 고정되어 있는 존재가 아닙니다. 최소한 우리에게는 모종의 유연성이 있습니다. 제도를 바꾸고 구조를 변화시키는 일을 생각해 보세요. 사람들이 지금보다는 좀 더 관대해지고 이타적이 되도록 말이에요. 이는 매우 중요한 겁니다. 윤리가 이 일을 하는 데 일부 역할을 할 수 있죠. 심리 문제와 윤리 문제는 늘 서로 얽혀 있는 겁니다. 우리가 어떤 윤리적 논쟁에 빠져들든 인간의 심리가 고정되어 불변한다는 가정은 하지 말아야 하죠.

(어느덧 우리는 타임스 광장에 도착했다. 빌딩 전면이 광고와 텔레비전 화면으로 덮인 채 하늘 높이 솟아 있다.)

"대의에 헌신하는 삶이 의미 있는 삶"

이제 호랑이굴로 들어왔네요. 소비주의라는 주제로 돌아가야 할 것 같습니다.

타임스 광장은 늘 무언가를 파는 곳입니다. 전형적이죠. 사방에서 모두가 "이거 사세요. 저거 사세요"하고 말하고 있습니다. 물론 사람들은 흔히 아무 생각 없이 물건을 삽니다. 이들에게 소비는 오락이나 마찬가지죠. 그러나 때때로 우리가 실제 어떻게 살기를 원하는지 잠시 멈추어 깊이 생각해 볼 필요가 있습니다. 궁극적인 문제죠. 더 많이 사고, 더 많이 소비하며, 우리가 누릴 수 있는 쾌락을 모두 추구하며 살아가라는 이 메시지를 그대로 받아들이면 안 됩니다.

"어떻게 살아야 하는가?" 윤리의 궁극적인 문제가 그거죠. 서구 문화가 내린 결론은 "많이 소비하라, 많이 사라, 자기 쾌락을 추구하라"
로 보입니다. 가장 만족할 만한 삶의 방식이란 게 고작 이런 겁니까?
고대 그리스인들은 이른바 쾌락주의의 역설이라는 걸 알았습니다.
쾌락을 일차 목표로 삼고 팔을 걷고 나서서 "나는 쾌락을 안겨 주는
일만 할 것이다"하고 말했다고 칩시다. 그렇게 자신을 위한 쾌락을 얻
으려 할 경우, 당신은 종종 쾌락이 증기처럼 사라지거나 당신 앞에서
뒷걸음질 친다는 사실을 깨닫게 됩니다. 대신 당신 생각에 가치 있는
다른 무엇인가, 어쩌면 윤리적으로 중요한 무슨 일인가 한다면 그 일
을 하는 동안 만족감을 느낄 수 있습니다. 그 일은 더 즐거울 뿐 아니
라 더 많은 의미와 더 큰 만족을 안겨 주기도 한다는 사실을 알게 되
죠. 당신의 삶은 실제로 더 즐거워지고, 더 많은 보상을 받게 됩니다.
그 일을 하면서 당신은 이런 생각을 할지도 모릅니다. "그래, 내가 평
생 하고 싶은 일은 이런 일이야. 이 일은 가치 있는 일이야." 공허한
마음으로 "나는 쾌락을 추구하고 있어. 나는 즐기고 있는 거야. 그런
데 다 끝났어. 다 소용없어"하고 말하지는 않을 겁니다.

　　그러면 삶에는 의미가 있습니까? 이보다 더 극적이고 궁극적인 질
문도 없겠네요.
　　수천 년 이상 철학이 발전해 오면서 많은 철학자가 같은 질문을 던
졌습니다. "삶에는 의미가 있는가? 있다면 그 의미는 무엇인가?" 때
로 사람들이 이런 질문을 던질 때 그들은 삶에 어떤 외부적인 의미
가 있는지 묻고 있는 겁니다. 삶에 의미나 그와 비슷한 것들을 부여
하는 신이 존재하는지 여부를 묻고 있는 거죠. 나는 그렇다고 생각

하지 않습니다. 그러나 우리가 우리 자신의 삶에 모종의 의미를 부여할 수 있다고 굳게 믿습니다. 다른 많은 철학자들도 같은 문제를 논한 바 있습니다. 그리고 이런 질문을 던집니다. "우리는 어떻게 살아야 하는가? 우리의 삶을 가장 의미 있고 가장 만족스럽게 만드는 것은 무엇인가?"

우리가 답할 수 있는 것은 바로 이런 질문입니다. 그리고 그 대답은, "우리 삶을 정말 중요한 대의나 쟁점과 연결시킬 수 있을 때, 그리고 그 대의에 헌신할 때, 그 삶은 가장 의미 있는 삶이 된다"입니다. 우리가 살아 있어 무엇인가가 조금이라도 더 좋아졌으며 자신이 세상을 더 좋게 만드는 일에 조금이라도 기여하고 있다는 느낌을 받을 수 있기 때문입니다. 이 세상에 존재하는 불필요한 고통과 고난을 줄이고, 함께 이 세상을 공유하는 모든 존재에게 이 세상이 좀 더 좋은 곳이 되도록 만드는 일보다 더 의미 있는 일은 없을 겁니다.

피터 싱어 Peter Singer

피터 싱어는 1946년 호주 멜버른에서 태어났다. 유대인이던 부모는 나치의 박해를 피해 1938년 오스트리아 빈을 떠나 호주로 가 멜버른에 정착했다. 1969년 멜버른 대학교에서 석사 학위를 받고, 1971년에 옥스퍼드 대학교에서 시민 불복종을 다룬 논문으로 박사 학위를 받았다.

오늘날 가장 대중적인 철학자 중 한 사람으로, 종 차별 없이 모든 존재가 불필요하게 고통 받지 않아야 한다는 싱어의 주장은 많은 오해와 논란을 가져왔다. 자살이나 낙태, 안락사에 대한 옹호가 특히 그렇다. 그러나 싱어는 사회가 이 문제에 예민하게 반응하는 것은 인도주의를 기독교적 가치관으로만 바라보기 때문이라고 말한다. 더 나아가 극단적인 생명 존중 사상은 인간의 욕구를 위해 대량으로 도살되는 동물들에 대해서는 아무 말도 하지 않는다고 비판한다. 싱어는 이처럼 종 차별주의를 비판하고 동물 해방을 부르짖는다. 또 세계의 빈곤과 기아, 부의 편중을 해결하기 위해서는 정치적이고 국가적인 노력이 필요하지만 지금 당장 개인이 바꿀 수 있는 것도 많다고 믿는다. 철저한 채식을 실천하고 자신의 수입 일부를 꾸준히 기부하는 그는 〈국제 생명 윤리학회〉 회장과 동물 권익 옹호 단체인 〈동물 해방〉의 초대 회장을 역임하기도 했다.

현재 싱어는 프린스턴 대학 〈인간 가치 센터〉의 석좌교수이자 멜버른 대학 〈응용 철학 및 공공 윤리학 센터〉 명예교수로 있다. 최근에는 19세기 유명한 공리주의자이자 엄격한 철학자였던 헨리 시즈윅Henry Sidgwick과 현대 윤리학에 관한 책을 쓰고 있다. 2007년 5월에는 〈다산 철학 기념 강좌〉에 초대되어 한국을 다녀가기도 했다.

주요 저작

Animal Liberation: A New Ethics for our Treatment of Animals, New York; New York Review/Random House, 1975. (『동물 해방』, 김성한 옮김, 인간사랑, 1999)

Practical Ethics, Cambridge; Cambridge University Press, 1979. (『실천윤리학』, 황경식, 김성동 옮김, 철학과현실사, 1991)

The Expanding Circle: Ethics and Sociobiology, New York; Farrar, Straus and Giroux, 1981. (『사회생물학과 윤리』, 김성한 옮김, 인간사랑, 1999)

Hegel, Oxford and New York; Oxford University Press, 1982. (『헤겔』, 연효숙 옮김, 시공사, 2000)

A Companion to Ethics, (ed.) Oxford, UK : Blackwell Reference 1991. (『윤리의 기원과 역사』(1,2,3부), 피터 싱어 편, 김미영 외 옮김, 철학과 현실사 2004; 『규범윤리의 전통』(4부), 피터 싱어 편, 김성한 외 옮김, 철학과현실사, 2005; 『응용 윤리』(5부), 피터 싱어 편, 김성한 외 옮김, 철학과현실사 2005; 『메타윤리』(6,7부), 피터 싱어 편, 김성한 외 옮김, 철학과현실사, 2006.)

A Darwinian Left: Politics, Evolution and Cooperationt, Weidenfeld and Nicolson, London, 1999. (『다윈주의 좌파: 변하지 않는 인간의 본성은 있는가?』, 최정규 옮김, 이음, 2011)

One World: The Ethics of Globalisation, New Haven; Yale University Press, 2002. (『세계화의 윤리』, 김희정 옮김, 아카넷, 2003)

The Ethics of What We Eat: Why Our Food Choices Matter, with Jim Mason, New York; Rodale, 2007. (『죽음의 밥상: 농장에서 식탁까지, 그 길고 잔인한 여정에 대한 논쟁적 탐험』, 짐 메이슨 공저, 함규진 옮김, 산책자, 2008)

The Life You Can Save: Acting Now to End World Poverty, New York: Random House, 2009. (『물에 빠진 아이 구하기: 어떻게 세계의 절반을 가난으로부터 구할 것인가』, 함규진 옮김, 산책자, 2009)

세계시민주의
Cosmopolitanism

4장 콰메 앤서니 애피아: 세계시민주의

콰메 앤서니 애피아는 런던에서 태어나 가나에서 성장했다. 철학자이자 문화 이론가이며 소

설가인 애피아는 프린스턴 대학 철학과 및 〈인간 가치 센터〉 교수로 재직 중이다. 『정체성

윤리*Ethics of Identity*』와 『세계시민주의: 이방인 세계의 윤리*Cosmopolitanism: Ethics in a World*

of Strangers』, 『깊이 생각하기*Thinking It Through*』, 『윤리학의 배신*Experiments in Ethics*』 등 많

은 책을 썼다.

이곳저곳 애피아와 인터뷰할 장소로 어디가 좋을지 생각해 보았다. 애피아와 함께 그가 성장한 가나의 아샨티로 여행을 떠나는 건 어떨까 잠시 생각해 보기도 했다. 그러나 예산의 한계로 우리는 결국 아침 일찍 애피아가 도착할 토론토 피어슨 국제공항에서 만나기로 했다. 애피아는 세계시민주의를 강의하기 위해 토론토에 올 예정이었다. 세계시민주의는 우리 인터뷰의 주제기도 했다. 공항 터미널은 비교적 조용해 우리는 사람들의 시선을 의식하지 않고 걸을 수 있었다. 흥미롭게도, 공항 터미널의 문화적 다양성은 우리를 스쳐 지나간 여행객이 아니라 공항 직원들에게서 찾을 수 있었다. 공항 직원들은 마치 세계 전역에서 온 것 같았다.

테일러 우리는 세계시민주의라는 주제에 초점을 맞추기로 했죠. 당신은 적어도 두 차례에 걸쳐 이 주제로 책을 썼어요. 『이방인 세계의 윤리*Ethics in a World of Strangers*』와 『정체성 윤리*Ethics of Identity*』 말입니다. 여기서는 세계시민주의를 연구하게 된 이유, 그리고 세계시민주의를 둘러싼 쟁점을 더 폭넓게 이야기해 주면 좋겠어요.

애피아 우리가 한 종種으로 진화한 맥락과 세계화 시대라는 현실을 비교해 봤어요. 여러분이 현대의 삶을 살고 있다면, 공항을 거쳐 여행하고 있다면, 여러분은 정말 많은 사람들을 스쳐 지나가게 될 겁니다. 바로 거기서부터 이야기를 시작할 수 있죠. 몇 분 안에 당신은 우리의 먼 조상들 대부분이 평생 만났던 것보다 더 많은 사람을 스쳐 지나가게 될 겁니다. 그 많은 사람들조차 당신이 앞으로 만나게 될 사람들의 극히 일부분일 뿐이고요. 또 다른 공항으로 가면 다른 장소에서 다른 사람들을 만나게 될 테니까요.

우리는 진화 과정의 상당 부분을 백여 명 단위의 사람들과 무리지어 살아온 종입니다. 그런데 이제는 한 행성에서 60억 명, 70억 명, 80억 명의 사람들과 어떻게 함께 살아갈 것인지 생각해 봐야 하죠. 백여 명 단위의 작은 무리로 분할되지 않고 끊임없이 상호작용하는, 수억 명 단위로 늘 상호작용하는 수십억 명 말입니다. 현재 미국 인구는 3억 명입니다. 당신이 미국인이라면 당신은 이 3억 명과 사실상 관계를 맺고 있는 겁니다. 당신이 운이 좋아 중국인이 되었다면 곧 15억 명의 인구와 연결되는 거죠.

우리가 직면한 도전을 한번 극적으로 표현해 본 겁니다. 우리는 소수의 사람들과 얼굴을 맞대는 일에는 익숙하죠. 그렇게 만들어진 존재니까요. 우리는 자녀와 부모, 사촌, 친구들을 책임지는 방법을 알고 있죠. 그러나 이제는 동료 시민, 우리가 살고 있는 국가의 동료 시민과 세계의 동료 시민 모두를 책임져야 합니다. 어떻게 이 책임을 알 수 있나? 이게 문제죠.

"세계시민주의, 세계정부 없는 세계시민권"

먼저 세계화globalization에 대해 이야기할 필요가 있겠네요. 논쟁의 여지가 매우 많은 개념이니까요. 이 개념을 분명히 정의할 필요가 있을 것 같습니다.

'세계화'라는 말은 여러 과정을 묘사하는 데 사용되고 있습니다. 인간 종은 백여 명 정도 무리를 지어 주로 아프리카에 살았죠. 이런 종이 이제는 세계적인 종이 되었고요. 이게 바로 세계화의 과정 중 일부랍니다. 의견이 분분해서 정확히 알 수는 없지만 8만 년 전에서 12만 년 전 사이 어느 시점에선가 한 무리의 사람들이 아프리카를 떠나 아라비아 반도로 향합니다. 이들은 아프리카 바깥 지역에 있는 모든 현대인의 조상이 되지요. 그로부터 1만 년이 지나지 않아 오스트레일리아에도 사람들이 정착하게 됩니다. 그러니 어떤 의미에서 세계화는 지금까지 인간이 해 온 활동일 뿐입니다. 생물학적 시간이라는 관점에서 보면 우리는 매우 빠른 속도로 이동해 전 세계로 퍼진 겁니다.

한편으로 세계화는 경제적 과정, 즉 19세기에 일부 시작되었고 15세기부터 시작했다고 봐도 좋을 중요한 경제적 과정을 가리키는 데도 사용됩니다.

오늘날에 세계화는 주로 우리가 정보로 연결된 세상에 살고 있다는 사실을 가리키기 위해 사용됩니다. 내 조상은 아프리카에도 있고 유럽에도 있습니다.* 백 년 전만 해도 아프리카에 있는 우리 조상들에게 무슨 일이 생기더라도 유럽에 있는 조상들은 아주 오랜 시간이 지난 뒤에야 그 일에 대해 들을 수 있었죠. 현재 나는 나미비아와 나

---

* 애피아의 어머니는 영국인, 아버지는 가나인이다. 옮긴이

이지리아, 런던에 있는 조카들과 이메일을 주고받습니다. 가족 중 누군가 아프거나 사고를 당하더라도 어떤 일이 일어났는지 순식간에 알 수 있습니다. 우리 가족은 여러 나라에 흩어져 살고 있지만 그런 일이 생기면 즉시 알 수 있죠.

이 모든 걸 뒤섞지만 않는다면, 그 과정 하나하나를 세계화라고 부르는 게 잘못된 건 아닙니다. 나는 경제적 상호 연관성과 정보의 상호 연관성, 그리고 생물학적 상호 연관성이 커지는 그 모든 과정을 세계화라고 부릅니다. 여기서 생물학적 상호 연관성이란 종종 중국에서 나타나 불가피하게 미국을 비롯한 세계 전역으로 퍼져나가는 독감 바이러스에서 찾을 수 있는 연관성 같은 거죠. 이때 세계화는 오늘날 현실의 근간이 되는 사실이랄까요? 우리는 이런 사실에 대응할 용어가 필요합니다. 그래서 생각한 용어가 바로 세계시민주의입니다. 우리는 세계시민주의를 통해 세계화에 대응해야 합니다. 세계시민주의는 기원전 4세기에서 5세기 사이에 고안된 용어지만 오늘날 현실에도 아주 잘 어울리죠. 세계시민주의cosmopolitanism라는 말의 어원은 그리스어 코스무 폴리테스kosmou Polites고, 이 그리스어는 코스모스, 즉 '세계'의 시민을 의미합니다. 우리에게는 세계시민권global citizenship이라는 개념도 필요하죠.

단 하나의 세계정부, 즉 만인을 다스리는 통일된 권력이 존재한다는 맥락에서 세계시민을 이야기하는 게 아니라는 점을 분명히 밝힐 필요가 있는 것 같은데요?

맞아요. 누군가가, 우리는 세계시민이 되어야 한다고 말할 경우 사람들은 보통 이런 반응을 보입니다. "그러면 당신은 세계정부, 다시 말해 모든 권력을 어딘가에 집중시켜 모두를 단일한 통치 집단 아래에 두고 싶다는 건가요?" 그러나 내가 생각하는 훌륭한 세계시민이라면 누군가에게 전 세계를 맡긴다는 생각만 해도 치를 떨 겁니다.

스스로를 세계시민으로 칭한 첫 번째 인물은 모두가 알다시피 디오게네스*였지요. 디오게네스는 철저하게 반정부적이었습니다. 알렉산더 대왕은 디오게네스를 매우 존경했습니다. 알렉산더는 철학자들을 높이 평가했고, 자신이 아리스토텔레스의 제자기도 했죠. 알렉산더는 이 괴짜 친구를 딱 한 번 만났습니다. 디오게네스는 무슨 이유에선지는 모르지만 땅이 파인 구덩이에 있었고 알렉산더는 화창한 날 그를 내려다보고 서서 말했습니다. "철학자여, 당신을 위해 내가 해 줄 일이 있으면 말해 보시오." 이 말을 듣고 디오게네스는 "햇빛을 가리지 말라"고 했다죠. 알렉산더는 디오게네스의 열성팬이었지만 디오게네스는 알렉산더를 그렇게 좋아하지 않았던 모양입니다. 실제로 알렉산더는 이런 유명한 말을 남겼습니다. "내가 알렉산더만 아니었으면 디오게네스처럼 살고 싶었을 것이다." 그러니 알렉산더는 그날 과히 기분이 좋지 않았을 겁니다. 디오게네스가 자길 어떻게 생각하는지 알아 버렸으니까요.

나는 이 일화가 디오게네스의 평소 생각을 반영하고 있다고 봅니

---

* Diogenes, B. C. 400?년~B. C. 323년. 그리스의 견유학파 또는 키니코스 학파의 대표적인 철학자. 시노페의 디오게네스라고도 한다. 가난하지만 부끄러움이 없는 자족 생활을 실천했다. 옮긴이

다. 우리가 서로에 대해 도덕적 책임감을 갖는 방식은 도시국가인 폴리스의 구성원들이 가졌던 방식이어야지, 우리 위에 거대한 세계정부나 독재 군주를 두는 방식이어서는 안 된다는 거죠.

디오게네스에 대해 좀 더 알고 싶어요. 디오게네스는 철학자 중에서 가장 독특한 인격의 소유자였던 것 같네요.

디오게네스는 견유학파Cynicism의 창시자였죠. 당시 시니시즘이라는 말은 오늘날처럼 '냉소주의'를 의미하지 않았습니다. 가끔 학생들에게 이야기할 때마다 나는 '시니시즘'이라는 말은 미국 고등학교의 공식 이데올로기를 의미하지 않는다고 합니다.(웃음) 이 말은 디오게네스적 견해를 의미합니다. 디오게네스를 일컫는 견유학자Cynic라는 말은 퀴니코스kunikos라는 그리스어에서 나왔습니다. 퀴니코스는 '개를 닮은doglike'이라는 뜻이지요. 사람이라면 하지 못하고 개나 할 것 같은 다양한 행동을 디오게네스가 공공연하게 했기 때문입니다. 디오게네스는 인습이나 지역 관습에 얽매이지 말 것을 강조했습니다. 그러므로 디오게네스의 세계시민주의는…… (우리는 갑작스러운 안내방송 때문에 이야기를 잠시 멈췄다. "대기 중인 승객 여러분, 가방을 조심하시기 바랍니다. 낯선 사람에게 물건을 받지 마십시오.") 디오게네스가 말하는 세계시민주의, 즉 세계정부 없는 세계시민권이라는 개념은 스토아학파Stoicism가 이어받았습니다. 스토아학파는 견유학파를 계승했다고도 볼 수 있지요. 스토아주의는 로마제국의 엘리트 이데올로기가 됐습니다. 그리고 기독교가 시작됐죠. 나는 그 결과 스토아주의가 기독교에 스며들었다고 생각합니다. 물론 스토아주의는 기독교를 통해 이슬람교는 물론, 랍비파 유대교Rabbinic Judaism에도 스며들었습니다. 랍비파 유대교는 성전이 파괴된 시기*와 거의 같은 시기에 동로마제국에서 시작된 종교입니다. 그러니 유대교와 기독교, 이슬람교 등, 서구 세계의 모든 주요 종교는 세계시민권이라는 스토아 전통에 뿌리를 두고 있는 셈입니다.

로마 황제 마르쿠스 아우렐리우스Marcus Aurelius 같은 스토아학파의 위대한 철학자들을 생각해 보세요. 마르쿠스 아우렐리우스는 이렇게 말했습니다. "우리는 같은 세계시민이다." 아우렐리우스는 비록 황제기는 했지만 전 세계를 손에 넣겠다는 뜻으로 이런 말을 한 건 아닙니다. 일종의 정신적 유대를 말하고 있는 거죠. 즉, 정신적 유대를 통해 느낄 수 있는, 서로에 대한 도덕적 책임감에 대해 말하고 있는 겁니다. 마르쿠스 아우렐리우스는, 인간의 유대는 혈연으로 이루어지는 게 아니라 정신적인 거라고 했습니다. 약간 기독교적인 말처럼 들릴 수도 있습니다. 실제로도 그렇고요. 이런 사상들은 거의 같은 시기에 등장했으니까요. 바울이 "내게는 유대인도 그리스인도 다를 바 없다"**고 말했을 때는 이러한 세계 공동체에 공감하고 있는 겁니다. 기독교가 로마제국의 공식 이데올로기가 되면서 기독교의 일부가 된 스토아적 이상을 함축하고 있는 말이지요.

---

* 예루살렘 제2성전은 기원 후 70년 로마군에게 파괴되었다.
** "너희는 유대인이나 헬라인이나 종이나 자유인이나 남자나 여자나 다 그리스도 예수 안에서 하나이니라."(『갈라디아서』, 3장 28절)

"사람들은 편파적이며, 편파적일 권리가 있습니다"

사상가로서 당신은 극단적인 보편주의와 문화상대주의의 틈바구니에서 작업하고 있습니다. 보편주의와 문화상대주의의 차이점도 살펴봐야 할 것 같은데요. 그 전에 세계시민주의의 주요 요소들을 간단히 살펴볼 수 있을까요?

어렵지 않습니다. 우선 세계시민권이라는 비유에서부터 시작하죠. 세계시민권의 뜻은 이렇습니다. 우선, 우리는 시민으로서 서로에게 집단적 책임감을 가져야 합니다. 둘째, 세계시민은 사람들이 서로 달라도 좋다고 생각합니다. 세계시민주의자는 이 점에서 보편주의자와 구분됩니다. 보편주의자는 '모두'를 문제 삼죠. 반면 세계시민은 모든 사람에게 마음을 쓰지만 모든 사람이 똑같아지거나 자기들과 똑같아지길 바라기 때문에 마음을 쓰는 건 아닙니다.

특정 유형의 철학적 보편주의가 있습니다. 종종 선교 활동을 하는 종교와 연관되기도 하죠. 거기선 "우리는 만인을 사랑한다. 그러나 그들을 제대로 사랑하기 위해 그들이 우리와 같아지기를 원한다"고 말하죠. 독일에는 굉장한 속담이 있습니다. "내 형제가 되지 않겠다면 네 머리를 부수겠다." 이는 세계시민주의와 반대되죠. 보편주의자는 "나는 당신이 내 형제가 되길 바란다. 그러나 내가 원하는 형제가 되어야 한다"고 말합니다. 반면 세계시민은 "나는 비유적인 의미에서 당신의 형제, 당신의 동료 시민이고 싶다. 그러나 우리가 똑같아야 한다는 조건을 내세우지 않겠다"라고 합니다.

하지만 세계시민주의와 비슷한 종류의 보편주의도 있잖아요? 어떤 문화적 전통이나 집단에게도 특권을 부여하지 말라는 보편주의의 명령 말이에요. 이 명령은 모든 사람을 평등한 존재로 간주한다는 이상, 완전한 공정성이라는 이상, 심지어는 개인에게 집착하지 않는다는 이상도 장려하지요. 이런 보편주의는 어때요?

좋아요. 만약 당신이 '모두'를 문제 삼으면서 동시에 모든 사람에게는 서로 다를 권리가 있다고 생각한다면 그걸로 된 겁니다.

당신이 말하는 것처럼 세계시민주의라고 스스로를 칭하는 보편주의가 있기는 하죠. 이런 보편주의는 지나치게 엄격한 것 같아요. 세계시민주의적 보편주의는 당신이 지역에 대해 가지고 있는 애착들, 즉 당신의 뿌리이기도 한 당신의 가족과 공동체, 국가와의 관계가 모두 도덕적으로 임의적인 것이라고 말하거든요. 그에 따르면, 당신은 일차적으로 인간 자체에 책임이 있고 누군가를 특별히 좋아하거나 편애하는 것은 잘못이라는 점을 진심으로 인정해야 한다고 합니다. 철학의 오랜 전통이기도 하죠. 윌리엄 굿윈William Goodwin은 이 전통을 19세기 식으로 표현하고 있는데, 유명한 사례를 하나 들죠. 집에 불이 나서 무너지고 있는데 그 안에 훌륭한 인도주의자가 갇혀 있다는 사실을 알게 됐습니다. 그런데 당신의 아버지가 그 인도주의자의 하인입니다. 아버지와 훌륭한 인도주의자 중 누구를 구해야 할까요? 굿윈은, 훌륭한 인도주의자를 구하는 게 인류에게 더 좋기 때문에 그를 구해야 한다고 분명하게 말합니다.

굿윈의 견해는 우스꽝스럽습니다. 편파성, 즉 가족과 친구, 연인에게 애착을 갖는 것이 도덕적으로 적절하지 않다고 말하니까요. 사람들은 굿윈의 견해가 터무니없다고 생각했고, 심지어는 굿윈조차 그렇게 생각했습니다. 굿윈은 이렇게 말했습니다. "실제로 자기 아버지를 구해야 한다고 생각하지 않는 사람이 있다면, 당신이 그 사람을 신뢰하지 않는다고 해도 이해할 것이다." 따라서 내가 옹호하는 세계시민주의는 사람들이 편파적이며 편파적일 권리도 있다는 점을 인정합니다. 사람들에겐 모르는 사람과 자기 아내 중에서 누구를 구해야 할지 선택해야 할 때 아내와 낯선 사람의 도덕적 장점을 저울질하지 않아도 될 할 권리가 있습니다. 당신은 아내를 구해야 합니다! 당신의 자녀나 친구를 구해야 합니다. 그래야 해요.

우리는 당연히 가까운 사람에게 책임감을 더 많이 느낍니다. 그렇다고 우리에게 더 폭넓은 책임이 있으며 책임들 사이에 균형을 맞춰야 한다는 점을 부정하는 건 아닙니다. 바꿔 말하면, 우리에게는 만인에 대한 책임이 있으며 이 책임은 매우 근본적인 것이므로 우리는 되도록, 반드시 그 책임을 이행해야 합니다.

그 이야긴 다음에 하죠. 모든 사람에 대한 근본적 책임이 있다는 거요. 여기선 보편주의의 상대 개념인 문화상대주의를 건드려 보죠.

그럽시다. 문화상대주의는 모든 판단을 포기한 채 이방인과 세계를 열린 마음으로 받아들이겠다는 사람들의 시각에서 나옵니다. 문화상대주의는 이렇게 말합니다. "사람들이 무엇을 하고 싶어하든, 좋다. 나는 그들의 행위에 관심이 있고 호기심이 있다. 그러나 외부자인 나에게는, 그들이 하려는 행동을 도덕적으로나 윤리적으로 판단할 여지가 없다." 내 입장은 이런 입장과 분명히 구분됩니다. 세계시민이라면 범세계적 대화를 권장할 겁니다. 나는 인류가 참여하는 이 범세계적 대화에서 옳고 그름에 대한 생각을 교환해야 하며, 이는 매우 중요하고 전적으로 타당한 일이라고 생각합니다. 이런 일이 일종의 도덕적 보편주의를 낳는다고 생각하지 않습니다. 도덕적 보편주의는 합당한 삶의 방식이 다양할 수 있다는 사실을 고려하지 않습니다. 인간이 살아가는 방식 중 유일하게 선하거나 최선인 방식은 존재하지 않죠. 어떤 삶의 방식에서 무엇이 좋고 나쁜지 구별할 수 있으려면, 먼저 그 삶의 방식을 깊이 이해해야 합니다.

완벽하게 합당한 관찰이 문화상대주의를 낳을 때도 있어요. 인권에 대한 자유주의적 견해를 가진 고결한 도덕론자라면 다른 사회로 들어갈 경우 그 사회를 이해하기도 전에 즉시 판단을 내릴 겁니다. 그 사회에서 실제 어떤 일이 벌어지고 있는지 헤아려 보고, 사람들의 행위와 그 행위의 의미를 이해하고, 그 행위가 사회 구성원들의 생각과 삶에 실제로 어떤 영향을 주는지 살펴보기도 전에 말입니다. 그러나 그 사회에 참여하고 있고 위에서 언급한 문제들을 진정으로 헤아리고 이해한다면 당신이 대화 중에 이렇게 말하는 것은 아무 문제가 없습니다. "좋습니다. 나는 당신이 왜 그렇게 행동했는지 이해합니다. 그러나 거기에는 도덕적으로 받아들일 수 없는 부분이 있습니다." 또 이렇게도 말할 수 있죠. "우리는 대화를 나누고 있습니다. 그러니 당신은 왜 당신의 행동이 도덕적으로 부적절한 행위가 아니라고 생각하는지, 그 이유를 내게 말해 줄 수 있습니다. 당신이 보기에 내가 도덕적으로 옳지 않는 행동을 하고 있다면 당신도 내게 그렇다고 이야기할 수 있습니다."

우리는 범세계적 대화에서 도덕적인 질문을 던져야 합니다. 만약 옳은 답을 발견하게 된다면 같은 답변에 도달하겠죠. 그러나 그 옳은 답 중에는 이런 게 있을지도 모릅니다. "곳에 따라 다른 방식을 취해도 괜찮다."

미학에서는 모두가 인정하는 방식이죠. "음악에서 최선은 하나다. 19세기 고전적인 낭만파 음악이 아닌 다른 모든 음악은 비판받아 마땅하다"라고 생각하는 사람이 있다면 미친 사람 취급을 받을 겁니다. 중국 오페라를 듣고 "중국 오페라는 베르디의 오페라 같지 않기 때문에 문제다"라고 말하는 것은 어리석죠. 모든 사람은 중국 오페라도 훌륭할 수 있고 베르디도 훌륭할 수 있다는 걸 이해합니다.

"우리는 다르면서 같습니다"

구체적인 사례가 도움이 될 것 같아요. 책에서 제시한 사례를 들어도 좋고요. 가족을 조직하는 상이한 방식들에 대해서였나요?

지금까지는 매우 추상적이었습니다. 이제는 구체적으로 들어가 보죠. 나를 구체화하는 방식으로 구체적인 이야기를 할 수 있겠군요. 나는 두 가지 다른 가족적 배경을 가지고 있습니다.

우리 어머니는 영국 출신이고 아버지는 가나 출신입니다. 공교롭게도 내가 자란 가나의 경우 친족, 즉 가족은 영국과 다른 방식으로 조직됩니다. 가족이 기본적으로 모계에 의존한다는 점이 특히 다르죠. 인류학자가 말하는 모계사회인 셈입니다. 아이의 삶에서 가장 중요한 성인 남성은 아이 어머니의 남편, 즉 아이의 아버지가 아니라 아이 어머니의 형제, 그러니까 아이의 외삼촌입니다. 가나에서는 외삼촌을 워파wofa라고 부르죠.

나를 워파라고 부르는 아이들이 세상에 여덟 명이 있습니다. 남자 아이 두 명과 여자 아이 여섯 명, 모두 내 조카지요. 나는 그 아이들의 워파고 따라서 그 아이들의 교육을 책임져야 합니다. 누나와 누이는 나 말고 다른 남자 형제가 없기 때문에 전통에 따르자면 그렇습니다. 그 아이들에게 나쁜 일이 생기면 나는 그 아이들을 보살펴야 합니다. 물론 영국에서는 아버지가 있을 경우 그 일은 아버지 몫이죠. 외삼촌이 도움이 될 수도 있고 되지 않을 수도 있지만, 어쨌든 외삼촌이 일차 책임을 진다고 생각하는 일은 없을 겁니다. 우리가 한창 자랄 때 우리 아버지는 당신 누이 자녀들의 교육을 감독했습니다. 그 아이들의 성적표를 받는 사람은 아이들의 아버지가 아니라 우리 아버지였습니다. 내 말은, 그 아이들의 아버지는 아이들에게 관심이 있고 아이들을 사랑했지만 자기에게 일차 책임이 있다고 생각하지 않았다는 겁니다.

그러니 일차 책임을 지는 방식은 두 가지입니다. 자녀를 키워야 할 세대 간 책임을 조직하는 방식이 두 가지라는 얘기지요. 이 두 방식 모두 완벽하게 작동합니다. 여러분이 아샨티라는 삶의 맥락에 놓여 있다면 여러분은 워파입니다. 외삼촌입니다. 여러분에게는 의무가 있습니다. 그 의무는 여러분이 속한 사회가 그런 방식으로 조직되었다는 사실에서 옵니다. 마찬가지로, 여러분이 영국인 아버지라면 여러분은 영국식으로 조직된 사회, 즉 부계사회에 살고 있다는 사실에서 발생하는 의무를 짊어집니다.

이 둘 중 하나는 옳고 하나는 그르다고 믿는 보편주의자들이 있습니다. 나는 이렇게 믿습니다. 모계 제도에서 자녀를 잘 키우는 일이 매우 어렵다는 점을 보여 줄 수 있다고 합시다. 반대로 부계 제도 아래서 자녀를 잘 키우기가 어렵다는 점을 보여 줄 수 있다고 합시다. 어떤 경우든 그로 인해 촉발되는 논쟁은 어떤 제도를 다른 제도로 바꿔야 한다는 논쟁이 될 겁니다. 그러나 내가 아는 한, 어느 한 쪽이 더 우월하다는 사실을 입증할 만한 증거는 없습니다. 따라서 자녀를 키우는 방식에는 두 가지가 있습니다. 사회 구성원들이 자기가 해야 할 일을 하는 한, 어떤 제도가 다른 제도보다 더 낫다거나 어떤 이유로든 한 가지 방식으로 보편화되어야 한다고 주장하는 건 부당합니다. 그러니까 양육을 책임질 사람, 어머니 말고도 아이에 대한 일차적인 책임을 질 사람, 남성 친척이 할 수 있는 방식으로 양육에 기여하는 사람이 분명하게 정해져 있다면 그런 주장은 부당하다는 말이지요.

그러면 당신은 부계 사회 출신의 어머니와 모계사회 출신의 아버지 사이에서 자랐군요. 대단히 이례적이네요. 흥미로운 가족사군요.

외가는 영국 서부, 옥스퍼드와 글로체스터 경계 지역에 자리를 잡았습니다. 외할아버지와 외할머니는 어머니가 자랄 당시 그 작은 마을에 사는 어떤 사람들보다 세상에 더 열려 있었던 것 같습니다. 다른 대륙 출신의 사람들과도 친분이 있었지요. 많은 영국인이 그들의 존재조차 모르고 있을 때 말입니다.

네루는 우리 영국인 외할아버지의 친구였고, 인디라 간디는 어머니가 소녀였을 때 외가에서 어머니와 같이 놀았습니다.* 외할아버지와 어머니는 그 누구보다 개방적이었죠. 2차 세계대전이 끝나고 어머니는 여행을 많이 했어요. 어머니 성정에 별로 놀라운 일은 아닙니다. 어머니는 외할아버지가 영국 대사로 있을 때 한동안 모스크바에서 지내기도 했습니다. 2차 세계대전 뒤에는 여행 말고 콜린 턴불 Colin Turnbull이라는 사람의 비서로도 일했고요. 콜린 턴불은 〈인종 통합Racial Unity〉이라는 단체를 운영하고 있었지요. 그 단체는 식민지 출신, 즉 아프리카와 아시아 출신 학생들이 영국에서 겪는 인종차별 문제를 다루고 있었습니다. 〈인종 통합〉에서 턴불과 일하다가 어머니는 런던 소재 〈서아프리카 학생 연맹〉의 회장을 만났습니다. 그 회장이 가나 사람인 우리 아버지였습니다. 아버지는 법을 공부하며 가나 독립을 선동하고 있었습니다. 일요일이면 아버지는 하이드파크 코너로 가서 영국인을 상대로 연설을 했죠. 민주주의를 위해 나치에 맞서 싸운 영국인이 왜 식민지에는 민주주의를 도입하지 않느냐는 내용이었지요.

부모님은 그렇게 만났습니다. 두 사람이 어떻게 만났고 어떤 계기

---

* 자와할랄 네루Jawaharlal Nehru는 식민지 인도에서 간디와 더불어 반영 독립 투쟁을 전개한 정치가로 인도의 초대 총리가 된다. 딸인 인디라 간디Indira Gandhi 역시 훗날 총리 자리에 오른다. 옮긴이

로 가까워졌는지에 대해서는 누구도 정확하게 말해 주지 않아서 잘 모릅니다. 아버지는 어머니 엉덩이가 영국인답지 않게 아름답고 아프리카 사람의 엉덩이 같아 매력을 느꼈다는 이야기를 하곤 했죠. 어쨌든 우리 부모님은 만나 서로 사랑하게 됐습니다. 어머니는 외할머니를 만나 말했죠. 외할아버지는 당시 투병 중이었어요. 어머니는 외할머니에게 "이 아프리카 사람과 결혼하고 싶은 것 같아요"라고 말했답니다. 그러자 외할머니는 "골드코스트*에서 온 사람과 결혼할 거라면 거기 가서 살기 전에 먼저 그곳 생활이 어떤지 직접 가서 알아보는 게 좋겠구나"라고 했습니다.

그 말을 듣고 어머니는 골드코스트로 가서 친가 사람들을 만났습니다. 외할아버지는 영국 장관까지 지낸 사람이었기 때문에 사람들은 다들 이상하게 생각했죠. 최근에 세상을 떠난 영국 장관의 딸이 왜 제국주의에 반대하는 이런 선동가들, 즉 우리 아버지나 그 친구들과 같이 여행을 하는지 아무도 이해하지 못했습니다. 그 친구 중에는, 나중에 가나의 초대 총리와 대통령을 지낸 콰메 은크루마** 같은 사람들도 있었습니다. 그러나 골드코스트에 도착하자마자 제대로 찾아왔다고 생각했답니다. 어머니는 곧 그곳을 좋아하게 됐죠. 집으로

---

* Gold Coast, 서아프리가 기니만 연안을 말하며 당시 여러 국가의 식민지로 분할 점령되다가 뒤에 가나로 독립하게 된 지역. 옮긴이
** Kwame Nkrumah, 1909년~1972년. 가나의 정치가. 영국 유학 시절 서아프리카 민족 운동을 지도했으며 가나(당시 골드코스트)로 돌아간 뒤에도 반제국주의, 반영 활동을 벌이다 여러 차례 투옥됐다. 옥중 출마로 1952년 골드코스트 총리로 선출되었고, 1960년 가나 독립 후 초대 대통령을 지냈으나 1966년 베이징 체류 중에 일어난 군사 쿠데타로 실각하여 기니로 망명, 1972년 루마니아에서 사망했다. 옮긴이

돌아가서는 외할머니에게 "사는 곳 때문이라면 문제없을 것 같아요" 라고 말했다는군요.

우리 가족은 이렇게 시작됐습니다. 나는 부모님이 런던에 머물고 있을 때 태어났지만 여동생들은 모두 가나에서 태어났습니다. 우리 식구는 내가 한 살 때 가나로 돌아갔습니다. 아버지의 고향인 쿠마 시는 도처에서 많은 사람들이 모여드는 곳이었습니다. 쿠마 시는 아샨티 제국*의 수도였지요. 아프리카의 다른 지역에서 온 사람들, 레바논이나 시리아 같은 중동에서 온 사람들, 인도 사람, 인도 상인들까지 다양한 사람들이 그곳에 모여들었습니다. 쿠마 시는 다양한 인종이 섞여 사는 곳이었고 그래서 좋았습니다. 그곳에서는 모든 사람을 환영했습니다.

이 모든 사람들이 섞여 산 결과 나는 레바논 사람을 고모부로 두기도 했습니다. 덕분에 어린 시절 라마단 기간 동안 축제의 기쁨을 맛보기도 했지요. 낮에는 단식을 하다가도 밤이 되면 잔치가 벌어졌답니다! 라마단이 끝나면 아이드 알-피트르**가 이어집니다. 엄청난 잔치에, 음식에, 레바논 사람들이 노는 방식까지, 정말 볼 만합니다. 레바논 고모부를 둔 덕택에 내게는 절반은 레바논 피가 섞인 사

---

* Ashanti Empire, 17세기 말에서 20세기 초까지 서아프리카 가나의 삼림 지대에 아샨티족의 부족국가들이 모여 세운 왕국. 1874년 영국의 식민지가 되었고 가나 독립과 동시에 가나의 한 주로 통합됐다. 수도 쿠마 시는 현재 가나 제2의 도시. 옮긴이

** Eid al-Fitr, 라마단은 예언자 모하메드가 알라에게 계시를 받은 것을 기념하기 위한 기간으로 이슬람력으로 9월 한 달 간 해가 떠서 질 때까지 엄격한 단식과 금욕을 요한다. 한 달의 단식이 끝나면 이슬람 교도들은 이슬람력으로 10월 첫째 날부터 보통 나흘 간 연휴를 즐기게 되는데 이 기간을 '아이드 알-피트르'라 부르며 맛있는 음식과 선물을 주고받는다. 옮긴이

촌들이 있습니다. 내 큰 여동생은 노르웨이 사람과 결혼했고 가운데 여동생은 나이지리아 사람과 결혼했습니다. 막내 여동생은 포르투갈 사람을 포함해 많은 사람과 계속 결혼했죠. 그중 몇 사람은 가나 출신이고 한 사람은 말레이시아 피가 섞여 있는 등, 여러 지역에서 온 사람들과 결혼했습니다. 덕분에 나는 나라별로 다양한 상당히 많은 처남과 전 처남을 갖게 됐죠. 외가 쪽도 만만치 않습니다. 말했듯이 영국인 외할아버지와 외할머니는 편협한 사람이 아니었죠. 영국인 사촌 한 명은 타이에 살면서 타이 사람과 결혼했고 한 명은 케냐 사람과 결혼했습니다. 참, 미국인과 결혼하는 실수를 저지른 사람도 몇 명 있습니다.(웃음) 프랑스인 사촌들도 있고요. 그중에는 유대교도도 있고 기독교도도 있습니다. 이처럼 다양한 사람들이 섞여있는 우리 가족은 정말 흥미로운 집단입니다. 이런 가족이 있다는 건 즐거운 일이에요. 친척집을 방문하기만 해도 정말 많은 것을 배울 수 있으니까요.

이것이 우리 가족의 배경입니다. 다양한 장소와 연결되어 있는 많은 사람들과 가족으로 연결될 수 있다는 건 분명 특권입니다. 그러나 오늘날에는 이런 가족이 점점 일반화되고 있어요.

어떤 책에선가 "다양한 문화적 전통을 이해하는 일은 일종의 도전"이라고 말했죠? 심지어는 전혀 해가 될 게 없어 보이는 문화라 해도 말이지요. 파괴적인 문화적 갈등을 피할 수 있는 방법을 묻는다면 이처럼 상이한 문화적 전통을 이해하는 작업이 중요하다고 말할 것 같은데요……

물론입니다. 오늘날 사람들이 늘 입에 달고 다니는 이야기 중 하나가 문화를 가로지를 때 나타나는 가치 충돌이죠. 종종 사람들은 이런 갈등은 해결할 수 없을 뿐 아니라 세상 모든 어려움의 뿌리라고도 말합니다.

이런 생각이 야기하는 모든 문제를 풀어내려면 우선, 사람들이 지침으로 삼고 있는 가치관이 엄청나게 다양하다는 사실을 인정해야 합니다. 일부 가치는 매우 지역적이고 특수하므로, 한동안 그 가치가 지배하는 곳에서 살아 보기 전에는 이해하기 어렵죠. 금기를 예로 들어 봅시다. 지역에 따라 먹을 수 있는 것과 없는 것을 구분해 놓은 매우 구체적인 금기가 있어요. 여러분은 이 금기를 배워야 합니다. 처음에는 이런 금기가 말도 안 된다고 생각할 수 있습니다. 그러나 그게 그들이 사는 방식입니다. 사람들이 음식에 대해 금기를 가질 수 있다는 점은 모두들 이해해요. 그러면 그 수준에서 그들을 이해하세요. 예절을 생각해 보세요. 다른 지역에서 일들이 어떻게 굴러가는지를 이해하려면 먼저 그 지역에서 좋은 예절이 무엇인지를 알아야 합니다. 그러면 그곳에서 정중하다고 평가받는 행동이 무엇인지를 인식할 수 있게 되는 거죠. 중요한 것은 정중함입니다. 편견을 가진 사람들이 여러분을 낯설어 하거나 심지어 미쳤다고 손가락질하더라도 말입니다.

내가 자란 곳에서는 누구에게든 왼손으로 무언가를 주는 일이 없죠. 누군가에게 왼손으로 물건을 건네주는 것은 매우 무례한 일입니다. 만약 여러분이 이런 규칙이 없는 곳에서 왔다면, 왼손으로 물건을 건네는 게 무례한 일이라는 사실을 알 때까지 사람들을 모욕하게 될 겁니다. 아샨티 사람들은 대단한 세계시민입니다. 자기들의 규칙이 다른 사람에게는 규칙이 아닐 수 있다는 사실을 잘 알죠. 아샨티 사람들은 여러분이 자기를 모욕하려 했다고 생각하지 않을 겁니다. 그저 여러분이 제대로 교육을 받지 못해 무지한 것일 뿐이라고 생각해 여러분을 용서할 겁니다.(웃음) 다시 말하지만 여러분이 쟁점으로 삼아야 할 것은 정중함입니다. 당신이 설령 정중한 행동이 무엇인가에 대해 전혀 다른 개념을 가지고 있다 하더라도 말이죠.

이건 금기를 이해하는 중간 기착지에 불과합니다. 그 너머에는 이해하기 상당히 어려운 심각한 금기가 있을 수 있습니다. 여러분은 고양이 고기를 먹지 말아야 한다고 생각하는 사람들, 개고기나 말고기를 먹어서는 안 된다고 생각하는 사람들을 이해할 수 있습니다. 아샨티의 특정 종교 집단 사람들은 수요일에는 고추를 먹지 말아야 한다는 오래된 금기를 가지고 있죠. 알다시피 이런 금기는 그냥 그러려니 하고 받아들여야 할 것 같습니다. 이해할 수 없기 때문이죠. 대체 그런 금기를 지키는 것이 분별 있는 행동이라고 생각이나 할 수 있겠습니까? 그 금기가 살면서 지켜야 할 가치이며 지침으로 삼을 만한 가치라고 생각할 수 있겠어요? 그럼에도 그렇게 생각하는 사람들이 있다는 거죠. 그러니 여러분은 그 금기를 받아들여야 합니다. 정중함은 금기보다는 받아들이기 쉽습니다. 모든 문화에는 정중함이라는 개념이 있기 때문입니다. 가치의 경우도 마찬가지죠. 예컨대 불필요한 잔혹성 같은 것은 매우 보편적인 금기입니다. 민족지적 기록을 보면 불필요한 잔혹성이 꼭 나쁜 것만은 아니라고 보는 문화도 일부 있습니다. 그러나 일반적으로 대부분의 지역에서는 강력한 보편적 가치를 공유하고 있습니다. 사람들은 점점 더 많은 가치를 공유해 가는 것 같습니다. 과거에는 이 정도는 아니었지요. 덕분에 인권 개념은 강력한 세계적 개념이 될 수 있었습니다.

매우 다양한 가치가 존재하며 우리는 그 가치 대부분을 인정할 수 있습니다. 우리 모두는 같은 인간 종이며 이른바 도덕적 본성을 공유하고 있기 때문입니다. 우리는 서로 다릅니다. 세계시민은, 우리는 서로 다를 권리가 있고, 사람들이 서로 다르다는 것을 예측할 수 있으며, 사람들은 특정 방식으로 서로 달라야 한다고 생각합니다. 동시에 세계시민은 우리가 도덕적 본성을 공유하고 있다고 생각합니다. 그러니 당신이 아무리 멀리 떨어진 곳에서 새 출발을 하더라도 결국 다른 무리의 사람들과 어울릴 수 있을 겁니다. 인류학자들이 어디서나 발견하는 사실이죠. 즉 사람들은 다른 지역의 사람들이 무엇을 하며 무슨 일에 신경을 쓰는지, 그리고 어떤 일이 벌어지고 있는지를 천천히 이해하게 됩니다. 여러분이 간절히 바랄 경우 이 이해는 더 빨라집니다. 그들이 여러분을 돕는다면 여러분은 배울 수 있습니다. 배울 수 있는 이유는 여러분이 그들과 인간성을 공유하고 있기 때문이고요. 비트겐슈타인은 설혹 사자가 말을 할 수 있다고 해도 우리는 그 말을 이해하지 못할 거라는 유명한 말을 했습니다. 인간이 아닌 동물은 다른 본성을 가지고 있기 때문에 인간과는 동일성이나 근본적인 공통성이라는 배경을 공유하지 못하고 있다는 말입니다. 그러나 인간의 경우에는 삶의 방식이 아무리 다르게 보일지라도 늘 같은 배경을 공유하고 있습니다.

"합당한 차이가 있는 이방인과
세상을 공유하기"

고대 문화는 현대 문화와 아주 다르지만 고대 문화의 많은 지혜가 여전히 시의적절하고 통찰력 있게 다가오는 이유도 우리가 같은 배경을 공유하고 있기 때문인 것 같아요. 이런 대화를 가능하게 한 디오게네스는 2천4백여 년 전에 태어났지만 그의 도발적인 말은 지금도 여전히 유의미합니다. 디오게네스의 독특한 지성을 보여 주는 증거인 동시에 우리가 공유한 공통성이 낳은 결과이기도 하죠. 이쯤에서 '가치'를 다뤄 보고 싶군요. 가치를 우리가 공유한 공통성에 뿌리를 둔, 시간과 문화를 초월한 보편적인 것으로 봐도 될까요? 이건 가치를 너무 거창하게 보는 건가요?

많은 가치는 기본적으로 실용적인 거죠. 도덕적 가치도 마찬가지고요. 가치는 우리의 행동을 형성합니다. 우리가 별다른 합리적 근거 없이 취하곤 하는 행동을 형성하는 거죠. 따라서 사람들은 종종 마땅히 해야 하는 행동이 무엇인지에 대해 동의할 수 있습니다. 정교하거나 훌륭한 이유도 필요하지 않지요. 인간은 합리적인 존재입니다. 당신이 요구한다면 그들은 왜 그런 행동을 해야 하는지, 그 이유를 당신에게 말해 줄 겁니다. 그러나 그들이 말하는 이유는 나중에 만들어 낸 이야기입니다. 그 전에는 아이를 구해야 한다는 생각만 하는 거죠. 당신이 아이를 구해야 하는 이유를 묻는다면 물론 그들은 무엇인가 이야기를 해 줄 겁니다. 하지만 결국 그 이야기는 실용적인 확신일 뿐입니다. 이 확신이야말로 그들이 보인 반응의 핵심에 자리하고 있는 것이며 나머지는 그저 겉치레일 뿐이죠.

철학은 우리가 취해야 하는 행동의 근거를 합리적으로 설명해 주려 합니다. 이는 모든 인간이 하는 일이기도 하죠. 모든 인간은 마땅히 그래야 한다고 강하게 느끼는 일이 있으면 사후에 그것을 합리화합니다. 철학은 이런 합리화에 특히 능숙합니다. 그럼에도 우리의 도덕관과 실제로 일치하는, 예외 없는 일반화에 이르는 길은 참으로 어렵습니다. 공리주의 같은 견해가 지닌 매력 가운데 하나는, 모든 질문에 단순하게 대답한다는 겁니다. 공리주의는 행동을 결정하기 위해 필요한 게 무엇인지 알려 줄 때 단일한 처방에만 의존합니다. 공리주의의 문제는 종종 대부분의 사람들이 해서는 안 된다고 생각하는 행동을 해야 한다고 말한다는 거죠.

가치가 실용적인 목적을 갖는다면, 사람들이 그 가치가 실용적일 거라는 확신을 가지고 실용적이라는 데 동의하는 게 중요하겠죠. 많은 경우 우리는 아이를 구해야 하는 이유를 이론적으로 증명할 필요가 없어요. 우리는 그저 강에 뛰어들어 아이를 구하면 되죠.

우리는 종종 사회 안팎에서 마땅히 해야 할 행동을 둘러싸고 의견이 일치하지 않는 경험을 합니다. 이 경우 우리는 논증의 구조, 합리화의 구조를 이용해 합의에 도달하려고 노력할 수 있습니다. 이런 노력은 성공할 수 있어요. 그러나 그런 대화, 즉 이유를 교환하는 대화를 하다 보면 여러분은 마땅히 해야 하는 행동을 둘러싸고 나타나는 불일치의 근거는 종종 가치의 차이에 있지 않다는 점을 발견하게 될 겁니다. 예를 들어 우리가 생각하기에 아이들에게 나쁜 행동을 하는 사람이 있다고 합시다. 그들이 그러는 이유는 그 행동이 아이들에게 좋다고 생각하기 때문이고요. 그런 사람들은 깨끗해 보이지만 사실은 박테리아가 우글거리는 물을 먹인다면 아이들이 고통을 겪을 거라는 점을 알지 못합니다. 다시 말해, 사람들이 아이들에게 오염된 물을 계속 먹이는 이유는 아이들에게 고통을 주고 싶어서가 아닙니다. 그 물이 아이들을 아프게 할 거라고 생각할 이유가 없기 때문이죠. 따라서 여러분은 사람들을 설득해야 합니다. 사람들에게, 그들이 믿는 물 때문에 벌어지게 될 일에 대해 이야기를 해줘야 합니다. 그러면 사람들은 물을 끓여 먹을 겁니다. 바로 여러분이 원하는 일을 하겠죠. 가치의 불일치가 아니죠. 아이의 생명이 지닌 가치에 대한 불일치가 아닙니다. 단지 벌어지고 있는 일을 오해하고 있을 뿐이죠.

실제로 마땅히 해야 할 일을 둘러싼 불일치를 조사해 보면 그런 불일치가 왜 벌어지게 됐는지를 설명해 주는 온갖 배경적 사실을 발견할 수 있습니다. 가치들 사이에 해결할 수 없는 깊은 갈등이 있기 때문에 불일치가 발생하는 경우는 많지 않죠. 가끔은 그럴 때도 있지요. 우리가 합당한 차이가 있는 이방인들과 세상을 공유하려면 안고 가야 하는 것 가운데 하나가 이러한 가치 간의 갈등입니다. 한편으로 우리는 이 이방인들의 '차이'가 합당하지 않다고 생각할 수도 있습니다. 이방인과 만날 경우 우리는 현실적인 문제에 부딪치게 됩니다. "어떻게 해야 하는가?" 이 문제의 답은 상황이라는 특수한 사실에 달려 있습니다. "그 행동은 얼마나 나쁜가? 그 행동을 중단하게 할 수 있는가? 그들을 존중하면서도 그 행동을 중단하게 할 수 있는가?" 만약 그들의 행동이 명백하게 나쁜 거라면 우리는 그들을 존중하지 않고도 간섭할 수 있습니다. 그들 때문에 피해를 받는 제삼자를 보호해야 하기 때문이죠. 따라서 질문은 복잡할 수밖에 없습니다. "심각한 불일치가 있다는 사실을 인정한 다음에는 실제로 어떻게 해야 하는가?" 그러나 요점은, 세상에 나타나는 대부분의 불일치는 그다지 복잡하지 않다는 겁니다. 우리는 우리의 불일치가 어디에서 오는지 알아보기 위해 제대로 된 대화 한 번 가져본 적이 없어요. 앞서 말했듯, 이는 부분적으로 우리가 가치에 헌신하는 이유가 이론적이라기보다는 실천적인 데 있고 그러한 헌신을 정당화하는 우리의 말은 대부분은 일종의 합리화이기 때문입니다.

그러면 행동을 하고 난 뒤에 합리화하지 않고 처음부터 더 합리적으로 행동한다면 우리가 더 나은 인간이 될까요?

일종의 순수한 합리적 도덕성의 인도를 받으면 우리가 더 나은 종이 되냐고요? 잘 모르겠습니다. 인간 종이란 그런 식으로 형성된 종이 아닌 것 같습니다. 중요한 것은 인간의 도덕적 반응을 형성하는 데 직관과 감정이 핵심적인 역할을 한다는 거죠. 따라서 더 순수하고 합리적 존재가 된다는 것은 인간이 아닌 다른 무언가가 된다는 뜻이죠. 〈스타트랙〉의 스팍*이 인간이 아닌 것처럼요.

인간이 좀 더 이성적인 존재가 되기를 바라지 않나요? 다른 많은

---

* Spock, 영화 〈스타트랙〉의 등장인물. 발칸인 아버지와 지구인 어머니 사이에서 태어난 혼혈인으로 감정 표현을 억제하고 논리를 중시하는 인물이다. 옮긴이

철학자들은 그렇게 되길 바라는 것 같은데요.

　사람들이 철저하게 합리적 도덕성의 인도를 받는다는 생각을 반기지도, 그렇게 되기를 기대하지도 않는다고 이성에 반대하는 건 아니죠. 철학자가 이성과 추론에 전적으로 반대할 수는 없지요. 함께 추론할 수 있고 합리적인 합의에 도달할 수 있다면 뭐가 문제겠어요? 그럴 수 있다면 대단한 일입니다. 나는 단지, 우리는 합리적 합의가 없이도 함께 살아갈 수 있다는 점을 지적하려던 것뿐입니다. 우리가 그렇게 할 수 있는 이유는, 어떤 사안을 다양한 이론으로 설명하더라도 어떤 행동을 취하느냐에 대해선 동의할 수 있기 때문입니다. 여러분 모두 오염은 나쁘고 죽음도 나쁘다는 데 동의하죠. 인간이 아닌 어떤 종이라도 이에 동의할 겁니다. 비교적 논쟁의 여지가 없지요. 그리고 오염과 죽음을 피하기 위해 우리가 할 수 있는 일을 해야 한다는 점은 논쟁의 여지가 없습니다.

　나는 이성을 존중합니다. 단, 이성이 실제 삶에서 유일무이하게 중요한 건 아니라는 점을 인정하는 한에서 이성을 존중합니다. 사실 인간성은 이성이 실제 삶에서 유일무이하게 중요한 게 아니라는 점을 깨달았을 때 비로소 조화를 이룰 수 있습니다.

" 어떤 삶을 공유해야 하는가"

질문을 조금 바꿔서 가치에 대해 묻고 싶어요. 가치란 정확히 뭘까요? 힐러리 퍼트넘*은 가치란 "머리에" 있는 것이라고 말했죠. 가치란 단지 파란색보다 분홍색을 좋아하는 것 같은 개인적인 선호일 뿐인지, 아니면 선호를 넘어 선 곳에 있는 것인지 궁금합니다.

많은 현대인이, 몇몇 철학자들이 실증주의적 그림positivist picture이라고 부르는 것에 사로잡혀 있는 것 같습니다. 당신이 힌트를 준 것처럼 말이죠. 실증주의적 그림에 따르면, 가치를 이야기할 때 우리는 사실 우리가 좋아하는 것에 대해 이야기하고 있을 뿐이죠. 우리의 욕구와 정념, 감정을 표현하고 있을 뿐입니다. 따라서 가치는 상이한 사람들의 "머리에" 있는 것이고, 사람들은 서로 다르므로 가치도 서로 다릅니다. 이는 그 즉시 일종의 상대주의를 낳습니다. 이 상대주의는 개인 이외의 판단 기준은 없다고 말합니다. 따라서 개인이 아닌 다른 판단 기준에 따르는 대화도 있을 수 없지요. 우리 모두가 구속받는 판단 기준이나 책임을 져야 하는 기준이 없기 때문입니다. 나는 내가 바라는 것을 말하고 당신은 당신이 바라는 것을 말할 뿐이죠. 이것이 토론의 목적입니다.

이런 상대주의적 견해는 문제가 있어요. 도덕 언어는 우리가 어떤 삶을 공유해야 하는가에 대한 지침을 제공해 주는 것이니까요. 함께 공동체를 일구며 살아가는 존재로서, 우리에게는 도덕 언어가 필요합니다. 우리는 해야 할 일에 대한 합의에 이르기 위해 도덕 언어를 사용합니다. 도덕 언어는 바깥 세상에 있는 셈입니다. 도덕 언어는 공공의 실천, 즉 공적인 것입니다. 그저 자기 안의 감정을 줄줄이 표현

---

* Hilary Putnam, 1926년~ . 1960년대 이래 분석철학, 특히 심리 철학과 언어 철학, 수리 철학과 과학 철학에서 많은 업적을 쌓았다. 하버드 대학 철학과 명예교수. 옮긴이

하는 게 아니라는 말이지요. 도덕 언어는 공적인 규제를 목적으로 하는 공공의 실천입니다. 따라서 도덕성은 대화를 요구합니다. 이는 유인원에게 도덕성이 없는 이유기도 하지요. 도덕성은 상징 교환을 통해서, 대화를 통해서, 그리고 사물에 대해 말할 때 공유된 어휘를 사용함으로써, 집단적 삶을 형성하는 일과 관련이 있기 때문입니다. 우리는 잔인함이 무엇인지를 규정하고 이해할 수 있는 어휘를 가지고 있으며 따라서 무엇이 잔인한지 알 수 있습니다. 우리는 잔인함이 나쁘다는 사실을 집단적으로 인지하며 어떤 행동을 해서는 안 되는 이유를 제시할 때, 이 "잔인하다"라는 단어를 쓸 수 있습니다.

이러한 교환과 대화, 그리고 공유된 어휘의 사용은 공유할 수 있는 도덕 가치를 만들어 내는 공적 실천입니다. 물론 공적 실천에서도 우리는 모두 자기 감정을 개입시킵니다. 잔인함이 왜 잘못됐는지 추상적으로만 이해하고 본능적으로 잔인함에 혐오감을 갖지 않는 사람은 도덕적으로 잘못된 사람이죠. 우리의 감성은 분명 바른 도덕 견해와 일치해야 합니다. 나는 이 점을 부인하지 않습니다. 단지, 그렇다고 해서 도덕 견해가 단순히 사적 감정을 표현하는 것은 아니라는 점을 말하고 있는 겁니다.

과학에서 더 강력한 사례를 발견할 수 있을 것 같아요. 과학적 상대주의를 말하는 사람은 거의 없으니까요. 기후변화에 대한 대중의 생각에 혼란을 심어 주려는 정치가나 기업 엘리트를 제외하면 말이죠.

맞아요. 그 문제에 대해 얘기해 봐도 좋겠네요. 많은 사람들이 도덕적 상대주의에는 끔찍할 정도로 유혹을 느끼면서 물리학이나 화학,

생물학에 대해서는 그런 유혹을 거의 느끼지 않지요. 말했듯이, 나는 두 지역에서 자랐습니다. 한 지역 사람들은 마법을 실제로 믿었고 지금도 믿고 있죠. 나쁜 일이 일어나면 그곳 사람들은 선한 마법을 행하는 사람을 찾아가는 것으로 문제를 해결하려 합니다. 우리 가족의 경우에도 아버지가 세상을 떠난 뒤로 일이 계속 잘 풀리지 않았어요. 가족 중 일부는 이걸 영적인 문제로 생각하고 이슬람의 '설법을 전하는 자malaam malaam'를 찾아가 흰 양을 한 마리 잡았습니다. 서구 사람이라면 터무니없는 믿음이며 지금이라도 당장 버려야 할 구습이라고 생각할 겁니다. 내 생각도 그렇습니다. 나쁜 일을 막겠다고 양을 잡는 건 좋은 방법이 아니라는 데 동의합니다. 그러나 양을 잡는다고 그 사람들이 유달리 비합리적인 사람이라고 생각하지는 않습니다.

이렇게 한 번 생각해 봅시다. 어떤 문제가 발생했을 때 뉴욕에 사는 사람들은 그 문제에 어떻게 대처하나요? 예컨대 몸이 좀 안 좋다고 느낄 때, 몸이 아프다고 느낄 때 뉴욕 사람들은 어떤 말을 합니까? 바이러스에 대해 말하죠. 그러나 그들이 바이러스에 대해 잘 알고 있을까요? 대부분의 사람들은 그 기반이 되는 생물학에 대해 아는 것이 거의 없습니다. 사람들이 바이러스를 운운하는 이유는 단지 의사들이 "이런, 바이러스에 감염되셨군요"하고 말하기 때문입니다. 그러나 대다수 과학자들조차도 당신에게 바이러스에 감염되었다는 증거가 무엇인지 알려 주지 못할 겁니다. 우리 사회에서 사람들 대부분은 다른 지역 사람들이 마법을 적용하듯 과학을 적용합니다. 즉, 사람들은 사회가 제시하는 그대로 받아들여 적용합니다. 그러다 보면 그 방법이 효과가 있는 것처럼 보입니다. 누군가 당신이 바이러스에 감염되었고 며칠 내로 괜찮아질 거라고 말하죠. 당신은 정말로 며칠 지나지 않아 몸이 좋아집니다. 누군가 당신은 마법 때문에 고통을 당하는 거니까 양을 잡으면 좋아질 거라고 말하죠. 그러면 당신은 정말 며칠 지나지 않아 좋아집니다. 두 경우 모두 증거가 없기는 마찬가지에요.

지금 내가 상대주의자라고 말하는 게 아닙니다. 바이러스가 있든 없든, 나는 전적으로 객관적일 수 있는 질문을 던집니다. 나는 우리 서구인들이 지금처럼 자신들의 견해가 정확하다는 사실에 만족할 자격이 없다고 말하고 있는 겁니다. 우리는 다른 지역 사람들보다 합리적이지도, 이성적이지도 않기 때문입니다. 우리는 다른 누군가가 우리에게 말해 준 구태의연한 이유를 근거로 우리가 믿는 대부분의 것들을 그대로 받아들입니다. 세상 사람 모두 마찬가지입니다. 여기서 세계시민주의적 대화가 가진 가치를 한 가지 발견할 수 있습니다. 일련의 이야기를 들은 사람들이 다른 일련의 이야기를 들은 사람들과 만나 자신이 들은 것이 옳지 않을 수도 있다는 사실을 받아들이게 되는 거죠. 이를 통해 한 발 앞으로 나아갈 수 있습니다.

마술로 불행에 대처할 수 있다는 믿음은 많은 곳에서 다른 방식에 밀려나고 있습니다. 일부 지역에서는 전통 치료법이 사라지고 있습니다. 다른 지역의 또 다른 전통 치료법은 실제로 효과적이라는 사실이 과학적으로 증명되면서 과학적 치료법과 같은 취급을 받는 경우도 있죠.

(우리는 자리를 옮겨 공항 내 다른 터미널에서 인터뷰를 계속하기로 했다.

그 전에 우선 터미널의 중앙 홀에서 컷어웨이* 장면을 촬영하기로 했다. 애피아가 비행기 표 판매 창구를 걸어 지나가는 장면이었다. 우리는 두 차례 촬영을 한 뒤, 에스컬레이터 근처에서 잠시 휴식을 취했다. 그곳에는 비행기를 갈아타기 위해 기다리는 사람들로 북적였다. 그 가운데 한 무리의 사람들이 우리를 쳐다보고 있었다.)

구경꾼 대체 뭘 찍고 있는 거죠? (애피아를 가리키며) 저 사람은 누구예요? 왕인가요? (사람들이 떠들썩하게 웃는다. 대낮인데도 그들은 자기들이 이미 취했다고 말한다.)

테일러 사실은 철학자죠. 그러는 당신들은 누구죠?

구경꾼 우리는 뉴펀들랜드에서 왔어요. 쿠바로 가는 중이에요. 해변으로 갈 겁니다.

(그 뒤 우리는 완벽을 기하기 위해 걷는 장면을 몇 분 더 촬영했다. 애피아가 걸을 때마다 그들은 계속 웃어 댄다. 한 마디씩 거들며 웃음을 터트리는 구경꾼들을 무시하느라 애를 좀 먹었다.)

세계시민권을 대화에 비유하는 게 마음에 들어요. 대화는 말하고 듣는 행위 모두를 가리키니까요. 자신이 가지고 있는 가정과 믿음을

---

* cutaway, 다큐 제작 기법으로 카메라 인터뷰를 수행할 때 인터뷰하는 사람과 인터뷰에 응하는 사람이 있으면 통상 카메라는 말을 하는 사람을 잡게 되는데, 이때 한 사람만 길게 보여 주지 않고 말을 듣는 사람 표정을 잡은 샷을 따로 촬영해 두었다가 편집할 때 삽입하는 기법을 말한다. 옮긴이

다른 사람에게 설명하려면 먼저 그 가정과 믿음을 명확히 해야 하죠. 물론 쉽지 않죠. 그 다음에는 사람들이 왜 그렇게 생각하고 행동하는지 그 이유를 생각합니다. 그 과정에서 오염contamination이 발생하기도 하지요. 개인적으로 당신의 말 중에 오염이라는 개념이 참 놀랍게 다가왔습니다.

그렇죠. 오늘날에는 정보 면에서 세계화가 점점 더 빠르게 진행되면서 행성을 가로지르는 문화 교환이 복잡하게 진행되고 있습니다. 이 행성에서 대체 무슨 일이 일어나고 있는지를 고민하다가 오염이라는 개념이 참 유용하겠다는 생각이 들었어요. 오염이라는 개념은 매우 오래된 개념이기도 하지요. 나는 오염이라는 말을 사용하길 좋아합니다. 부정적인 말처럼 들리지만 사람들을 자극해 무언가를 인지하게 하는 방법으로는 좋다고 생각해서죠.

인간의 행동에서 가장 흥미로운 부분은 행동의 상당수가 순수함이 아니라 오염에서 나온다는 데 있어요. 그리스 원작을 재구성해 라틴 드라마를 쓴 로마 시인 테렌티우스*가 비슷한 말을 했지요. 테렌티우스는 종종 두 개의 그리스 원작을 결합해 그것을 기반으로 한 연극을 공연했습니다. 말하자면 그리스 원작을 오염시켰던 셈이지요. 일부 사람들이 그런 행위는 오염이라고 비판하자 테렌티우스가 말했습니다. "맞다. 정확한 사실이다. 그러나 나는 그 비판을 찬사라고 생

---

* Publius Terentius Afer, B. C. 195년?/185년?~B. C. 159년. 북아프리카 출신의 로마 시인. 노예였으나 로마의 상원 의원이던 주인이 재능을 높이 사 자유인으로 살게 했다. "나는 인간이다. 인간과 연관된 어떤 것도 나와 무관하지 않다"는 말을 남긴 것으로 유명하다. 옮긴이

각한다."

누군가 중국에서 이탈리아로 국수를 수입했습니다. 그것이 바로 위대한 발명품의 기원이었죠. 이탈리아의 국수는 중국의 국수와 달라요. 이 점이 위대한 부분입니다. 이탈리아 요리는 무역 문명이 발달하며 함께 발전했습니다. 이탈리아 사람들은 한 장소에서 제2의 장소로 무엇인가를 가져와 그것을 제2의 아이디어, 그리고 또 다른 장소의 산물들과 섞었습니다. 그 결과가 우리가 아는 파스타입니다. 이런 일은 늘 일어납니다. 5세기에 아테네가 어떻게 위대한 지성의 중심지가 되었는지 떠올려 보세요. 아테네는 시노페 출신인 디오게네스 같은 사람들에게도 열려 있었습니다. 시노페는 터키 북쪽 흑해 연안에 있는 작은 마을에 불과했죠. 오늘날 그리스 철학을 만들었다고 평가받는 사람들은 그리스 주변의 온갖 지역에서 모여든 사람들이었습니다. 그들은 이탈리아의 여러 지역에서 모여들었고 그중에는 섬이나 사이프러스 출신들도 있었습니다. 물론 그들의 철학은 페르시아 문화나 알렉산더가 인도와 이집트까지 가서 발견한 문화들과 상호작용하면서 더 심오해졌죠. 이처럼 위대한 문명과 위대한 문화는 대부분 순수함의 결과가 아니라, 개념들이 오염되고 다른 것과 결합하면서 새로운 것을 만들어 낸 결과죠.

당신의 말처럼 나는 세계시민권을 대화에 비유했습니다. 이는 해석이 필요한 비유입니다. 대화란 실제 대화를 가리키죠. 같은 사회에 사는 사람들이 만나든, 아니면 다른 사회에 사는 사람들이 만나든, 서로 다른 배경을 지닌 사람들이 만나 이야기하는 행위지요. 또한 인류학이나 문학, 영화, 예술, 인터넷 뉴스, 텔레비전 등을 통해서 다른 지역의 문화와 교류하는 일도 대화에 포함됩니다. 이 모든 것이 범세계적 통찰을 받아들이는 방법이에요. 우리는 다른 장소의 사상과 지식을 통해 풍요로워질 겁니다. 다른 장소가 우리의 사상과 지식을 통해 풍요로워질 수 있는 것처럼 말이죠.

"우리에게는 60억 명, 70억 명분의 책임이 있습니다"

앞에서 우리를 도발한 주제로 돌아가 보도록 하죠. 도발적이라고 하는 이유는 상식처럼 들리지만 사실 실제 표현보다 더 깊은 뜻이 담겨 있다고 생각하기 때문입니다. 이런 말을 했죠. "우리에게는 만인에 대한 책임이 있습니다. 이 책임은 매우 근본적인 것이므로 우리는 되도록 그 책임을 이행해야 합니다"라고요. 무슨 뜻으로 이런 말을 한 건가요?

세계시민주의가 우리에게 만인에 대한 책임이 있다는 뜻이라면 그 책임이 무엇인지 당연히 궁금할 수밖에 없죠. 답하기 어려운 질문입니다. 현명한 답이라고 할 만한 몇 가지는 있지요. 먼저 인간이 존엄한 삶을 살기 위해서는 충족되어야 할 기본적인 필요와 이해관계가 있다고 말할 수 있습니다. 살 만한 가치가 있는 삶을 살기 위해 필요한 것들 말입니다. 여기서 우리는 모두가 그 필요와 이해관계를 확실하게 충족시킬 수 있도록 집단적인 책임을 져야 합니다. 필요와 이해

관계는 장소마다 다를 수 있어요. 그렇더라도 우리는 그 기준에 미치지 못하는 사람들을 볼 수 있고 우리가 그들에게 집단적인 책임이 있다는 사실을 받아들일 수 있습니다.

책임이라는 부분에서 진정한 진전을 이룰 수 있는 최선의 방법은 무엇일까요? 최소한 여러분이 부유한 나라에 살고 있다면 여러분의 나라가 국가 간 공동체에서 책임 있는 나라로 행동하도록 요구하는 겁니다. 나라의 자원과 역량을 반영하고, 도움을 주는 데 따르는 어려움을 인정하면서도, 기준선 이하에 놓여 있는 사람이 있다면 그들을 위해 무엇인가를 해야 한다는 사실을 진지하게 받아들여야 합니다. 그것이 여러분이 취해야 할 행동입니다. 부유한 사람은 그 이상을 할 수 있죠. 우리는 십중팔구 더 많은 일을 해야 합니다. 무엇보다 최선은 무역과 정책의 형태를 바꾸고, 이 행성의 정치 형태를 바꾸고 모든 사람에게 최소한의 삶의 기준을 보장하기 위해 노력하는 겁니다.

여러분이 져야 할 책임은 물론 이게 다가 아닙니다. 여러분이 몸담은 나라는 아무것도 하지 않을 수 있습니다. 여러분이 계속해서 무슨 일이든 하라고 아무리 요구한다 해도 말이지요. 그렇다면 당신은 책임을 다하지 않은 것이 됩니다. 즉, 내 식대로 표현하자면 집단적 책임에서 당신이 담당해야 할 당연한 몫을 이행하지 않은 셈이 되는 거죠. 그러니 두 가지 문제가 있습니다. "집단적 책임이란 무엇인가?" 그것은 모든 사람에게 인간다운 삶을 보장하는 것이라고 나는 말합니다. 물론 실천적으로 받아들이기는 참 어려운 말입니다. 그러나 이론적으로는 폭넓은 합의를 이끌어 낼 수 있지요.

정말 어려운 문제는 다음입니다. "당연한 몫이란 무엇인가? 당연한 몫은 예컨대 내가 가진 부富에 따라 달라지는가?" 더 중요하고 더 어려운 문제도 있습니다. "다른 사람들이 자신의 당연한 몫을 이행하지 않을 경우 내 몫이 더 커지는가?" 우리 친구 피터 싱어 같은 사람이라면 이렇게 말할 겁니다. "여기서 중요한 것은 모든 필요가 충족되는 것이다. 따라서 당연한 자기 몫을 한 것만으로는 충분하지 못하다. 오직 모든 사람들이 자신들의 당연한 몫을 다했을 때에만 당신의 당연한 몫이 저들의 필요를 충족시킬 수 있기 때문이다. 다른 사람들은 당연한 몫을 이행하지 않고 있다. 그러면 당신과 나는 더 많은 책임을 져야 한다." 그러나 문제는, 이렇게 논리를 끌고 나가다 이르게 되는 결론입니다. 모든 사람들이 인간답게 살 수 있도록 도우려면, 즉 그 필요를 충족시키려면 자신의 존재를 최소한으로 축소시켜야 한다는 결론 말입니다. 다시 말해 만약 다른 사람들이 그들의 당연한 몫을 행하지 않는다면 때로 나 자신의 삶의 계획, 생활, 가족, 공동체, 친구들을 포기해야 할지도 모릅니다. 이런 결론은 철학에서 이론으로 제시할 수는 있다 해도 사람들이 그냥 무시해도 될 요구 가운데 하나죠. 누군가 이렇게 말합니다. "저 쪽에 고통을 겪는 사람이 있는데도 다른 사람들은 당연한 몫을 행하지 않는다. 그러니 당신은 자기 삶을 포기해야 한다. 당신이 마음을 쓰고 있는 모든 것을 포기해야 한다." 당신에게는 이런 말을 안 들어도 될 권리가 있습니다. 아니, 당신에게 그럴 권리가 있든 없든, 우리 대부분은 그냥 무시하고 말죠. "글쎄, 우리에게 무엇을 요구하든, 우리는 아무 것도 하지 않을 걸?"

나는 진심으로 인간의 편파성, 즉 이방인보다는 친족에게, 다른 곳의 시민보다는 동료 시민에게 더 마음을 쓴다는 사실을 인정하며 그럴 수 있는 권리가 있다고 생각합니다. 이것이 내가 받아들이는 세계시민주의입니다. 당신이 모든 사람의 기본 생활을 보장하기 위해 당연히 해야 할 일을 하고 있다면, 당신 마음이 더 많이 가는 사람들을 위해 더 많은 것을 행하더라도 아무런 문제가 없습니다. 이것이 세계시민주의가 사람들에게 무언가를 요구하는 방식입니다. 사람들이 실제로 사는 모습, 그렇게 살 수 있는 권리를 인정하면서 동시에 그들에게 요구를 하는 것이지요. "아니, 당신에게는 선호를 가질 권리가 없다. 당신은 모든 사람을 똑같이 대해야 한다"라고 말하는 누군가의 요구보다 더 합당한 요구입니다. 일단 다른 공동체에 속한 사람보다 여러분의 가족을 더 잘 보살피는 것이 합당하다고 인정한다면, 편파성을 인정한다면 이렇게 말할 수 있습니다. "그럼에도 충족되지 않은 엄청난 필요가 있다. 1달러로 하루를 사는 10억 명의 사람과 2달러도 안되는 돈으로 하루를 살아가는 20억 명의 사람이 있다. 1달러든 2달러든, 인간이 적절한 삶을 유지하기에는 충분하지 못하다. 그러니 우리에게는 책임, 집단적 책임, 정치를 통해 문제를 해결할 책임이 있다."

글쎄요. 개인의 입장에서는 다른 사람들이 어떻게 하고 있는지 둘러보고 나서 사람들이 매우 작은 일만을 하고 있다는 사실을 알게 되면, 그것을 핑계로 자신은 충분히 자기 몫을 다하고 있다고 생각하기 쉽죠. 이건 분명 받아들일 만한 기준이 아니지요. 당신의 기준에 따라 다른 사람을 충분히 돕는다는 게 실제로 가능한 일일까요?

답하기 어려운 질문이네요. 그렇다고 해서 다른 사람을 돕는 일에 마음을 쓰는 사람이라면 자기 삶을 포기해야 한다고 말하는 게 답이 될 수는 없어요. 그보다는 우리가 민주 사회에서 가지고 있는 정치적 영향력을 이용해 마땅히 해야 할 일을 정부에 요구해야 한다고 생각해요. 우리가 당연한 자기 몫을 집단적으로 행할 수 있도록 말이죠. 정부는 어떤 일이 필요한지 결정한 다음 그만큼 세금을 거둬들이면 됩니다.

사실 우리가 서로 얼굴을 맞대며 교류하는 사람들은 고작 백여 명이지만 우리가 책임져야 하는 사람들은 60억 명에서 70억 명에 이릅니다. 우리는 그들을 볼 수 없고 간접적으로만 영향을 주죠. 그러나 우리는 이들을 책임져야 하는 세상에 살고 있습니다. 이런 세상에서 어떻게 살아야 할 것인지, 그 방법을 알아야 합니다. 이건 엄청난 도전입니다. 그리고 이 도전에 대한 해답은 세계시민주의입니다. 이것이 내 대답입니다. 여러분은 백여 명 수준으로 후퇴해서는 안 됩니다. 작은 집단이 좋다고 그 집단 안에서만 머물다가는 도덕적 삶을 살 수 없어요. 그런 생활은 도덕적으로 허용될 수 없습니다. 동시에 당신은 당신이 속한 공동체를 포기할 수도 없습니다. 우리는 이 두 가지를 모두 할 수 있는 방법을 찾아야 합니다.

콰메 앤서니 애피아Kwame Anthony Appiah

콰메 앤서니 애피아는 영국 런던에서 태어났으며 가나인 아버지와 영국인 어머니 밑에서 자랐다. 가나 쿠마 시에서 어린 시절을 보내고 영국에 돌아와 케임브리지 클레어 칼리지에서 수학하고 철학 박사 학위를 받았다. 이후 애피아는 예일 대학교와 코넬 대학교, 듀크 대학교, 하버드 대학교 등에서 학생들을 가르쳤으며 독일, 가나, 남아프리카 및 프랑스 국립 고등사회과학원(EHESS)에서도 강의했다.

현재 애피아는 미국 프린스턴 대학교 철학과 및 〈인간 가치 센터〉 교수로 재직 중이다. 애피아는 아프리카와 아프리카계 미국 문학과 문화에도 관심이 많다. 〈아프리카-아메리카 연구 센터〉, 아프리카 연구 모임과 번역 모임에 참여할 뿐 아니라 비교문학과와 정치학과에도 관여하고 있다.

애피아는 아프리카 토속 신앙에 꾸준한 관심을 가지고 있으며, 자유주의의 철학적 토대, 서로 다른 가치들을 인식하는 방법에 대한 문제 제기, 도덕적 삶에 있어 이론과 실천의 연계 등을 고민하고 있다. 〈국제사면위원회(The Amnesty International, AI)〉의 세계 윤리 총서 편집 주간이기도 하다.

작가로서 애피아는 세 권의 소설을 냈고, 『뉴욕 타임스New York Review of Books』에도 정기적으로 글을 기고하고 있다. 2006년에는 『세계시민주의 Cosmopolitanism: Ethics in a World of Strangers』로 2007년 〈미국 외교 협회〉가 주는 아더 로스 상을 받았다. 2009년에는 『포브스Forbes』가 선정한 세계에서 가장 영향력 있는 사상가 일곱 명 안에 들었고, 2010년에는 『포린 폴리시Foreign Policy』가 선정한 글로벌 사상가 100인에 들기도 했다. 애피아의 저서는 한국어뿐만 아니라 네덜란드어, 프랑스어, 독일어, 히브리어, 인도네시아어, 이탈리아어, 스페인어로 다양하게 번역되었다. 애피아는 『뉴요커』편집장 헨리 핀더와 함께 살고 있다. 2011년 동성 결혼이 뉴욕 주에서 인정된 뒤 곧 법적인 부부가 됐는데, 두 사람이 함께한 지 25년 만이었다.

주요 저서

Assertion and Conditionals, Cambridge: Cambridge University Press, 1985.

In My Father's House: Africa in the Philosophy of Culture, London: Methuen, 1992; New York: Oxford University Press, 1992.

Bu Me Bé: The Proverbs of the Akan. With Peggy Appiah, and with the assistance of Ivor Agyeman-Duah. Accra: The Center for Intellectual Renewal, 2002.

Thinking It Through: An Introduction to Contemporary Philosophy, New York: Oxford University Press, 2003.

The Ethics of Identity, Princeton University Press, 2005.

Cosmopolitanism: Ethics in a World of Strangers, New York: W.W. Norton, 2006. (『세계시민주의: 이방인들의 세계를 위한 윤리학』, 실천철학연구회 번역, 바이북스, 2008)

Experiments in Ethics, Cambridge: Harvard University Press, 2008. (『윤리학의 배신: 우리의 행동을 지배하는 윤리적 판단을 실험하다』, 이은주 번역, 바이북스, 2011)

홈페이지

http://appiah.net

정의 *Justice*

5장 마사 누스바움: 정의

마사 누스바움은 시카고 대학의 철학과와 법학 대학원, 신학 대학원 석좌교수로, 대학 인권

프로그램의 이사로 활발한 학문 활동을 하고 있다. 철학과 문학, 고대 철학, 일반 교양 교

육, 사회적 사안과 정치적 사안, 법철학 등 폭넓은 주제를 자기 연구 영역 안으로 끌어들여

『정의의 영토Frontiers of Justice』와 『사고의 격변Upheavals of Thought』, 『양심의 자유Liberty of

Conscience』 등, 많은 책을 집필했다.

"성찰하는 삶"에 초대했을 때, 마사 누스바움은 곧바로 시카고의 호숫가를 걸으며 인터뷰를 하자고 제안했다. 누스바움이 거의 날마다 찾는 길이다. 하늘이 맑게 갠 늦가을 아침이었다. 우리는 목적지를 정해 놓지 않고 걸었다. 길에는 냉기가 감돌았지만 우리는 즐거운 마음으로 걸었다. 누스바움은 달변가였다. 나는 곧 우리가 걷고 있는 이 공원이 토론하기에 얼마나 좋은 장소인지 깨닫게 되었다. 부모들은 아이들과 어울려 놀고 있었고 노인들은 경치를 감상했다. 지역 주민들은 개를 데리고 산책을 나왔다. 이들 사이에서 누스바움은 열변을 토하며 전통적인 사회계약론을 비판하고 상호 이익 대신 상호 배려에 기초한 사회상을 펼쳐 나갔다.

테일러 당신을 "성찰하는 삶"에 초대한 것은 정의에 대해 이야기하고 싶어서였어요. 이 문제를 다루려면 철학의 출발점으로 돌아가야 하죠. 플라톤은 이런 유명한 질문을 했죠. "정의란 무엇인가?" 정의라는 주제와 씨름하게 된 동기부터 이야기를 시작해도 좋을 것 같아요.

누스바움 연구를 막 시작했을 때, 내 관심사는 정의보다는 윤리적 쟁점에 있었어요. 정의로 관심사가 이동한 것은 개발 문제를 연구하는 유엔 산하 국제기관에 논문을 제출하면서부터였지요.* 그곳에서 전

---

* 1990년 〈유엔 개발계획(United Nations Development Programme, UNDP)〉에 제출한 「인간 개발 보고서 1990*Human Development Report 1990*」를 말하고 있다. 능력 접근법capability approach를 발전시킨 아마르티아 센Amartya Sen과 공동 작업했으며, 이 작업의 결과가 유엔의 인간 개발 지수(Human Development Index, HDI)에 반영되었다. 옮긴이

세계가 직면한 기회 불평등을 더 많이 알게 되었고 지구적 정의라는 문제가 얼마나 시급한 쟁점인지를 깨닫게 되었죠. 반면 철학자나 경제학자들은 이 문제에 거의 관심을 기울이지 않고 있었어요. 그때부터 최소한 이 문제를 내 연구 주제의 일부로 삼아야겠다는 생각을 하게 됐습니다.

"정의를 위해 싸우는 사람들에게 반응하는 철학"

당신은『정의의 영토』에서 정의론이 추상적이어야 하는 이유를 분명하게 밝히고 있습니다. 책에서도 요점을 잘 지적하고 있다고 생각하는데, 그 요점은 "성찰하는 삶"이라는 이 기획과도 관련이 있어요. "성찰하는 삶"은 추상적인 사유를 장려하면서도 철학적 쟁점을 구체적이고 현실적인 것으로 만들려는 시도니까요. 묻겠습니다. 왜 우리는 이론을 만들어야 할까요? 다시 말해 우리는 왜 추상적으로 생각해야 할까요? 특히 정의에 대해서 말입니다.

정의론은 추상적일 필요가 있습니다. 눈앞의 시간과 장소가 지닌 편견에 계속 사로잡혀 있다면 다른 곳의 사람들에게 공정하지 못한 이론적 구조를 만들어 낼 수 있기 때문이죠. 우리는 눈앞의 세부적인 상황을 넘어서서 다른 여러 시공간에도 적용할 수 있는 이론을 만들어야 하죠.

그러나 너무 추상적이 된다면 그것도 위험한 일입니다. 그렇게 되면 현실 세계에서 매우 중요한 것들을 잊게 될지도 모르지요. 우리는 늘 현실 세계에 비추어 우리의 추상적인 이론을 검토하고 우리 자신에게 물어야 합니다. "우리에게 중요한 무언가를 잊어버리지는 않았는가?" 예컨대 정의론은 오랫동안 가족을 잊었죠. 정의론은 가정 바깥의 커다란 정치 공간에나 적용하기 좋은 이론들만 만들어 냈지, 가정 안 여성의 삶에 대해서는 많이 생각하지 않았습니다. 가정 안에도 정의와 부정의가 있다는 점을 보지 못한 거죠. 가정 안에도 정의와 부정의가 있습니다. 이론이 너무 추상적이고, 그것도 그릇된 방식으로 추상적이라고 말하는 이유는 이처럼 가정 안에 존재하는 엄청난 부정의와 기회 불평등에 주목하지 않았기 때문이죠. 이론이 그릇된 방식으로 추상적이라는 게 무슨 뜻인가를 보여 주는 대표적인 사례입니다. 바로 잡아야 한다는 사실을 깨달았을 때 우리는 현실 세계로 돌아가야 해요. 현실 세계가 안고 있는 문제를 살펴본 다음에 새로운 이론적 구조를 가지고 이론적 지평으로 돌아와야 하는 거죠.

그러면 바로 그게 철학이 해야 할 일인가요?

내 생각에 많은 부분, 철학이 해야 할 일이 여기에 있죠. 물론 철학은 실제로 정의를 위해 싸우는 사람들에게도 반응해야 합니다. 예를 들어 페미니즘은 철학이 자기 일을 더 잘할 수 있도록 자극하는 매우 중요한 촉매였지요. 철학은 또한 경제학과 역사에 대해서도 잘 알고 있어야 합니다. 철학자는 추상화 작업을 하는 사람이 분명하지만 다른 분야에 종사하는 사람과도 대화를 나눠야 한다는 말입니다.

그런 점에서 우리는 진보하고 있다고 말할 수 있을까요? 우리의 이론, 특히 정의론은 계속 개선되고 있나요?

글쎄요. 재미있는 점은, 어떤 면에서는 옛날이 더 좋았다는 생각도 든다는 겁니다. 아리스토텔레스는 지금 생각해 봐도 매우 강력한 사상의 요소들을 가지고 있었습니다. 훌륭한 정치제도라면 개개인이 풍요로운 삶을 영위하는 데 필요한 것을 제공해야 한다는 게 바로 아리스토텔레스의 사상이었죠. 물론 아리스토텔레스는 모든 사람을 다 포함시키지 않았습니다. 시민이 아닌 사람들, 즉 모든 여성과 노예, 그리고 농업과 수공업에 종사하는 일부 노동자는 제외했죠. 스토아학파가 등장하고 나서야 평등이라는 개념이 자리를 잡을 수 있었지요. 모든 사람을 포함하려면 먼저 그 모든 구조를 바꿔야 합니다. 그러나 아리스토텔레스는 최소한 인간의 능력을 지원해야 한다는 생각을 가지고 있었죠. 여기서 말하는 능력이 바로 내 접근법의 토대입니다.

그런데 매우 강력한 새로운 접근법이 17세기, 18세기에 등장했습니다. 홉스와 로크, 루소, 칸트의 사회계약론이 그것입니다. 사회계약론은 봉건주의라는 문화적 배경 아래서 자라났습니다. 봉건주의하에서 모든 기회는 계급과 물려 받은 재산, 신분에 따라 사람들에게 불평등하게 분배되었죠. 당대의 이론가들은 이렇게 물려 받은 이점을 다 제거하고 이른바 "자연 상태", 즉 타고난 몸과 신체적 특징만 가지고 있는 상태에 사람들이 놓여 있다고 생각해 보라고 했죠. 그 상태에서 사람들이 어떤 제도를 만들 건지 상상해 보자는 거죠.

놀라운 아이디어예요. 이 아이디어는 매우 오랫동안 실제로 정의의 구조에 빛을 비춰 주었습니다. 그러나 사회계약론자들은 늘 진실이라고는 할 수 없는 특정한 가정을 했습니다. 계약 당사자들이 정신적·육체적으로 동등한 힘을 가지고 있다고 가정했죠. 비장애인 성인 남성만을 생각한다면 이 가정도 괜찮습니다. 그러나 당시 일부 사회계약론자들이 주목했던 것처럼 여성을 생각한다면 그 가정은 성립하기 어렵습니다. 여성은 늘 억압받아 왔습니다. 부분적으로는 여성이 남성에 비해 연약하다는 이유에서였지요. 만약 이런 몸의 비대칭성을 제거해 버린다면 정의론이 마땅히 해결해야 하는 문제를 제거하는 셈일지도 모릅니다.

더 나아가 심각한 지체 장애나 정신장애가 있는 사람들을 위한 정의를 생각해 보죠. 사회계약론자들의 가정은 성립할 수 없어요. 사회계약론자 중에서도 일부 이론가들은 실제로 이 문제에 주목했습니다. 그러나 "분명 문제이기는 하지만 나중에 해결하면 되는 문제다. 이 문제는 먼저 이론을 세우고 난 뒤 다른 시점에서 연구할 수 있다"고 생각했지요. 그런데 이건 작은 문제가 아닙니다. 심각한 지체 장애나 정신장애를 지닌 사람은 많아요. 뿐만 아니라 우리가 아주 어리거나 나이가 들면 우리 모두 그런 상태가 됩니다. 세계 인구는 계속 고령화되고 있습니다. 어찌 보면, 과거에 지체 장애나 정신장애를 가지고 있던 사람들의 전체 수명이 오늘날 우리 중 일부가 나이가 들어 심각한 장애를 안고 살아가야 할 기간보다 짧을 수도 있을 겁니다.

따라서 엄청난 문제가 우리를 기다리고 있습니다. "능력과 힘 면에서 정말이지 너무도 불평등한 몸을 다룰 때, 우리는 무엇을 정의라고 생각해야 하는가?" 다음은 더 어려운 문제가 기다리고 있습니다. "잠재력 면에서 정말이지 너무도 불평등한 정신 능력을 다룰 때, 우리는 무엇을 정의라고 생각해야 하는가?" 이는 심각한 정치적 난제입니다. 우리는 장애 아동을 교육하는 방법과 이들의 정치적 대표성에 대해 생각하는 방법, 이들에게 열려 있는 도시를 설계하는 방법 등을 이제 겨우 알기 시작했어요. 우리가 여기까지 오기 위해 건넌 저 다리는 휠체어를 탄 사람도 건널 수 있도록 설계되었지요. 그러나 알다시피 50년 전만 해도 그럴 수 없었습니다. 휠체어를 탄 사람은 계단 때문에 이 아름다운 경치를 구경할 수 없었어요. 우리는 이제 겨우 장애 문제를 생각하기 시작했습니다. 우리는 앞으로 이런 생각을 더 촉진할 수 있는 그런 이론을 마련해야 합니다.

"정의의 새로운 영토, 새로운 압력"

전통적인 사회계약론적 접근법은 장애가 있는 사람들을 바라볼 때, 그들이 이바지하는 것이 무엇인지, 즉 상호 이익 면에서 그들이 사회에 제공하는 것이 무엇인지 본다는 말씀인가요?

그래요. 계약론적 접근법은 정신장애와 지체 장애를 다룰 때 이런 질문을 던져야 한다고 말하죠. "그들은 국민총생산에 얼마나 기여하고, 우리는 그들을 교육하고 부양하는 데 얼마나 지불하는가?" 그런데 대개 이런 수치들은 서로 맞아떨어지지 않아요. 다운증후군이 있는 아이를 교육하고 모든 육체적 필요를 보살피려면 사실 돈이 매우 많이 듭니다. 경제적인 표현을 빌자면, 그 아이는 투입한 만큼의 결과를 내놓지 못할 겁니다. [사회적] 기여를 투입 대비 결과로만 바라보는 건 지나치게 편협한 시각이죠. 다운증후군이 있는 아이는 가족 구성원이자 친구로서 좀 더 큰 문화에 엄청난 기여를 합니다. 정치 공동체의 구성원으로서 기여하기도 하죠. 다운증후군이 있는 성인도 유권자이기 때문입니다. 이들은 정치 생활에 참여할 수 있습니다. 단순하게는 그들의 삶을 보여 줌으로써 그리고 엄청난 장애를 극복할 수 있는 생명의 존엄성을 보여 줌으로써 기여하기도 하고요. 학교에서 다운증후군이 있는 아이와 같이 공부하는 아이는 인간의 다양성과 어려움을 극복할 수 있는 인간의 능력을 실제로 이해하게 됩니다. 이런 이해는 아이가 나이가 들어 그 자신이나 다른 사람들이 비슷한 장애를 얻게 될 경우 큰 도움이 될 겁니다. 다시 말하지만 평생 장애를 안고 살아가는 사람들에 대해 생각하는 것은 우리 각자가, 우리 자신의 몸에 대해 생각해 볼 수 있는 기회가 됩니다. 우리도 나이가 들면 몸과 인지에 손상을 입게 되기 때문이지요. 다른 한편으로 우리는 나이 든 연장자를 앞에 두고 "자, 이들이 우리 경제에 얼마나 기여하는지 봅시다"하고 말하지 않습니다. 그보다는 다른 방식으로 기여하고 있다고 말하기를 원할 겁니다. 삶의 경험과 이해를 가진, 있는 그대로의 존재, 가족의 사랑을 받는 존재로서 노인들이 우리 모두의 삶을 풍요롭게 해 주고 있다고 말입니다.

여기서 잠시, 다른 국가의 거주민이나 동물들의 경우를 묻고 싶네요. 당신은 전통적 사회계약 모델이 이들을 배제하고 있다고 주장하고 있지요? 그러나 그 전에 사회계약 모델이 우리 삶과 실제로 얼마나 밀접한 관계에 있는지를 분명히 하고 싶어요. 사실 사회계약이 일상적인 이데올로기의 일부가 되어 있는 이때, 우리가 지금 논의하는 것들이 오히려 모호한 철학 명제처럼 보일 수도 있거든요. 이 문제를 이야기해 보도록 하죠.

그게 좋겠네요. 사회계약론은 학문적인 철학 전통이면서 대중문화나 우리의 일반적인 공적 생활에도 엄청난 영향을 미쳤습니다. 우리는 일상적으로 "저 사람들, 빚도 못 갚아"라든가, 누군가 새로운 집단을 지원하자고 제안할 때 "글쎄, 경제에 짐이 되지는 않을까" 같은 말을 듣곤 하기 때문입니다. 훌륭한 사회 구성원은 모두에게 이익이 되는 생산자라는 관념이 밑바탕에 깔려 있는 거죠. 이 관념은 생생하게 살아 있습니다. 미국의 복지 프로그램은 축소되고 있고, 미국인들은 유럽, 그러니까 유럽의 사회민주주의에 회의적입니다. 그 이면에서도 바로 같은 관념을 발견할 수 있습니다. '내니 스테이트'라는 말을 들어봤을 겁니다.* 사회의 임무를 모성적 돌봄이라는 개념으로 접근하는 것은 문제라고 말하고 있지요. 우리는 '진짜 남자real man'라는 이미지에서도 계약론적 전통을 찾을 수 있습니다. '진짜 남자'란 자연 상태에 있는 남성입니다. 진짜 남자는 누군가를 절실히 바라본 적도 없고, 사랑이나 애정의 끈으로 묶여 있지도 않습니다. 진짜 남자는 자기가 원하는 대로 자기 길을 가는 외톨이죠. 그러다가 철저하게 이익의 관점에서 특정한 사회 제도를 택하게 될 겁니다.

---

* nanny state, 정부가 개인 생활을 보호, 통제한다는 측면에서 복지국가를 경멸하는 표현. 옮긴이

철학적 사유나 사상이 일상생활에 미치는 영향은 정말 큰 것 같아요. 철학자들이 늘 당대를 지배하는 가정에 도전하는 매버릭*인 것도 아니고요. 철학자들도 인간이니 맹점이 있겠죠. 현존하는 상태를 훌륭하게 합리화하고 변호한 철학자들이 많습니다. 초기의 아리스토텔레스를 봐도 알 수 있죠. 아무튼 당신은 사회계약론적 접근법이 두 종류의 주민을 배제하고 있다고 말하죠. 이들을 좀 더 이야기해 주면 좋겠어요.

전통적 사회계약론은, 사회계약을 맺는 사람들이 신체 능력과 정신 능력 면에서 대체로 평등하다고 가정합니다. 제대로 기능하는 몸을 가지고 있고 합리성과 언어 등을 소유하고 있는, 기본적으로, 그리고 대체로 평등한 성인 남성을 가정하고 있는 거죠. 이 가정은 심각한 지체 장애나 정신장애를 가지고 있는 사람들, 그리고 '정상인의 삶'을 누리기에는 너무 어리거나 나이가 들어 다른 사람에게 의지해 보살핌을 받아야 하는 사람들을 명백히 배제하고 있습니다. 다른 나라 사람들을 배제하는 방법은 더 교묘합니다. 예컨대 개발도상국가에 사는 사람들은 가난 때문에 영양 상태가 부실하거나 신체적인 면에서 불이익을 받죠. 세상 사람들은 신체와 정신 능력 면에서 평등하지 않습니다. 태어나기 전부터 어머니의 영양 상태가 신체 능력에 영향을 미치며, [태어나서도] 적절한 영양을 공급받지 못하는 아이들이 대단히 많기 때문입니다. 가난한 나라에서 태어났다는 이유로, 빈곤한 가정에서 태어났다는 이유로, 신체 능력 면에서 불평등을 겪고

---

* maverick, 주류를 거스르는 사람, 이단자. 옮긴이

있는 사람들은 정말 많아요. 지구적 정의를 생각할 때는 이런 문제도 고려해야 해요.

그리고 인간이 아닌 동물들도 있지요. 나는 정의론이 동물을 포괄해야 한다고 봅니다. 인간이 아닌 동물도 품위 있고 풍요로운 삶을 살 권리가 있어요. 동물들에게는 매우 큰 힘이 있지만 어쨌든 우리는 그 동물들을 지배하고 있습니다. 이 사실을 직시해야 합니다. 자연 상태를 설정한 온전한 취지는, 어느 누구도 실제로 지배할 수 없다는 말을 하려는 것이었죠. 우리가 협상을 할 때, 공정하고 평등해야 하는 이유가 여기에 있습니다. 그러나 동물들과 함께 사는 이 세상에서 우리는 동물들을 지배하고 있어요. 말하자면 우리는 인간과 동물의 싸움에서 완전한 승리를 거뒀습니다. 우리는 동물들을 매우 제한된 장소에 머물게 했습니다. 원한다면, 그 장소를 더 제한할 수도 있고요. 심지어 코끼리처럼 힘 센 피조물도 우리와 동등한 권력을 누리지는 못합니다. 사실이 그렇죠. 따라서 인간이 아닌 동물까지 포괄하는 올바른 이론을 마련하려고 한다면, 대체적인 힘의 평등을 전제해서는 안 됩니다.

이 세 영역[장애인이나 노약자, 빈곤층, 동물]은 정의의 새로운 영토가 될 겁니다. 정의론은 이제 막 이 세 영역에 들어와 새로운 땅 다지기에 나섰기 때문입니다. 우리는 그동안 계급과 지위, 성 평등과 같은 기존의 많은 문제를 매우 잘 해결해 왔습니다. 최소한, 이런 문제를 다룰 수 있는 이론적 구조는 마련해 놓았다고 생각해요. 우리는 계급과 지위, 젠더 문제를 바로 잡으려면 어떻게 해야 하는지 잘 알고 있습니다. 그러나 이 세 쟁점을 다루려면 이론은 새로운 종류의 압력을 받게 되고, 우리는 더 이상 기존의 이론적 구조에 의지할 수 없습니다. 우리는 다시 생각해야 합니다. 다시 생각하다 보면 정의를 생각하는 방식을 완전히 재구성할 수밖에 없다는 사실을 깨닫게 될 겁니다.

사람들은 분명 상호 이익이 아니라 다른 동기로도 서로 관계를 맺잖아요. 사회계약 모델은 왜 이 점을 무시하고 있는 걸까요?

사회계약론자들은, 사람들은 상호 이익을 위해서만 협력한다고 가정해 이론을 단순화했어요. 그러나 실제 생활에서는 사람들을 협력하게 만드는 다른 동기가 있다는 점을 부인하지는 않았습니다. 단지 사람들이 이익만 추구한다고 가정해 가정을 최소화하고, 이 가정에 합당한 이론 구조를 얻을 수 있는지 알아보는 게 더 간단할 거라고 생각했던 거죠.

결국 이 방법은 성공하지 못했습니다. 사람들은 서로 사랑하기 때문에, 연민을 품고 있기 때문에, 그리고 서로가 지닌 인간으로서의 존엄성을 존중하기 때문에 협력하기도 합니다. 때로는 단순한 인류애가 협력을 이끌어 내기도 하죠. 여러분은 이러한 동기들을 기록하고 여러분의 이론에 포함시킬 필요가 있습니다. 이 모든 것은 현실입니다. 그리고 이론적으로도 중요합니다. 이러한 동기들은 왜 우리가 정신장애나 지체 장애가 있는 사람들이 어울려 살 수 있는 사회를 만들고 싶어하는지, 그 이유를 보여 주고 있기 때문이죠. 상호 이익으로는 이 질문에 답할 수 없어요.

정신장애나 지체 장애를 가진 사람들을 적절히 치료하고 제대로 교육시키고 보살피려면 정말 많은 비용이 듭니다. 그러나 그들 대부분은 그 비용을 경제적으로 갚을 수 없어요. "저 사람들, 빚도 못 갚아"라고 말하는 사람들, 그들의 사유는 장애를 가진 사람들의 문제를 정치적으로 해결하기 어렵게 만듭니다. 어떤 사람을 사랑하는 것이 그 사람을 정치 구조에, 그것도 충분히 평등한 존재로 포함시킬 합당한 이유가 된다는 사실을 우리의 이론 구조에 도입할 필요가 있습니다.

사회계약론의 목적은 인간 본성을 완전히 설명하려는 데 있지 않고 그저 단순한 이론을 만들려는 데 있어요. 따라서 사회계약론은 매우 협소한 가정에 의지하고 있지요. 사람들이 상호 이익을 위해서만 협력한다는 가정 말입니다. 그러나 불행히도 이 가정은 우리에게 너무 빈약한 이론을 제시합니다. 우리는 자비와 연민이라는 동기를, 우리가 기대고 있는 관계를 이론 안에 포함시킬 필요가 있습니다. 인간을 자연 상태에서 고립되어 있고 원자화되어 있는 존재로 가정한다면 우리는 이런 사람들이 과연 무엇을, 특히 어떤 관계를 만들어 낼 것인지 충분히 이해할 수 없죠.

"품위 있는 사회에서
품위 있게 살기 위해 필요한 것들"

계약 모델에 대한 이야기는 여기까지 하기로 하고 이제 능력 모델 capabilities model에 대한 이야기로 넘어가기로 하죠. 이 분야를 오랫동안 연구했죠?

나는 능력 모델을 정의론의 관점에서 발전시켜 왔습니다. 능력 모델은 인간의 존엄성이라는 개념에서 출발해요. 동물은 나중에 다루게 될 겁니다. 능력 모델은 먼저, 모든 인간은 내재적으로 존엄성을 가지고 있으며, 이들에게 필요한 것은 그 존엄성을 지킬 수 있는 생활환경이라는 생각에서부터 출발합니다. 모든 사람들은 내재적 존엄성을 가지고 있다는 점에서 평등합니다. 내재적 존엄성이 무슨 뜻이냐고요? 아리스토텔레스와 청년 마르크스에게서 그 뜻을 찾을 수 있습니다. 청년 마르크스는 인간 이하의 삶과 반대되는 진정으로 인간다운 삶이란 '최소한 인간이 가진 기본적인 자질을 사용할 수 있는 것'이라 말하지 않죠. 인간의 자질을 아주 풍부하게 사용할 수 있어야 한다고 말해요.

품위 있는 사회는 품위 있게 살기 위해 필요한 것들을 그 사회의 모든 구성원들에게 제공해야 하죠. 나는 모든 시민이 열 가지 핵심 능력을 발휘할 수 있어야 한다고 보는데, 그러한 능력을 발휘하는 데 필요한 것들을 제공해야 한다는 말이에요. 예를 들어 시민들은 의료나 고용, 정치 참여 등, 원하는 것이 있다면 나가서 무엇이든 선택할 수 있어야 합니다. 기회를 이용하지 않는 것도 시민 각자의 결정이고요. 그러나 다음과 같은 능력에 대해 생각한다면, 그러한 삶의 영역을 지킬 필요가 있습니다. 가장 기본적인 생명, 건강한 몸, 온전한 몸, 감각과 상상력과 사고의 계발, 실천적 추론 능력의 계발, 비공식적인 가족과 친구 사이에서는 물론 정치 공동체에도 필수적인 소속감의 계발, 놀면서 여가를 즐길 능력의 계발, 다른 생명체나 자연 세계와 관계를 맺을 수 있는 능력, 정서적 능력의 계발 같은 거죠. 누구도 두려움으로 가득 찬 삶을 살고 싶어하지 않죠. 그러나 많은 이론들이 바로 이 부분을 빠뜨리고 있어요. 그래서 나는 정서적 건강을 능력 목록 안에 포함시킨 거예요. 또 재산이나 자기 일터를 통제할 수 있는, 즉 물질 문화를 통제할 수 있는 능력도 있죠. 재산에 대한 접근권은 여성의 평등에 중요한 요소고, 노동자가 자기 노동을 통제할 수 있게 하는 품위 있는 노동조건은 모든 사람에게 절실한 사항입니다.

이론에서는 이 모든 능력을 훨씬 더 자세히 설명하고 있습니다. 모든 나라는 역사 속에서, 그리고 헌법 제정 과정에서 이 모든 능력들을 훨씬 더 구체적으로 설명하고 있지요. 즉, 내가 매우 추상적으로 제시한 이 개념은 이미 각 나라의 헌법에 명시되어 있습니다. 각각의 능력이 가진 문턱이 어디에 있는지를 분명하게 밝히면서 말이지요. 따라서 각각의 문화는, 건강은 이 수준에 도달해야 하고 시민들을 위한 건강 규정 또한 이 정도 기준은 충족시켜야 한다고 말할 수 있어야 해요. 어느 정도 수준에서 몸의 온전함을 보장해 주지 못하는 사회는 조금도 정의로운 사회라 할 수 없습니다. 열 가지 목록을 이루는 각 요소들을 훨씬 더 자세히 설명할 수 있지만 일단 여기까지가 기본 개념입니다. 동물의 경우에는 완전히 다른 접근을 해야 하고요.

이제 분명해진 것 같네요. 처음의 질문으로 돌아가죠. 어떤 사회를 정의롭다고 하기 위해서는 그 사회의 구성원들이 이런 기본적인 능력들을 갖추고 있어야 한다는 거죠?

그래요. 내가 말하는 건 최소치예요. 만약 우리가 문턱의 수준을 정확하게 설정해 놓았다면 말이죠. 그 최소치를 달성한 다음에야 사회는 비로소 문턱 위에서 발생하는 불평등을 다룰 방법을 묻게 됩니다. 내가 최소치를 달성한 이후에 대해서 말하지 않는 건 모든 사람을 문턱 위로 올려놓는 것 자체가 벌써 너무 야심찬 목표이기 때문이죠.

능력 접근법에 대해 조금 더 깊이 이야기하기로 하죠. 능력 접근법은 사람들이 할 수 있는 게 무엇이고, 될 수 있는 게 무엇인지 강조하하죠. 능력 접근법에 새로운 점이 있다면 무엇인지, 그리고 왜 이런 접근법이 필요한 것인지 궁금해요.

철학에서는 그리 새로운 시각이 아니죠. 앞서 말했듯, 아리스토텔레스는 이미 능력에 해당하는 개념 요소를 가지고 있었어요. 그러나 국제 개발 경제학 분야에서는 새로운 것이었습니다. 그동안 한 국가의 삶의 질은 일인당 국민소득으로만 평가되었지요. 그러다가 내 동료이기도 한 아마르티아 센이 자신의 저서에서 일인당 국민소득에 대한 대안으로 능력 접근법을 제시했습니다. 일인당 국민소득으로 삶의 질을 평가할 경우 분배는 아예 논외였습니다. 엄청난 불평등을 안고 있는 국가가 높은 점수를 얻을 수 있었던 비결이지요. 나는 『여성과 인간 개발*Women and Human Development*』에서 현재 개발 논쟁을 지배하고 있는 조잡하고 바람직하지 못한 견해에 대해 의견을 밝힌 적이 있어요. 그 뒤에 나온 『정의의 영토』에서는 사회계약론적 접근법에 의도적으로 초점을 맞춤으로써 섬세하고 바람직한 대안으로 사람들의 관심을 유도했죠.

사회계약론적 접근법이 계속 그 매력을 유지할 수 있는 이유 가운데 하나는 자연 상태의 인간이라는 신화에서 나오는 것 같아요. 이 신화는 원초적 상태에 대해 매우 간단하게 말하고 있지만 강력하죠. 많은 사람들이 사회계약론을 설득력 있다고 받아들이는 이유가 여기 있다고 생각해요. 자연 상태라는 신화처럼 직접적이고 일관되게 능력 접근법의 핵심을 전달해 줄 새로운 신화는 없을까요?

글쎄요. 알다시피 나는 신화에 반대하는 입장이라서요. 내 이론은 역사적이고 정치적인 조건에서 실제 사람들을 살펴볼 것을 강력히 요구하죠. 그렇게 했을 때라야 비로소 사람들은 그들과 그들의 실제 상태 사이에 어떤 장애물이 놓여 있는지 볼 수 있기 때문입니다. 여기서 실제 상태란 내가 목록에서 밝힌 능력들을 선택할 수 있는 상태를 말하는 것이고요. 『여성과 인간 개발』에서 실제로 일어난 두 가지 사례부터 제시되는 이유도 그 때문이죠. 모두 인도의 구자라트 주와 케랄라 주에서 일하는 가난한 여성들에 관한 이야기죠. 그런 다음 나는 이들이 사는 곳의 주정부가 어떻게 특정 능력들을 얻게 하거나 잃게 했는지, 그 방법을 살펴보고 있습니다. 『여성과 인간 개발』에서 나는 실제 세상에서 나타나는 사례로 계속 돌아가죠.

아리스토텔레스와 청년 마르크스를 언급했죠? 이 두 사상가에게서 어떤 영향을 받았나요? 그리고 이들의 가르침은 능력 접근법에 어떻게 포함되어 있죠?

내 초기 연구는 대부분 아리스토텔레스를 주제로 했죠. 그리스철학을 전공하면서 내 연구가 시작됐기 때문이지요. 그만큼 아리스토텔레스는 내게 참 중요한 철학자입니다. 우리가 이야기하는 맥락에서 살펴보자면, 아리스토텔레스는 정부의 목표가 사람들이 풍요로운 인간적 삶을 영위할 수 있게 하는 데 있다고 말해요. 그러면서 삶에서 중요한 것은 단수가 아닌 '복수Plural'라는 중요한 통찰을 던집니다. 우리는 단 하나의 척도로 인간 삶의 질을 평가하기를 바라지 않습니다. 우리는 모든 영역을 개별적으로 살펴보고, 그 모든 영역이 잘 돌아가고 있는지 확인하고자 합니다. 마르크스는 우리가 이처럼 '복수'를 추구할 때 삶은 진정으로 인간다워지고 인간은 존엄성이라는 가치를 획득하게 된다고 말했습니다. 반면 우리의 인간성에 조금도 기여하지 않는, 단순히 생명만 유지할 뿐인 삶의 방식도 있다고 귀띔하고 있지요.

나는 철학자들에게 "나와 함께 걸어요. 바깥에서 당신들의 개념을 가지고 이야기해 봅시다"라고 제안합니다. 이 방법을 통해 실제 세계의 시급한 딜레마들, 즉 사적 차원과 정치적 차원 모두에서 인간 존재의 핵심에 놓여 있는 문제들과 철학의 관계를 설명하고 싶었죠. 그래서 이 영화의 부제도 "거리로 나선 철학philosophy is in the streets"이고요. 이 기획에 함께해 달라고 그토록 조른 것도 당신이 세계 빈곤과 같은 쟁점을 다루면서 이론과 실천의 조화를 위해 노력하고 있다고 생각해서고요. 그래서 말인데, 인도에서 경험한 것들에 대해 듣고 싶어요. 그 경험이 당신의 지적 궤적에 엄청난 영향을 준 것으로 알고 있거든요. 국제 개발 분야에서 능력 접근법이 미친 영향에 대해서도 듣고 싶어요. 당신이 밑그림을 그린 개념들이 현재 세계 전역에서 실제로 사용되고 있으니까요. 당신의 목표가 사회를 변혁하는 데 있다는 점을 사람들이 알아 줬으면 싶기도 하고요.

내가 인도에 초점을 맞춘 이유는 인도에 대해 알 기회가 있었기 때문이죠. 내가 충분히 이해할 수 있는 국가에 내 이론이 어떻게 적용되는지 사람들에게 보여 주고 싶었어요. 나는 한 나라의 역사나 내부 정책도 이해하지 못한 채 상이한 나라들의 사례를 이용하는 사람을 좋아하지 않습니다. 『여성과 인간 개발』을 쓰기 위해 나는 많은 시간을 들여 인도의 서로 다른 지역에 있는 여성 집단을 연구했어요. 무엇보다 인도를 사랑하기 때문에 평생 인도에 매달렸습니다. 최근에는 종교적 폭력에 맞서 싸우려는 인도의 노력을 다룬 책을 쓰기도 했지요. 『내부의 충돌: 민주주의와 종교적 폭력, 그리고 인도의 미래*Clash Within: Democracy, Religious Violence, and India's Future*』 말이에요. 사회를 변혁하려면 이론과 실천이 조화를 이루어야 하지요. 그래서 우리는 〈인간 개발과 능력 협회〉*라는 국제단체를 만들었습니다. 이론과 실천을 가로질러 많은 사람들이 모였죠. 새로운 학문 체계에 대해 고민하고 실행에 따르는 쟁점들을 생각해 보기 위해 모인 사람들이죠.

---

* Human Development and Capability Association. 70여 개 국가에 흩어져 있는 여러 분야의 연구자들이 빈곤과 정의, 복지와 경제 등, 핵심적인 문제들에 답하기 위해 모여 만든 단체로 2004년 설립됐다. 아마르티아 센이 초대 회장을 지냈고, 마사 누스바움은 2006년부터 2008년까지 회장직에 있었다. 옮긴이

"동물에게도 정의가 있습니다"

여기서 잠깐 쉬면서 컷어웨이를 찍기로 하죠. 손을 움직이는 모습을 찍고 싶은데요.

이야기를 계속하면서 찍는 게 더 좋을 거예요. 나는 손으로 이야기하거든요. 원래 가만히 앉아서 이야기하는 걸 좋아하지 않아요. 늘 이리저리 움직이죠. 강의실에서도 교탁 앞에 가만히 앉아 있어야만 한다면 고역일 겁니다. 나는 서 있길 좋아해요.

이리저리 움직이면서 걸으면 생각하는 데 도움이 되긴 해요. 피가 잘 도니까요.

사실 강의는 연극 같아요. 강의는 연극입니다. 강의를 하다 보면 어느 시점에선가 나는 배우가 되지요. 실제 짧은 기간이지만 배우로 활동하기도 했답니다. 그 경험에서 얻은 것도 있지요.

상상은 안 되지만 강의에 연극 요소가 있다는 말은 흥미롭네요. 철학은 감정을 드러내거나 꾸미면 안 된다고 생각하는 사람들이 있는 것 같거든요. 사실 이 기획도 철학적인 논쟁을 극화하고 있는 셈입니다. 그 논쟁에 어떤 울림을 주기 위해 주로 학구적으로 논의하는 내용들을 다른 맥락에 위치시키고 있으니까요. 당신은 지금까지 매우 창의적인 철학적 대화를 집필해 왔어요. 사람들이 철학에 더 쉽게 접근하고 철학을 받아들일 수 있도록 하기 위한 실험처럼 보이기도 하는데요. 그런 노력들에 대해 하고 싶은 말이 있을 것 같습니다.

글쎄요. 나는 글쓰기를 좋아합니다. 그래서 『사고의 격변』 1장을, 부모님과 내가 슬픔에 대해 이야기하는 대화로 바꿔 보기도 했죠. 스웨덴의 훌륭한 연기자 몇 명이 이 대화를 무대에 올리기도 했어요. 철학자 마르쿠스 아우렐리우스가 주인공이 되어 애국심과 세계시민주의에 대해 이야기하는 대화도 한 편 썼고요. 시카고에 있는 한 극단을 위한 기금 마련 행사에서 공연하기 위해 쓴 대화지요. 이런 글을 더 많이 쓰고 싶어요. 그러나 나는 '일상적인' 글을 쓸 때도 되도록 분명하게, 사례도 극적인 방식으로 사용하려고 합니다.

앞에서 잠깐 말한 인간이 아닌 동물이라는 주제로 돌아가 볼까요? 당신은 동물의 권리를 단지 윤리나 도덕적인 쟁점이 아니라 정의의 관점에서 다루고 있죠. 바로 이 점이 흥미롭습니다. 활동가든 철학자든, 동물의 권리를 옹호하는 사람들은 대개 동물의 고통에 초점을 맞추지 동물의 능력이나 번성할 수 있는 잠재력에 초점을 맞추지는 않거든요. 그 이유가 뭘까요?

알다시피 동물 학대 문제는 윤리 문제고 이런 종류의 문제는 정의와 관련된 쟁점을 불러일으키지 않는다고 생각하는 사람이 많죠. 사실 정의란 파악하기 매우 어려운 개념이기 때문에 정의에 대해 [무엇이 정의와 관련된 문제고, 무엇이 아닌지] 왈가왈부하기 미묘한 지점이 있습니다. 그러나 내 생각은 이렇습니다. 특정 세계관을 가지고 자신을 위해 특정 종류의 삶에 도달하려고 적극적으로 노력하는 생명체를 우리는 행위자agent라고 부릅니다. 당신이 만약 그런 생명체를 다루고 있다면 당신은 이미 정의 문제를 테이블에 올려놓고 있는 겁니다. 품위 있는 삶을 영위하려는 생명체의 노력을 방해하는 무언가가 있을지도 모르기 때문이지요. 때로는 그냥 우연히 방해할 수도 있을 겁니다. 그러나 방해를 하는 행동이 비난 받을 만한 행동일 때가 있지요. 우리는 바로 이 지점에 정의를 개입시킵니다. 생명체는 어떤 형태든 풍요롭고 풍성한 삶을 추구할 권리가 있습니다. 그리고 그 권리를 인류에 한정해야 할 이유는 없죠. 행위자agency와 노력이라는 개념만 갖춰져 있으면 정의 문제를 제기할 수 있습니다. 그렇다면 아리스토텔레스가 "움직이지 않는 동물stationary animals"이라고 부른 해면이나 연체동물도 정의의 주제가 될 수 있을까요? 잘 모르겠습니다. 이 문제는 회색 영역에 남겨 두려 합니다. 그러나 내가 볼 때 식물은 정의의 주제가 아닙니다. 우리는 참 많은 이유로 식물에 관심을 쏟지요. 그렇지만 그 관심은 인간 이외의 환경이나 식물에 대해 가지는 윤리적 의무에서 나온 것이지 정의에서 나온 것은 아니죠. 반면 대부분의 동물, 즉 움직이고, 무엇인가를 바라고, 자기가 바라는 것을 추구하고, 살려고 하는 동물, 우리는 이런 동물에 대해서는 정의와 관련된 의무가 있어요.

물론 동물을 정의의 주제로 삼으려면 정의에 대한 능력 접근법을 수정해야 합니다. 그렇지만 앞서 제시한 능력 목록도 동물의 경우에 꽤 유용하게 쓰일 수 있다고 생각합니다. 동물이 원하는 것은 고통에서 벗어날 자유만이 아니기 때문입니다. 동물은 건강한 삶, 좋아하는 환경에서 온전한 몸으로 돌아다닐 수 있는 삶을 정말 원합니다. 동물은 소속감을 원합니다. 동물 공동체의 사회적 유대를 조사한 훌륭한 연구들이 계속 나오고 있어요. 이 연구에 따르면 생쥐 같은 단순한 동물조차 복잡한 사회의식을 가지고 있죠. 그러니 이 모든 것은 수정될 수 있고, 존엄성을 새롭게 생각할 수 있습니다. 존엄성은 인간만 가지고 있는 게 아닙니다. 동물도 나름대로 존엄성이 있습니다. 예를 들어 공장형 농장은 존중해야 할 생명체의 존엄성을 모욕하고 있다는 점에서 잘못된 산업입니다. 여기서도 존엄성은 유용한 개념이지요.

오랫동안 철학은 인간에게 내재하는 존엄성에 주목했지만 많은 사람들이 동물도 존엄성을 가지고 있다는 점에는 동의하지 않았습니다. 존엄성이라는 속성을 동물에게까지 확대하고 있다는 사실을 알게 되니 기쁘네요. 궁금한 게 있어요. 존엄성은 정확히 어떤 뜻이죠? 그리고 정의에 대한 논쟁에서 존엄성을 핵심 개념으로 삼은 이유는 무엇인가요?

존엄성은 다루기 까다로운 개념입니다. 존경심과 능력, 정의 등이 포함된 서로 연관된 개념군의 일부로 볼 수 있지요. 존 롤스*는 존엄 자체는 분명한 내용을 가지고 있지 않다고 말합니다. 옳은 말입니다. 그러나 기본적으로 존엄성은 살아 있는 존재의 가치, 우리에게 존경심과 경외감을 불러일으키는 가치를 뜻합니다.

---

* John Rawls, 1921년~2002년. 미국의 철학자. 하버드 대학 교수를 지냈다. 『정의론』(황경식 옮김, 이학사, 2003)에서 공리주의를 대신할 실질적인 사회 원리로 '공정으로서의 정의'를 제시했다. 옮긴이

"서로에게 취약해지려 하지 않는다면 서로를 사랑할 수도 없습니다"

앞서 당신은 사회계약론적 접근법이 인간의 본성을 고려하지 않는다고 비판했습니다. 하지만 모든 정의론의 바탕에는 인간의 본성에 대한 암묵적인 가정이 있죠. 능력 접근법의 중심에 놓여 있는 인간관이 궁금해요. 또 하나, 이론은 인간 본성을 있는 그대로 받아들여 그 본성에 초점을 맞춰야 할까요? 그게 아니라 인간의 본성이란 원래 잘 변하는 것이자 이론이 변화시켜야 할 그 무엇이 되나요?

모든 정치 이론이 특정한 인간 본성론에 토대를 두고 있다는 말은 사실이 아닙니다. 그런 정치 이론은 좋지 않아요. 나라별로 상이한 종교적 · 세속적 인생관이 있고, 그 인생관은 인간 본성을 이해하는 나름의 입장을 반영하고 있기 때문입니다. 정치 원리는 인생관이나 인간 본성을 둘러싼 논쟁에서 [어느 한 가지만을 택함으로써] 분열을 초래할 만한 입장을 취해서는 안 됩니다. 이는 존 롤스가 지적한 것이고, 나 역시 그 생각에 동의합니다. 그러므로 내가 제시한 능력 이론은 정치적 책임에 대한 규범 이론이지 인간 본성론이 아닙니다.

감성emotions에 대해 묻는 것을 깜박했습니다. 당신은 이 분야에서 중요한 연구 업적을 쌓아 왔지요. 조금 전에 말한 『사고의 격변』이 한 가지 예입니다. 그러나 철학자들은 종종 감성을 무시하곤 하죠. 그 이유는 무엇일까요?

글쎄요. 철학에서는 오래된 이야기인 것 같습니다. 남성 철학자들에게 감성은 정말 오랫동안 난처한 주제였지요. 영국에서 특히 그랬습니다. 그러나 시간을 뒤로 돌려 그리스 철학자나 로마 철학자들을 보면, 그들은 늘 감성을 이야기했죠. 그들은 매우 강력한 감성론을 갖고 있었습니다. 하지만 그 다음에는 휴지기가 이어졌고, 그러다가 1916년 무렵이었다고 생각합니다. 영미 철학자 중 일부가 매우 용감하게 감성에 관한 논문을 쓰기 시작했지요. 이 주제가 본격적으로 철학의 의제로 채택된 것은 사실 여성운동의 결과였습니다. 흥미롭게도 감성에 먼저 주목한 것은 남성들이었어요. 만약 처음으로 감성에 대해 이야기한 것이 여성이었다면 비웃음을 샀을 겁니다. 실제로도 그랬고요. 예를 들어 버나드 윌리엄스* 같은 사람들이 있었죠. 버나드 윌리엄스는 철학에서 감성의 역할에 대해 이야기했지요. 윌리엄스는 철학에서 감성은 사람들을 더 깊이 파고들게 하고 더 많은 이야기를 나눌 수 있게 한다고 생각했습니다.

수치심이나 혐오감 같은 부정적인 감성에 대해서도 다뤄 왔죠? 이런 부정적인 감성은 우리가 인간으로서 가지고 있는 본래적인 취약성 Vulnetability에 대한 방어기제라고 주장하면서요. 취약성에 대해 좀 더 상세한 설명을 듣고 싶어요. 당신에게 취약성은 더 깊이 파고들 수밖

---

* Bernard Williams, 1929년~2003년. 영국의 도덕 철학자로, 도덕 철학에 정초를 마련하려는 모든 시도를 의심했고, 도덕 이론으로는 결코 삶의 복잡성을 파악할 수 없다는 입장을 견지했다. 따라서 공리주의의 결과주의와 칸트의 도덕 이론 양자를 모두 비판한 사상가다. 여성에게 분석철학이 무시해 온 이성과 감성 양자를 종합할 잠재력이 있다고 보고 여성의 학문 활동을 지지하기도 했다. 옮긴이

에 없는 주제처럼 보이거든요. 취약성이 중심 주제가 된 이유, 취약성이 정의의 문제로 이어지는 방식 등이 궁금해요.

글쎄요. 이 문제는 내 모든 연구와 직결되죠. 취약성에는 긍정적인 측면이 있습니다. 우리가 서로에게 취약해지려고 하지 않는다면 서로를 사랑할 수도 없을 겁니다. 취약성을 부정하는 가운데 공격성과 폭력성이 자라납니다. 반면, 순전히 나쁘기 때문에 제거해야 할 취약성도 있습니다. 예를 들어 아이는 굶주리지 말아야 하고, 여성은 성폭력을 당해서는 안 됩니다. 그러니까 내가 감성에 관한 연구를 정치적 정의에 관한 연구와 연결시키는 이유는 이런 질문에 답하기 위해서입니다. "어떤 종류의 취약성이 좋은 것이고, 품위 있는 정치학이라면 어떤 취약성을 제거해야 하는가?"

우리는 지금까지 정의에 관해 이야기했습니다. 이 대화의 핵심은 어떻게 요약할 수 있을까요? 간단하게요.

지금까지 나눈 대화의 핵심에 자리하고 있는 질문은 이겁니다. "좌우간 사람들은 왜 한데 모여 사회를 형성하는가?" 두렵기 때문에 그런 것도 아니고 상호 이익을 얻기 위해 거래를 트고 싶어서도 아닙니다. 훨씬 더 큰 이유는 사랑입니다. 사람들이 함께 어울려 되도록 좋은 세상을 만들려고 하는 건 인간을 사랑하고 인간 존엄성을 사랑하기 때문이죠.

마사 누스바움Martha Nussbaum

마사 누스바움은 시카고 대학교의 철학과와 법학 대학원, 신학 대학원 석좌교수로, 대학 인권 프로그램의 이사이기도 하다. 〈미국 철학회〉 회장을 역임하고 〈미국 학술원〉과 〈영국 학술원〉 회원으로 선출되기도 했다.

누스바움의 연구와 글은 철학과 문학에 두루 걸쳐 있는데, 고대 철학, 법철학, 일반 교양 교육은 물론이고 정치적이고 사회적인 사안들에도 폭넓게 관련된다. 그리스 비극과 아리스토텔레스의 고전 철학에서부터 디킨스 연구, 동물과 장애인의 권리 문제, 감정의 분석과 계발에 관한 사회적 협약의 개정 문제, 현대 페미니즘 담론이나 종교 폭력에 관한 주제에 이르기까지 관심도 다양하다. 노엄 촘스키, 움베르토 에코 등과 함께 『포린 폴리시』가 선정한 세계 100대 지성에 2005년과 2008년 두 차례 이름을 올리기도 했다. 강인한 성격만큼이나 날카롭고 도발적인 문체로도 유명하다.

누스바움의 철학은 자유주의 정치학 전통을 계승한다고 볼 수 있다. 존 롤스의 영향을 받아 젠더, 종교, 국제 개발에 관한 쟁점을 비판적으로 분석하고 세계 정의에 관한 이론을 정립하기 위해 노력해 왔다. 노벨 경제학상 수상자인 아마르티아 센의 초청으로 유엔 대학교 산하 〈세계 개발 경제 연구소(World Institute for Development Economics Research, WIDER)〉의 연구 고문으로 있으면서 기본적인 정의 문제를 분석할 대안으로 능력 이론을 발전시키기도 했다. 2008년 8월에 〈대한민국 학술 진흥 재단〉의 초청으로 한국을 방문한 누스바움은 "석학과 함께 하는 인문 강좌"에 참석해 "순화된 애국주의는 가능한가", "자유주의와 관용의 정신", "약자에 대한 배려 능력으로서의 공감"이라는 주제로 강의한 바 있다.

주요 저작

The Quality of Life, with Amartya Sen, edited by Martha Nussbaum and Amartya Sen, Oxford [England] : Clarendon Press ; New York : Oxford University Press, 1993.

For Love of Country : debating the limits of patriotism, edited by Joshua Cohen, Beacon Press, 1996. (『나라를 사랑한다는 것: 애국주의와 세계시민주의의 한계 논쟁』, 마사 너스봄 외, 오인영 옮김, 삼인, 2003)

Clones and clones : facts and fantasies about human cloning, with Cass R. Sunstein, New York: Norton, 1998. (『클론 and 클론: 당신도 복제될 수 있다』 마르타 누스바움·카스 R. 이한음 옮김, 그린비, 1999)

Women and Human Development: The Capabilities Approach, Cambridge: Cambridge University Press, 2000.

Upheavals of Thought: The Intelligence of Emotions, Cambridge: Cambridge University Press, 2001.

Animal Rights: Current Debates and New Directions, with Cass R. Sunstein, Oxford University Press, 2004.

Liberty of Conscience: In Defense of America's Tradition of Religious Equality, Basic Books, 2008

Not for Profit: Why Democracy Needs the Humanities, Princeton, NJ: Princeton University Press, 2010. (『공부를 넘어 교육으로: 누스바움 교수가 전하는 교육의 미래』, 우석영 옮김, 궁리, 2011.)

Creating Capabilities: The Human Development Approach, Cambridge, Mass : Belknap Press of Harvard University Press, 2011.

혁명*Revolution*

6장 마이클 하트: 혁명

마이클 하트는 그의 학문적 동지이자 스승인 안토니오 네그리와 함께 국제적인 베스트셀러

『제국Empire』을 써 학계에 큰 반향을 일으켰다. 현재 듀크 대학교 문학 교수로 재직 중인 하

트는 세계화의 여러 양상들을 연구하고 있다.

이 다큐멘터리를 '철학자들과 함께하는 산책'으로 구상했을 때부터 나는 늘 예외가 있을 거라 생각했다. 그러면서도 영화가 유목민처럼 이동하는 성격을 유지하기만 하면 구체적인 이동 수단은 중요하지 않다고 생각했다. 마이클 하트는 이탈리아 베니스와 연관이 있는 사람이다. 그의 오랜 동료 안토니오 네그리*가 베니스 출신이기 때문이다. 나는 . 잠깐이지만 베니스에서 촬영하는 상상을 하면서 곤돌라를 탄 모습을 그려 보기도 했다. 센트럴파크 베데스다 테라스는 하트가 좋아하는 장소 가운데 하나였다. 그곳에 도착하자 부근에 보트 창고가 눈에 들어왔다. 하트와 카메라맨과 내가 같은 보트에 탔고, 카메라 보조 기사와 거대한 붐마이크**를 머리 위로 치켜든 음향 기사는 다른 보트를 탔다. 나는 두 보트를 붙들고 있어야 했고, 하트는 노를 저어 보트 두 개를 동시에 움직여야 했다. 참 보기 드문 광경이었다. 관광객들이 물가에서 우리의 이런 모습을 찍어 댔고 우리는 혁명에 대해 이야기했다.

하트 80년대 중반에 나는 20대였고 정치학을 진지하게 공부하기 시작했습니다. 당시 우리 세대는 혁명을 염원하는 사람이라면 중앙아메리카로 가야한다고 생각했죠. 그게 유일한 출구였죠. 많은 사람들이 니카라과로 갔습니다. 내 친구와 나는 엘살바도르에 관심을 가지고 있었죠. 그러다가 어느 시점에선가, 우리는 그들의 혁명을 지

---

* Antonio Negri, 1933년~ . 이탈리아의 마르크스주의 사회학자이자 정치철학자. 마이클 하트와 함께 『제국』, 『다중: 제국시대의 전쟁과 민주주의*Multitude: War and Democracy in the age of Empire*』, 『커먼웰스*Commonwealth*』 등을 썼다. 옮긴이

** boom microphone, 지향성 좋은 고감도 마이크를 낚싯대 같이 생긴 장대 위에 매달아 음원을 향하여 이동하면서 흡음하는 장치. 옮긴이

켜볼 밖에 달리 할 일이 없다는 사실을 깨달았습니다. 내가 문제의 본질을 깨닫게 된 것은 엘살바도르 대학에서 한 무리의 학생을 만났을 때였습니다. 그 자리에서 누군가 이런 말을 했어요. "우리는 우리를 돕기 위해 달려온 당신들 북아메리카 동지들에게 정말 감사합니다. 그러나 여러분이 모두 집으로 돌아가 미국에서 혁명을 일으킨다면, 그보다 좋은 일은 없을 겁니다. 여기 와서 우리를 도와주는 것보다 [미국에서 혁명을 일으키는 편이] 더 좋을 겁니다."

그 말은 사실이었습니다. 지금 생각해 봐도 우리 북아메리카 사람들은 니카라과나 엘살바도르에서 별 도움이 되지 못했습니다. 그러나 내가 말했죠. "레이건이 백악관에 있습니다. 미국에서 어떻게 혁명을 일으켜야 할지 모르겠습니다." 그러자 그 학생이 물었습니다. "미국에 산이 있나요?" 있다고 답했죠. 그 학생이 그러더군요. "그럼 된 거 아닙니까. 산에 들어가 세포를 무장시키고 혁명을 일으키십시오." "이런 망할!" 그 방법은 우리 현실에 맞지 않았죠.

하지만 나는 이 대화에서 두 가지 교훈을 얻었습니다. 하나는 우리 세대에는 미국에서 혁명을 일으킬 수 없다는 생각이 팽배해 있다는 점입니다. 미국은 혁명 활동을 할 수 있는 곳이 아니었습니다. 우리는, 세계적인 자본주의 체제 때문에 큰 고통을 겪고 있는 종속국에서나 혁명이 가능할 거라고 생각했습니다. 엘살바도르 사람들에게는 패배적인 분위기가 없었어요. 그들은 미국에서 혁명이 일어나는 게 중요하다고 생각했습니다. 이 사실들을 알게 된 건 큰 도움이 됐습니다. 다른 한 가지 교훈은 우리가 혁명의 바람직한 모델이라고 생각한 것이 사실 우리 삶에는 어울리지 않는다는 점이었습니다. 산에서 무장 세포를 조직하거나 파업을 조직하는 것으로 혁명을 일으킬 수 있다는 생각은 우리로서는 사리에 맞지 않았죠. 그러니 한편으로 엘살바도르 친구들이 옳았습니다. 그렇다고 우리가 혁명에서 배제되는 건 아니지만 어떻게 혁명을 일으킬지, 그 방법을 정말이지 전혀 모르고 있다는 건 분명했습니다. 산에서는 어떤 소총을 쓰는 게 좋은지와 같은 구체적인 실천 방법만 모르고 있는 것이 아니죠. 혁명은 무엇을 포함하는 일인가와 같은 [혁명에 대한] 전체적인 개념이 없었습니다. 그러므로 개념을 다시 생각하는 작업이 정말 필요했습니다.

"좌파는 혁명을 포기했습니다"

테일러 프레드릭 제임슨*과 슬라보예 지젝 모두 자본주의 질서가 조금씩 변하기를 상상하느니 임박한 대참사나, 소행성의 지구 충돌, 바이러스에 공격당하는 인류를 상상하는 것이 더 쉽다고 말했죠. 오늘날 혁명을 이야기하기가 왜 그렇게 어려운가요? 좀 더 구체적으로, 혁명 개념과 좌파의 관계에 대해 말해 줄래요? 이 관계가 참 애매한 것 같거든요.

우리는 좌파가 합법성을 확보하려면 혁명을 포기해야 하는 시대를 살고 있어요. 사회를 급진적으로 변화시킬 가능성이 완전히 사

---

* Fredric Jameson, 1934년~ . 미국의 마르크스주의 문화 비평가. 옮긴이

라진 지금 무엇이 남아 있죠? 좌파에게 남은 것은 저항과 비판, 시민 불복종입니다. 엄밀히 따지자면 부정적인 소명만 남은 셈이죠.

저항과 비판, 시민 불복종이 중요하지 않다는 말이 아닙니다. 분명 중요합니다. 저항과 비판, 시민 불복종은 악이 지배하는 상황을 완화할 수 있고, 어떤 방식으로든 악을 약화시키거나 무너뜨릴 수 있습니다. 그러나 긍정적 명제라는 요소가 빠져 있어요. 사실 비판은 대단히 품위 있는 일이고 무언가를 제안하는 일은 어리석은 일이라는 분위기까지 형성되어 있습니다. 적어도 나는 그렇게 알고 있어요. 오늘날, 당신이 좌파 편에 무엇인가를 제안한다면 어떤 일이 벌어질까요? 답은 뻔합니다. 모두가 당신을 비판할 겁니다. 사람들이 비판에는 능숙하니까요. 좌파가 이런 비판적인 역할을 스스로 떠맡게 된 이유는 바로 좌파가 혁명 가능성을 차단해 버렸기 때문이에요. 나는 그렇게 진단합니다. [혁명 가능성이 사라진] 진짜 이유는 그겁니다. [비판적 역할을 맡은 것에] 좋은 의도가 있었다는 걸 부정하지는 않습니다. 그러나 내가 보기에는 혁명 개념을 완전히 포기한 결과 좌파는 철저하게 방어적이고 비판적인 입장에 갇혀 버린 것 같습니다.

혁명을 생각할 수 없을 경우 좌파는 절반의 정치 활동으로 끝날 수밖에 없어요. 좌파에게는 권력을 비판하고, 권력에 저항하고 불복종할 능력만 남게 될 겁니다. 대안을 마련할 수 없을 겁니다. 그런 까닭에 혁명적 상상력도 없고, 현 상황에 대한 대안도 제시할 수 없으며, 대안을 마련할 기제들을 준비할 방법도 알아 내지 못한다면 좌파는 서서히 사라질 거라고 생각합니다.

갑작스런 질문이지만, 지금 개혁과 혁명 사이의 오래된 대립에 대해 이야기하는 건가요?

사람들은 관습적으로 개혁과 혁명을 대립시켰죠. 그러나 나는 개혁과 혁명을 대립시키고 있는 게 아닙니다. 실천적인 저항과 혁명 가능성을 구분하는 것에 대해 이야기하고 있는 겁니다. 앞서 말한 것처럼 분명 실천적인 저항은 필요하고 중요합니다. 〈세계무역기구(WTO)〉와 〈세계은행World Bank〉, 〈국제통화기금(IMF)〉 중심의 기업 세계화corporate globalization에 대한 저항과 이라크전에 대한 저항을 생각해 보세요. 모두 다 중요한 실천적 저항입니다. 그러나 이런 저항 자체는 대안 사회를 제시할 수 없습니다. 우리가 사는 이 사회를 조금 나아지게 할 수는 있겠죠. 그러나 궁극적으로는 비판적이고 부정적인 실천입니다. 우리는 혁명 가능성을 생각해야 합니다. 사람들이 군림하는 자 없이 스스로를 다스릴 수 있도록 인간 본성을 변화시킴으로써 혁명을 이뤄 낼 수 있는 실천들을 발전시켜야 합니다.

오히려 우파들이 혁명이라는 말을 더 자주 입에 올리는 것 같아요. 지난 40년에 걸쳐 "공화당 혁명Republican Revolution"*을 일궈 냈다고 떠벌리면서 말이지요. 반면 좌파는 혁명을 말하지 못합니다. 이렇게 된 이유가 뭘까요?

---

* Republican Revolution, 아이젠하워 대통령 이래 40년 동안 늘 소수당이던 공화당이 1994년 선거에서 전세를 일거에 뒤엎고 미국 의회의 다수를 장악한 사건을 가리킨다. 당시 공화당을 이끌던 뉴트 깅리치Newt Gingrich 의원의 이름을 따 "깅리치 혁명"이라고도 한다. 옮긴이

혁명을 이야기하기 어려운 환경이 조성되고 혁명이라는 말을 듣기 어려워진 이유 중 일부는 혁명이 단순히 실천적인 문제가 아니라는 데 있죠. 혁명은 개념적인 문제입니다. 혁명은 무엇을 의미하고 또 무엇을 의미할 수 있는가? 이것이 문제입니다. 혁명에 대한 정말 유용한 정의가 하나 있죠. "모든 현대 혁명은 자유를 목표로 해야 한다." 한나 아렌트*의 정의죠. 아렌트의 정의를 최초의 유용한 기준, 또는 출발점으로 삼을 수 있을 겁니다. 사실 나는 혁명이란 민주주의를 목표로 삼아야 한다고 생각합니다. 민주주의는 자유의 연장선이거나 자유를 포함하는 개념이지만 분명히 다른 개념이기도 해요.

그러나 "혁명은 민주주의를 목표로 한다"고 말할 때조차 우리는 현대적인 혁명에 개념적으로 매어 있는 것 같아요. 오늘날 혁명, 그리고 혁명과 민주주의의 관계를 생각할 때, 우리 머릿속에는 두 가지 사고방식이 자리를 잡습니다. 일반적으로 받아들여지거나 거의 정형화되다시피 한 사고방식이지요. 이 사고방식은 서로를 무용지물로 만들기도 합니다.

어떤 의미에서 우리는 이른바 실재론적 혁명 개념과 관념론적 혁명 개념 사이에 묶여 있습니다. 한편에는 실재론적 혁명 개념이 있습니다. 실재론적 혁명 개념은 20세기 혁명 대부분을 지배했으며, 한 지배 엘리트를 다른 지배 엘리트로 대체하는 단순한 개념까지 포괄하니

---

* Hannah Arendt, 1906년~1975년. 아렌트는 전체주의 연구로 유명하지만 그 밖에도 권력과 폭력, 정치와 자유, 그리고 진리를 주제로 많은 글을 남겼다. 아렌트는 정치와 자유를 대립물로 보는 근대 서양의 철학적 전통을 비판하며, "정치의 의미는 자유고 자유 없이 정치적 삶은 의미없다"고 말한다.(『과거와 미래 사이』, 서유경 옮김, 푸른숲, 2005) 옮긴이

다. 이 새로운 엘리트는 이전 엘리트보다 낫고, 사회를 크게 개선할 수도 있지만 그렇다고 사회가 철저하게 민주적으로 변화하지는 않죠.

이 개념에 상반되는 또 다른 혁명 개념이 있습니다. 관념론적 개념이 그것입니다. 관념론적 개념은 실재론적 개념과는 상반된 관점에서, 그러나 똑같이 비판을 받고 있습니다. 관념론적 혁명 개념은 자치를 막는 국가 권력과 자본 권력, 그리고 그 밖에 모든 형태의 권위를 제거하는 것을 혁명이라고 봅니다. 사실 이 개념은, 사람들은 근본적으로 선할 뿐 아니라 스스로 다스리고 협력할 수도 있다는 인간 본성론을 기반으로 하고 있죠. 처음에 말한 실재론적 견해는 그 결과가 민주적이지도 않고 민주주의를 낳지도 못한다는 사실 때문에 비판을 받았어요. 이번에는 관념론적 견해가 실재론적 시각의 비판을 받습니다. 적절한 비판인데 실재론적 시각은 이렇게 말합니다. "보라. 오늘날 사람들에게는 협력할 능력이 없고 스스로 다스릴 능력도 없다. 민주주의를 실천할 능력이 없는 것이다."

"혁명은 인간 본성의 변혁"

그래서 낭만주의적 견해와 냉소주의적 견해가 나오는 거죠.

그래요. 정확합니다. 결국 각 혁명 개념에 결격 사유가 있다는 비판은 인간 본성의 문제로 귀결되죠. 한쪽에서는 인간의 본성은 선하므로 지배 구조를 제거해 사람들이 자신의 본래적 믿음을 표현할 수 있게 함으로써 혁명을 이뤄낼 수 있다는 생각에 기반하고 있습니다. 다른 한쪽에서는 인간은 본질적으로 ('악하다'는 표현은 여기선 적절하지 않은 것 같고) 무능력해서 방향을 제시하는 선구자나 지도자 같은 지배 엘리트가 필요하다는 개념을 기반으로 삼죠.

두 가지 비판 모두 인간 본성론에 근거하고 있는데 이는 몇 가지 점에서 매우 흥미롭습니다. 인간의 본성은 선한가, 악한가? 정치철학은 오랫동안 이 문제와 씨름해 왔죠. 대학 시절, 인간의 본성이 악하냐 선하냐를 가지고 밤늦게까지 열변을 토하며 친구와 토론하던 경험이 누구나 한 번쯤 있을 겁니다. 결국에는 더 이상 이야기를 이어가지 못하고 끝냈던 그 어리석은 기억 말입니다. 이런 어리석음이 정치철학의 역사에 많은 영향을 주었다는 걸 말하고 싶어요. 그렇지만 여기서 정치학에 유의미한 사실은…… (연못 아래 숨어 있던 바위에 배가 걸리는 바람에 이야기가 잠깐 끊겼다.) 암초에 걸린 것 같군요. 조난당했네요!(웃음)

정치학에 유의미한 사실은 인간 본성은 실제로 변한다는 것, 인간은 다른 존재가 될 수 있다는 겁니다. 인간의 본성은 선하지도 악하지도 않죠. 인간의 본성은 구성되는 겁니다. 인간 본성은 우리의 행동 방식에 따라 구성됩니다. 인간 본성은 사실상 관습과 실천의 역사입니다. 과거의 투쟁, 과거의 위계질서, 과거의 승리와 패배의 결과이지요. 바로 여기에 혁명에 대해 다시 생각할 수 있는 열쇠가 있습니다. 혁명은 단지 민주주의를 위한 변혁이 아니라 사람들이 민주주의를 실천할 수 있도록 인간 본성의 변혁을 요구한다는 점, 그것을 깨닫는 게 바로 혁명을 다시 생각할 수 있는 열쇠입니다. 혁명은 노예적인 습관을 타파하고 자치 능력을 발전시키는 과정일 뿐만 아니라 사람들의 정치적 상상력에 불을 지피고, 사람들의 바람을 확장시켜 현재의 정치 상황을 훌쩍 뛰어 넘게 할 수 있는 과정이기도 합니다.

레닌이 가졌던 기본적인 통찰이 바로 여기에 있어요. 1916년으로 돌아가 볼까요? 레닌은 10월 혁명 직전에 혁명에 대한 글을 쓰면서 러시아 사람들에게 민주주의를 실천할 능력이 없다고 말했습니다. 레닌은 당시 러시아 사람들을 가리켜 "작업장에 장인이 있듯, 러시아 사람들에게는 정치적 지도자가 필요하다"라는 말을 했죠.

그러나 레닌은 여기서 한 걸음 더 나아갔습니다. 혁명이란 사람들이 민주주의를 실천할 수 있도록 인간 본성을 변화시키는 기획이라고 본 것이죠. 레닌은 공산주의로의 이행이 바로 이런 과정[인간 본성의 변화]을 거쳐 이루어진다고 생각했습니다. 레닌은 혁명이 하룻밤 사이에 이루어질 거라고 기대하지 않았죠. 레닌의 입장에서는 개념적으로 크게 진전한 겁니다. 지극히 중요한 거죠. 그렇지만 동시에 볼셰비키 혁명 경험과 레닌이 제시한 문제 해결책은 혁명을 불신하게 만든 또 다른 요소가 됐습니다.

여기서 불신을 이야기하는 이유는 민주주의를 실천할 수 있도록 인간의 본성을 변화시키는 방법을 이야기할 때, 레닌이 철저하게 변증법적인 해결책을 제시했기 때문이에요. 레닌은 먼저 민주주의에 대한 부정이 있어야 한다고 봤죠. 대체로 소비에트가 취한 방법인데요. 레닌은 이 부정을 "프롤레타리아 독재"라고 부릅니다. 프롤레타리아 독재는 과도기를 이끌며 인간 본성을 변화시키는 일종의 패권 국가 hegemonic state입니다. 프롤레타리아 독재를 거친 다음에야 우리는 비로소 민주주의를 실천할 수 있는 단계, 국가가 더 이상 필요하지 않은 시대에 도달할 수 있다는 거죠.

레닌의 생각에는 두 가지 명백한 문제가 있습니다. 첫 번째 문제는 누구에게나 분명한 겁니다. 누군가 당신에게 과도기이기 때문이라고 이야기한다면 그건 당신을 속이기 위해 꺼내는 말입니다. 이런 과도기는 끝이 없어요. 그러나 더 일반적인 문제, 더 중요한 문제는 따로 있습니다. 민주주의에 반대되는 것을 통해서는 민주주의를 실천할 수 있는 능력에 도달할 수도, 민주주의를 실천할 수 있도록 인간 본성을 변화시킬 수도 없다는 점이죠. 바로 이런 변증법적 성격이 나를 괴롭게 합니다. 변증법을 취한 건 잘못입니다. 여기서 변증법이란 간단히 말해, 독재를 통해 민주주의를 부정한다는 것이고, 그 부정을 부정함으로써 마침내 민주주의에 이르게 된다는 뜻입니다. 이런 변증법적 공식은 말이 되지 않아요. 바꿔 말해 보죠. 사람들은 민주주의를 어떻게 배웁니까? 민주주의를 실천할 수 있도록 인간 본성을 변화시키는 방법은 또 무엇인가요? 민주주의는 오직 긍정적인 발전을 통해서만 달성할 수 있습니다. 사람들은 민주주의를 실천함으로써 비로소 민주주의를 배울 수 있다는 겁니다. 민주주의를 실천하는 것만이 오늘날 혁명 개념을 회복시킬 수 있는 유일한 방법이에요.

(우리는 아름다운 돌다리 밑을 지나고 있었다. 하트가 말을 마칠 때쯤 다리 밑에 둥지를 틀고 있던 비둘기 떼가 1.8미터나 되는 막대 끝에 매달려 있는 마이크 때문에 놀랐는지 갑자기 날아올랐다.)

당신도 과도기를 제안하고 있잖아요?

내가 말하는 과도기는 전혀 다른 개념입니다. 레닌에게 과도기란 전통적으로 사람들이 민주주의를 실천할 준비를 갖추지 못한 기간을 뜻하죠. 사람들이 민주주의라는 낙원에 도착해 우리의 유토피아를 실현시키기 전, 거쳐야 할 연옥의 기간인 셈이죠. 그러나 나는 연옥과 낙원의 변증법을 거부하는, 다른 개념을 제안합니다. 여기서도 혁명 과정은 진정한 민주 사회를 건설한다는 목적 아래 인간본성을 변화시키는 일에 초점을 맞춥니다. 그러나 그 목적을 달성하는 시기를 미래로 미루지 않습니다. 혁명은 혁명이 진행되는 과정에서 그 목적을 이뤄 나갈 겁니다. 파리코뮌*이나 토머스 제퍼슨**이 제안한 단순 다수 대표제를 떠올려 보세요. 사람들은 자율을 실천하거나 정부에 참여하면서 비로소 변하게 됩니다. 이런 변화는 혁명적 과도기의 목표가 아니라 목표를 이루기 위한 일차적 수단입니다.

바꿔 말하면, 레닌의 과도기라는 개념은 종종 수단과 목적을 구분하고 있다는 점에서 의심을 살 만합니다. 수단과 목적을 분리하게 되면 이행의 과정은 불행한 결말을 맺을 수밖에 없어요. 적어도 혁명의 경우에는 수단이 목적에서 분리될 수 없습니다. 유토피아를 막연한 미

---

* Paris Commune, 1871년 프로이센과 프랑스 사이 전쟁에서 프랑스가 패해 나폴레옹 3세의 제2제정이 몰락하는 과정에서 파리에서 일어난 민중 봉기를 말한다. 혁명 정부는 72일 동안 존속하면서 민주적인 개혁을 시도했으나 정부군에게 패해 붕괴됐다. 옮긴이

** Thomas Jefferson, 1743년~1826년. 미국 독립선언문의 초안을 마련한 정치가이자 철학가. 마이클 하트는 『독립의 선언*The Declaration of Independence*』에서 혁명적 과도기에 대한 레닌의 입장과 제퍼슨의 입장을 비교하고 있다. 하트에 따르면 제퍼슨은 당대의 인종적, 계급적 편견에서 자유롭지는 못했으나 정기적이고 주기적인 반동이야말로 국가의 미덕을 강화시키는 것이라는 주장을 통해 혁명적 과도기를 '무한한 되기'의 과정으로 풀이한 혁신적 사상가였다. 옮긴이

래의 어느 순간으로 미룰 수 없는 이유는 수단 자체가 민주적이어야 하기 때문이죠. 이 경우에도 과도기 개념, 아마도 항구적인 과도기 개념이 필요합니다. 그러나 그 과도기는 우리의 목적을 지연시키는 연옥이 아닙니다. 오히려 이 과도기는 날마다 유토피아를 현실화합니다.

유토피아를 현실화하는 게 쉽지는 않죠. 사실 그건 개념적 해결책일 뿐이고, 더 많은 실천 문제가 남아 있어요. 사람들이 민주주의를 실천할 수 있도록 인간 본성을 변화시킬 민주적 수단은 무엇이 있을까요? 사람들이 서로 협력하고 집단적으로 스스로 통치할 수 있게 훈련할 수 있는 방법은 무엇입니까? 엄청나게 어려운 실천의 문제들이 제기됩니다. 그러나 적어도 개념적으로는 더 분명해지는 게 있죠.

"투쟁과 주체성, 그리고 습관"

잠시 민주주의와 정치라는 두 개념을 짚어 보죠. 먼저 민주주의부터요. 일부 사람들은 우리가 이미 민주주의 사회에 살고 있다고 생각합니다. 그런 사람들은 도대체 왜 이런 이야기를 하는지 궁금할 수 있어요. 반면 다른 사람들은 직접 민주주의나 참여 민주주의와 현재의 매우 빈약한 민주 제도를 비교할 수도 있죠. 이런 개념들을 설명해 줄래요?

그럽시다. 민주주의는 오늘날 거의 완벽하게 변질되어 버린 개념 가운데 하나입니다. 어떨 때 민주주의는 단지 정해진 수만큼의 통치자를 정기적으로 뽑는 선거와 같은 뜻으로 사용되죠. 다른 경우, 특히 국제 문제에서 민주주의는 종종 미국의 뜻에 따르는 것을 뜻하고요. 민주주의의 본래 뜻과는 완전히 반대되지요!

그러나 민주주의라는 개념 자체는 그렇게 어렵지 않습니다. 민주주의는 만인에 의한 만인의 통치라는 뜻입니다. 적어도 근대를 통틀어 지난 400년에서 500년 동안 민주주의는 그런 뜻이었습니다. 민주주의는 모든 사람이 집단적 자치에 참여하는 것을 뜻해요. 물론 이런 참여를 실천하려면 메커니즘이 필요한데, 이 메커니즘이 어렵습니다. 그러나 개념적으로는 어렵지 않죠.

민주주의는 투쟁을 통해서만 밝혀질 수 있는 개념 가운데 하나죠. 일부 정치 과정은 이 개념을 둘러싼 싸움입니다. 사실 나는 종종 민주주의나 공산주의처럼 중요하게 생각하는 용어가 내 생각과는 완벽하게 다른 의미로 받아들여지고 있다는 사실을 발견하게 될 때가 있습니다. 책이나 다른 매체뿐만 아니라 심지어 좌파 동료들도 어떤 대중적인 이해를 공유하고 있죠. 이를테면 공산주의는 일반적으로 국가에 의한 통치로 이해됩니다. 내 생각과는 정반대되는 뜻이죠. 민주주의에 대해서는 이미 살펴보았습니다. 이제 당신은 선택을 해야 합니다. "좋아, 민주주의나 자유는 부시 마음대로 사용하라지! 우리는 다른 용어를 쓰면 되는 거야"라고 말하면서 새로운 개념을 만들어 낼 수 있죠. 아니면 기존의 개념을 둘러싸고 싸움을 벌일 수도 있고요.

사실 내가 미국 정치사를 즐겨 읽는 이유 가운데 하나는 이른바 건국의 아버지들이 아무 것에나 민주주의라는 이름을 붙이지 않았기 때문이에요. 건국의 아버지들은 자신들이 제안하는 것이 민주주의가 아니라는 사실을 알고 있었어요. 오히려 민주주의를 막으려고 했고 이 사실을 분명히 밝혔죠. 제임스 매디슨은 분명 위대한 사람이었습니다. 매디슨은 정부의 대의제적 성격은 민주주의를 막기 위한 방어막임을 인정했지요. 건국의 아버지들은 이렇게 생각했습니다. "대중은 통치할 준비가 되어 있지 않다. 그러니 대중의 통치를 막기 위한 확실한 장치가 필요하다. 즉, 우리에게는 통치할 엘리트가 필요하다. 헌법이 해야 할 일은 그런 엘리트를 만들어 내는 것이다." 건국의 아버지들은 적어도 정직했습니다. 오늘날 민주주의 개념을 둘러싸고 부정직한 태도가 난무하고 있는 현실이 안타깝네요. 의도된 부정직함이랄까요? 반드시 훌륭한 학자가 되어야만 민주주의의 의미를 알 수 있는 건 아닌데 말이죠.

좋아요. 그러면 정치는 어때요?

많은 면에서 정치는 관습화되어 있죠. 그러니까 '사람들에 대한 관리administration of people'라고 할까요? 사람들의 행동이나 사회조직을 관리 감독하고 통제할 구조들을 세우는 거죠. 그러나 이 개념에 맞서 제시되는 두 번째 정치 개념이 있습니다. 이 개념은 정치 주체와 그들의 자유에 초점을 맞춥니다. 다른 말로 정치란 우리가 우리 자신을 표현하는 형식입니다. 이런 의미에서 정치는 타인들 앞에서 발언하는 것이 됩니다. 우리는 주체를 근본적으로 전제하게 되고 따라서 우리 사회를 구성할 수 있게 되는 거죠. 나는 세 번째 정치 개념을 염두에 두고 있습니다. 이 개념은 우리를 원초적으로 고정되어 있는 존재로 보지 않는다는 점에서 약간 다르죠. 우리는 계속 변하는 존재입니다. 여기서 정치는 사회를 관리하는 게 아닙니다. 정치 주체가 공공장소에서 자신을 자유롭게 표현하는 것도 아니고요. 그보다 정치란 인간의 본성을 변화시키는 기획, 그 끊임없는 변화의 과정에 돌입하는 기획을 뜻합니다. 정치란 주체성을 만들어 내는 기획이 됩니다.

그런데 "인간의 본성을 변화시키고 주체성을 만들어 낸다"는 말을 들으면 현기증이 나죠? 우리는 이 현기증에 직면해야 합니다. 인간의 현재 모습과 우리의 능력은 모두 변합니다. 그런 변화에 착수하면서 방향을 제시하는 일에 정치의 첫 번째 목적이 있어요.

포스트모더니즘의 상대주의에 대한 일반적인 비판이 있죠. 여기 있는 여러분 모두 쉽게 떠올릴 법한 그 비판은 이거죠. "그러니까 당신은 우리가 내일 잠에서 깨기만 하면 세상이 완전히 달라질 거라 생각하는 겁니까?" 나는 결코 그렇게 생각하지 않습니다. 이런 비판 때문에라도 습관의 관점에서 생각하는 게 유용할 수 있죠. 우리에게는 특정한 사고 습관, 특정한 실천 습관이 있습니다. 일관성, 때로는 타성이라고도 부를 수 있지요. 우리는 하룻밤 사이에 변할 수 없어요. 우리가 변하는 과정은 빙하가 녹는 과정과 비슷해요. 그럼에도 정치는 이런 변화를 목표로 삼아야 한다고 생각합니다. 사실, 이 과정은 정치를 통해 이미 진행되고 있어요.

"작업장에는 장인이 있듯, 러시아 사람들에게는 정치적 지도자가 필요하다"고 말한 레닌의 통찰로 돌아가 볼까요?

레닌의 말은 사실입니다. 습관이 중요합니다. 사람들이 민주주의를 훈련해야 하는 이유도 이 때문입니다. 사람들은 본성상 민주주의를 실천할 능력이 없다고 말하려는 게 아닙니다. 사람들의 본성에 무엇이 있느냐 하는 문제는 아무런 의미도 없으며 아무런 차이도 낳지 않습니다. 실제로 중요한 건 사람들은 민주주의 훈련을 받아야 한다는 겁니다. 사람들은 스스로 통치할 준비가 돼 있지 않습니다. 사람들은 집단적으로 서로 협력하도록 훈련받지 않았어요.

"그런 훈련을 실시할 수 있는 메커니즘은 과연 무엇인가?" 이것이야말로 민주주의와 혁명을 달성하기 위해 풀어야 할 가장 시급한 숙제입니다. 여기서 '훈련'은 분명 어려운 개념입니다. 훈련이란 말은 당신에게 훈련할 내용을 정해 주고 그 방법을 가르쳐 줄 트레이너가 있다는 걸 함축하지만 지금까지 이야기한 맥락에 따르면 훈련은 우리 스스로 해야 하는 것이기 때문입니다. 그 훈련에 무엇인가 신비한 면이 있어야 한다는 게 아닙니다. 단지 마음만 먹는다고 그 즉시 할 수 있는 일이 아니라는 뜻입니다. 마라톤 훈련을 상상해 보세요. 어느 날 갑자기 나가서 마라톤을 할 수는 없죠. 마라톤을 하려면 훈련을 받아야 합니다. 시간이 필요합니다. 당신은 훈련을 합니다. 몸을 바꿔야 합니다. 규모는 마라톤보다 클지 모르지만 정치도 똑같은 방식으로 생각해야 하죠.

레닌은 사람들에게 민주주의를 실천할 능력이 없다고 이야기하면서도 "러시아 소작농은 어리석다"는 식의 단정하는 표현은 쓰지 않아요. 러시아 사람들에게는 특정한 습관이 있는데 그 습관은 학습된 거라고 합니다. 문제는 이것입니다. 사람들에게 민주적으로 행동하는 방법을 배울 수 있게 할 사회적 메커니즘 또는 사회구조는 무엇인가? 경제구조는 무엇인가?

"자본주의 안에서는 자유의 가능성도, 민주적 관계의 발전도 한계에 부딪힙니다"

이제 이런 질문을 할 수밖에 없겠군요. 더 민주적인 사회로 이행하는 데 필요한 사회구조는 뭘까요? 어떻게 이런 혁명 과정에 돌입할 수 있죠?

누군가가 "좋습니다. 마이크, 당신은 혁명을 원합니다. 그러면 우리가 혁명을 할 수 있는 방법은 무엇입니까?"라고 묻는다면 나는 이 질문에 대답할 만큼 똑똑하지 못합니다. 정말 나는 그 정도로 똑똑하지 못합니다. 그러니 이미 존재하는 사례들을 살펴보는 편이 훨씬 더 유익할 겁니다.

예컨대 오늘날 베네수엘라의 볼리바르 혁명*에 대해 생각해 보세요. 내가 제안하는 혁명 개념을 고려할 경우 어떻게 평가할 수 있을까요? 볼리바르 혁명을 평가하는 방법은 많습니다. 특히 미국이나 베네수엘라 미디어의 시각에서 보면 그 혁명에는 분명히 독재적이거나 중앙집권화된 요소가 있죠. 알다시피 차베스와 정부, 그리고 지금은 당이 베네수엘라 사회를 바꾸고 있지만 민주적인 방법을 통한 건 아닙니다. 베네수엘라에서 진행되는 과정의 어떤 면은 국가나 차베스

---

* Bolivarian Revolution, 우고 차베스Hugo Chávez가 이끈 베네수엘라의 대규모 사회 운동이자 정치 과정이다. 볼리바르주의 지지자들은 이 운동을 19세기 초 라틴 아메리카의 혁명 지도자이며, 남아메리카 독립전쟁 투사인 시몬 볼리바르의 이상을 사회 민주주의적으로 계승한 것으로 본다. 옮긴이

자신과 관계가 있는 게 사실입니다. 그러나 볼리바르 혁명은 공동체가 통제하는 자율적인 이웃과 도시, 그리고 자치적인 농촌 네트워크라는 새로운 구조로 이루어져 있는 것도 사실이죠. 많은 것이 뒤섞여 있는 상황입니다.

내가 제안하는 건 그런 혁명 과정을 평가하고 때로는 그 과정을 지도할 때도 사용할 수 있는 용어인 거죠. 물론 혁명 과정은 방금 말했듯 구분되어 있지 않습니다. 차베스 정부의 국가 권위는 사람들이 민주적으로 행동하는 데 필요한 기반을 마련해 주었기 때문이죠. 다시 말해 의료와 교육 등에서 기본적인 필요를 충족시켜 준 미시오네스misiones* 가 없었다면 자치와 민주주의, 협력 네트워크는 논의할 수조차 없었을 겁니다. 그러므로 차베스에 관한 내 관심사는 권위의 중심이자 카리스마적 지도자로서의 차베스 본인이 아닙니다. 민주주의 훈련을 장려하거나 가능하게 만든 차베스 정부의 방법이죠. 오늘날 라틴아메리카의 좌파 정부 가운데서는 볼리비아와 에콰도르가 베네수엘라보다 훨씬 더 좋은 사례일 겁니다. 아무튼 이런 모든 좌파 정부에서 가장 중요한 원동력은 정부와 사회운동 사이의 관계죠. 좌파 정부가 자신을 권좌에 올려놓은 사회운동을 위한 공간을 어느 정도 마련할 수 있고, 또 그 운동에 얼마큼 힘을 실어 줄 수 있는가 하는 겁니다.

훈련이라는 개념을 더 깊이 파 보고 싶어요. 훈련에는 신비한 요소 따위는 없다고 말했죠. 그렇다면 훈련은 일상적이고 소소한 활동을

---

* misiones, 우고 차베스 정부가 실시한 사회복지 프로그램. 옮긴이

가리키는 게 맞나요? 아니면 더 큰 사회운동을 후원하는 일처럼 중요한 활동이 요구되나요?

내가 민주주의에서 훈련이란 이런 것이다 하고 이야기를 한다면 당신은 이 훈련에 생각보다 많은 것이 포함되어 있지 않다고 생각할지 모르겠어요. 어쩌면 훈련은 매우 사소한 일일 수 있죠. 지방정부의 결정에 참여하고, 노동조건에 관한 결정에 참여하고, 학교 육성회에 참여하는 등의 활동처럼요. 사실이 그렇죠. 이런 훈련은 중요해요. 그러나 현 체제에서 허용되는 참여가 있는가 하면, 그렇지 않은 참여도 있다는 점을 알아야 하죠.

나는 출애굽exodus이라는 개념을 매우 좋아합니다. 파라오는 어느 시점이 되면 여러분을 그냥 내보내지 않죠. 성서에 나오는 출애굽은 바로 그 시점에서 이루어진 탈출의 과정입니다. 위계질서와 권위의 형식을 그저 포기해 버리는 일은 쉽지 않습니다. 그 질서와 권위는 당신을 평화롭게 떠나보내지 않을 겁니다. 당신이 노예 상태에서 벗어나기 위해 싸워야 하는 특정 시점이 오죠. 출애굽은 단순히 도망치는 게 아닙니다. 출애굽은 무장한 채 격렬한 전투를 하며 그런 메커니즘에서 벗어나는 것일 때가 많죠.

그렇다면 출애굽은 정확히 무슨 뜻일까요? 일터를 예로 들어 봅시다. 어떤 면에서 보면 자본주의적 업무 관계는 지극히 부자유스럽고 위계적입니다. 그 관계에는 한계가 있죠. 누군가 "내 직업은 참 좋아, 근무 시간도 알아서 정할 수 있고 집에서 일할 수도 있거든"하고 말했다고 합시다. 이 말은 사실이지만 한계가 있습니다. 당신에게는 사장이 있기 때문이죠. 당신이 사장이라면 상황은 더 나쁠 수도 있어요.

자본주의는 사장을 요구합니다. 또한 당신이 하는 일로 이득을 얻는 다른 누군가를 필요로 합니다. 이는 구조 자체에 내재하는 또 다른 권위 요소입니다. 자본주의가 노예제라는 말은 아니에요. 자본주의가 노예제의 요소를 가지고 있는 게 사실이고, 노예제 비유에 잘 들어맞는 사람들도 있지만 말입니다. 자본주의 안에서는 자유의 가능성도, 민주적 관계의 발전도 한계에 부딪힐 수밖에 없다는 말을 하고 있는 겁니다. 혁명 과정도 한계에 직면할 수밖에 없어요.

직면해야 할 민주적 가능성의 한계를 이야기하기로 하죠. 지젝의 연구가 떠오릅니다. 지젝은 많은 면에서 당신과 반대되는 지점에 놓여 있으니까요. 하지만 지젝도 혁명에는 폭력이 필요하다는 말에 동의할 겁니다. 우리 중 일부는 그 점을 받아들이기 어렵겠지만요.

혁명에 대해 말할 때마다 "혁명은 폭력적이어야 하나요?"라는 질문을 늘 받습니다. 성가신 질문이죠. 그러나 그 말은 사실입니다. 혁명은 폭력적이어야 합니다. 파라오가 당신을 떠나게 내버려 두지 않을 테니까요. 파라오가 당신을 떠나게 내버려 둔다면 혁명은 폭력적일 필요가 없습니다. 자본이 우리를 떠나게 내버려 두면 문제는 전혀 없죠. 그러나 갈등이 폭발하는 시점이 존재할 수밖에 없어요. 내가 말하는, 혁명적 투쟁 과정에서 나타나는 폭력이란 따라서 늘 방어적입니다. 파라오의 군대에 맞서 방어전을 펼쳤던 이스라엘의 아론과 모세처럼 말이죠. 출애굽으로서의 혁명에는 이런 식의 폭력적인 요소가 따릅니다.

"혁명, 내부에서 뒤집어엎기"

화제를 옮기기 전에 노동에 대해 더 이야기하죠. 몇 년 전 당신이 비물질적 생산immaterial production과 정서적 노동affective labor에 관해 강연하는 모습을 본 적이 있습니다. 이 주제와 관련된 글도 여러 차례 쓴 걸로 알고 있고요. 이 주제들은 지금 우리가 하고 있는 이야기와도 관계가 있을 것 같은데요?

네. 그래요. 우리가 이야기해야 할 중요한 문제 가운데 하나가 노동입니다. 노동은 우리 삶의 대부분을 지배하는 것이면서 우리가 가장 큰 부자유를 경험하게 되는 장소죠. 동시에 우리는 노동을 통해 새로운 능력을 배울 수도 있습니다.

따라서 우리가 어디에서 민주주의를 훈련하는지, 또 민주주의를 훈련하기 위해 어떤 도구들을 사용할 수 있는지 말하려면 먼저 우리의 노동적 삶의 측면을 들여다보는 게 도움이 될 겁니다. 공장 생산이 지배하는 시대는 분명 막을 내리고 있습니다. 그러나 우리는 공장에서 노동자의 위대한 능력을 언제든 확인할 수 있죠. 물론 엄청난 제약이 있기는 하지만 공장에는 훌륭한 학습과 위대한 연민, 그리고 노동운동에 대한 벅찬 자부심 같은 것도 있습니다. 노동조합은 늘 노동자가 가진 지식을 강조해 왔어요. 노동자들은 모든 것을 만드는 방법을 알고 있죠. 그들은 사회를 만드는 사람들인 거죠. 오늘날 우리는 노동이 어떻게 변했는지 생각하고 노동의 지배적인 형식이 무엇인지, 사람들이 노동에서 어떤 지배적인 능력을 배우고 있는지 질문해야 합니다.

　나는 공저자인 토니[안토니오 네그리]와 함께 노동의 변화를 재고하고 있습니다. 우리는 전통적으로 '노동자계급의 구성composition of the working class'이라고 하던 것에 주목하고 있어요. 내 말은, 아니 우리의 가설은 이렇습니다. 우리는 마르크스 시대 이후로 지난 150년 동안 산업 생산이 경제를 지배해 왔듯이, 오늘날에는 우리가 '비물질적 생산'이라 부르는 생산 방식이 경제를 지배하고 있다고 봅니다. 더 좋은 표현으로 '삶 정치적 생산'*이 있지요. 지배는 양적인 것이 아닙니다. 마르크스가 글을 쓰던 당시에도 사람들 대부분은 공장에 있지 않았어요. 사실 들판fields에 나가 있었지요. 오늘날에도 사람들 대부분은 현장fields에 나가 있을 겁니다. 그러니 지배는 양적인 것이 아니라 질적인 겁니다. 중요한 것은 다른 생산 형태와 사회 자체에 산업의 질이 부과되었다는 점이에요. 우리는 오늘날 산업은 더 이상 지배적인 역할을 수행하지 못한다고 주장합니다. 이제는 비물질적 생산이 지배적 생산 양식이 되고 있습니다. 아이디어, 이미지, 소통, 정서 등, 대체로 비물질적인 구성 요소를 가진 것들이 생산되고 있는 겁니다. 여기서 '지배적'이라는 표현을 쓰는 이유는 이런 생산의 질이 점진적으로 규범이 되어 가고 있다는 뜻에서입니다.

　사람들이 정서를 생산하고 있다고 했을 때, 그 생산의 질에 대해 생

---

* biopolitical priduction. 하트와 네그리는 『다중』 서문에서 오늘날 새롭게 지배적이 되고 있는 노동 형태를 '삶 정치적 생산'으로 특징짓는다. 하트와 네그리의 설명에 따르면, 사고나 이미지, 정서, 그리고 관계 등을 포함하는 비물질적 생산은 "경제적, 문화적, 정치적인 것에 걸친 사회적 삶의 모든 부면들을 생산"한다는 점에서 "삶 정치적 생산"이라고 부를 수 있다.(『다중』, 조정환 · 정남영 · 서창현 옮김, 세종서적, 2008) 옮긴이

각해 보세요. 일반적인 사례를 들면 항공기 승무원이 있죠. 물론 승무원들은 베개를 건네주고 안전 수칙을 지키는 등의 물질적인 업무를 수행합니다. 물질적인 것을 생산하는 셈이죠. 그러나 그들의 노동은 많은 부분 정서적입니다. 승무원들은 정서를 생산합니다. 사람들을 친절하게 대하고 사람들에게 편안함을 준다는 점에서요. 의료 분야에 종사하는 일부 노동자들도 정서를 생산합니다. 패스트푸드 점 노동자들에게서도 그런 모습을 볼 수 있을 겁니다. 이들은 '미소를 제공하는 서비스'를 합니다. 승무원, 의료계 노동자, 패스트푸드 노동자, 모두 정서와 관계를 생산합니다. 그런데 정서를 생산하는 일은 때로 끔찍한 착취를 포함하기도 하고 집단적으로 협력하고 스스로를 통치할 능력을 제한하기도 합니다. 하지만 또 다른 측면에서 정서적 노동은 사회관계를 창조할 수 있는 능력을 길러 사람들을 무장시키기도 해요.

물론 "그러면 델리의 콜센터*에 근무하는 사람들은 정서적 노동을 하고 있으니 새로운 혁명 투사인 셈이군요!"라고 말하며 내 생각을 비웃을 수 있습니다. 그러나 중요한 것은, 정서적 노동과 비물질적 생산을 할 수 있는 능력에는 사회관계를 직접 생산하는 능력이 포함되는데, 이건 엄청난 능력이라는 겁니다. 기존의 산업 노동조합을 생각해 보세요. 예를 들어 자동차 공장 노동자는 차의 모든 부품을 만들 줄 압니다. 반면 엔지니어는 조금만 알고 공장 소유주는 아무것도 모르기 일쑤지요. 따라서 공장 노동자는 그런 생산 능력에 자부심을 갖습니다. 훌륭한 자부심이지요. 이런 자부심을 현 상황에 옮겨 놓는다

---

* 미국과 영국의 대기업들이 비용 절감을 위해 자사의 콜센터를 인도의 델리나 뭄바이 등으로 아웃소싱 하는 게 오랜 추세다. 옮긴이

면 어떤 일이 벌어질까요? 정서적 생산과 비물질적 생산, 문화 생산, 이미지 생산 등에 종사하는 사람들의 경우에는 또 어떤 일이 벌어지 겠습니까? 이들은 사회관계를 생산하는 일에 관한 한 전문가가 되어 가고 있습니다. 이제 먼 길을 돌아 이 문제를 마무리하자면 사회관계 를 생산할 수 있는 훈련과 집단적 능력이야말로 민주주의 훈련이 이 루어질 수 있는 영역이라는 겁니다.

물론 현재의 훈련 방식은 민주적이지 않습니다. 고전적인 관점에 서 마르크스의 소외 개념은 별 의미가 없지만 이 경우에는 좀 다릅니 다. 내적인 것[정서]이 외적인 것[상품]이 되어 임금을 벌기 위해 팔아 야 하는 어떤 것으로 바뀌었습니다. 항공기 승무원의 사례로 돌아가 보죠. 승무원들은 호감과 사랑, 친절처럼 우리가 매우 중요하게, 또 내적인 것으로 생각하는 정서를 강요당합니다. 사장의 명령이 있는 한, 승무원들은 서비스를 받을 자격이 없는 사람들에게도 서비스를 제공해야 하죠. 여기서 민주적이지 않은 요소가 발견됩니다. 이 비민 주적 요소가 이들 직업을 매우 끔찍한 것으로 만들죠.

지금까지 이야기한 것들이 어떻게 혁명을 함축하고 있으며, 심지 어는 반자본주의적 입장을 함축하고 있다고 말할 수 있나요?

배울 수 있는 능력과 화를 내거나 저항할 수 있는 능력이라는 측 면에서 노동을 바라보세요. 그 노동이 내가 이야기한 혁명 개념을 함 축하고 있습니다. 혁명은 반자본주의적 기획이지만 매우 특수한 방 식을 따를 때만 반자본주의적 기획이라 할 수 있어요. 단지 자본주의 사회와 자본주의 생산이 만들어 낸 모든 것을 거부한다고 해서 혁명은 아니죠. "나는 그들이 만든 영화는 보러 가지 않겠어!, 나는 그들이 만든 세상엔 참여하지 않을 거야!, 나는 나 자신을 제거하고 말거야!……." 혁명은 그런 게 아닙니다. 혁명은 내부에서 뒤집어엎는 겁니다. 내부에서 뒤집어엎는다는 게 무슨 뜻일까요? 자본주의적 사회관계와 노동관계 내부에는 협력 회로를 요구하는 특정 요소가 있습니다. 혁명은 자본주의 노동 내부에서, 자본주의 생산 내부에서, 자본주의 사회 내부에서, 그러한 요소들을 해방시키는 방식으로 우리가 이미 가지고 있는 역량과 능력을 변화시킵니다. 그 회로를 작동하게 하는 자본의 명령에서 벗어난 형태로 말이지요.

공장 노동자 사이에는, 기계를 둘러싼 노동자 사이에는 특정 종류의 협력이 요구됩니다. 이 요구는 산업의 탄생과 함께 공장에서 시작됐습니다. 과거의 많은 공산주의 혁명이 이 협력을 기반으로 삼았습니다. 볼셰비키의 이상도 부분적으로는 이 협력을 기반으로 하고 있죠. 공장의 협력, 공장 노동자의 조직 구조는 혁명 전위대의 모델이 될 겁니다. 한편 공장 외부에서 새로운 생산 형태가 점점 지배적인 위치를 차지하게 되면서 협력은 점점 더 많이 요구되고 있습니다. 오늘날 우리가 생각해야 하는 것은, 자본주의적 생산이 함축하고 요구하는 협력과 소통, 즉 자본이 요구하기도 하고 좌절시키기도 하는 협력과 소통을 훨씬 더 일반적이고 수평적으로 달성할 수 있는 네트워크입니다. 이 네트워크는 우리가 이야기했듯 민주주의를 훈련할 수 있는 기반이 될 것이며, 어쩌면 반자본주의적 대안 또는 포스트 자본주의적 대안을 생각할 수 있는 도약대나 출발점을 제공할 수 있을 겁니다.

"혁명에 어울리는 장소는 어디인가?"

그러면 지성인, 즉 아이디어를 생산하는 비물질적 생산에 종사하는 사람들은 어떤 일을 해야 하죠? 혁명적인 이 새로운 세상으로 나아갈 로드맵을 제공하는 게 그들의 몫인가요?

사실 어떻게 대답해야 할지 모르겠네요. 일화 하나가 떠올랐어요. 어느 날 컬럼비아의 한 국립대학에서 나는 네그리와 함께 쓴 『제국』과 『다중』, 그리고 혁명 개념 등을 주제로 강연을 하고 있었습니다. 첫 번째 질문자가 묻더군요. "당신은 북아메리카의 훌륭한 이론가죠. 그러니 우리가 무엇을 해야 하는지 가르쳐 주십시오." 나는 마음이 불편해져서 잠시 말을 더듬다 이렇게 말했습니다. "무엇을 해야 하는지 나에게 묻지 말고, 전 세계의 사례를 살펴보세요." 두 번째 질문자는 또 물었습니다. "당신은 당신이 대체 누구라고 생각합니까? 우리에게 무엇을 해야 할지 알려 주려고 이곳에 온 북아메리카 이론가 아닌가요?" 그 말을 듣고 나는, 제기랄, 함정에 빠진 느낌이었죠. 진심입니다. 나는 분명 그 두 번째 질문자의 말에 동의하고 있었습니다.

우선, 철학자들은 자신의 이론이 어떤 방식으로든 문제를 해결하고 적극적인 실천으로 옮겨질 것이라고 자부하지 말아야 해요. 두 번째, 사람들은 철학자에게 그런 질문을 하지 말아야 하죠. 그런 질문 앞에서 나는 대체로 이런 반응을 보입니다. "어떻게 해야 할지 묻지 말라. 그런 질문에 답변하려고도 하지 말라. 그보다는 사람들이 이미 행동에 옮기고 있는 것들이 무엇인지, 그 운동에서 어떤 이론화 작업이 집단적으로 이루어지고 있는지 살펴보라."

나는 지적으로나 정치적으로, 사상의 대가라는 식의 오래된 프랑스식 모델에 대한 편견과 이론가와 철학자에 대한 편견을 가지고 자랐습니다. 그들은 늘 자신을 따르는 추종자를 거느리며 심지어 정치적 운동까지도 그를 좇아 일어난다고 합니다. 언제나 **그게** 문제였죠. 나는 사고의 실제적인 혁신은 사실 집단적으로 이루어지는 것이지 고독한 철학자가 낳은 결과가 아니라고 생각하는 쪽에 훨씬 더 가깝습니다. 때로 철학자는 사람들이 하고 있는 일을 요약해서 표현하기도 합니다. 사람들이나 기자들이 반세계화 운동을 가리키며 "이 모든 사람들이 당신이 말한 것을 행하고 따르고 있습니다. 기분이 어떠십니까?"하고 물으면 나는 이렇게 답합니다. "누구도 나를 따르지 않습니다. 내가 그들을 따르고 있는 겁니다."

저기 있는 저 거북이들을 보세요. (햇볕을 쬐러 나온 거북이들로 뒤덮인 바위 옆을 지나가던 참이었다. 우리 모두 그 그림 같은 목가적인 풍경에 감탄했다.) 그리고 보니 촬영 장소에 대해 한 마디도 하지 않았네요.

우리가 배를 타고 있다는 사실에 대해서요? 맞아요. 사실 우리가 나누는 대화의 주제를 생각한다면 좀 이상하게 보일 수도 있겠네요.

네. 부르주아 수준을 넘어서 귀족적입니다. 이처럼 귀족적인 장소에서 혁명을 이야기한다는 건 상당히 부적절하다는 느낌을 지울 수가 없어요. 이곳은 뉴욕에서도 가장 부유한 사람들이 찾는 공원이죠. 그 공원의 아름다운 연못에서 배를 탄 채 노를 젓고 있다니, 거의 모순처럼 보입니다.

그러면 혁명에 어울리는 장소란 어떤 곳일까요? 우리는 몇 달 동안 토론한 결과 멕시코와 미국의 국경선 역할을 하는 담이나 노스캐롤라이나의 버려진 공장 주변처럼 너무 그럴 듯한 곳들은 택하지 않기로 했거든요.

문제는 혁명에 어울리는 장소라는 말이 이미 진부해졌다는 거죠.

맞아요. 이곳에서 촬영하기로 한 것도 그 때문이죠. 이곳은 우리 모두에게 편리한 장소였고요. 당신도 뉴욕에서 살 때 센트럴파크를 즐겨 찾았다고 말했어요. 하지만 당신 말이 맞아요. 우리가 이야기하는 내용과 이야기가 이루어지는 환경을 구분하는 건 좀 이상해요. 이에 관해 좀 더 할 말이 있을 것 같은데요?

혁명을 상징할 만한 장소를 생각해 내는 건 어려운 일이에요. 어떤 면에서 우리는 최악의 장소에 와 있는 거죠. 이곳은 우리가 지금 껏 이야기해 온 혁명을 방해하는 부와 권력의 한복판에 자리 잡고 있으니까요.

당신이 빈곤의 풍경이나 노동과 생산 현장을 촬영 장소로 선택한다면 그것 또한 진부할 겁니다. 그럴 경우 당신은 혁명으로 혜택을 받을 사람들, 심지어는 혁명을 실행할 주체나 행위자들을 보여 줄 게 뻔하죠. 그러나 또 다른 측면에서 혁명을 상실과 박탈로 바라보는 관념에 맞서 작업하는 게 적절할 수 있다는 생각이 듭니다. 바꿔 말해 혁명은 때로 그 개념이 비극과 연관되어 있다는 이유로 사람들의 불신을 사기도 합니다. 혁명이 일어나면 마치 모두가 향유하고 있던 즐거움을 포기라도 해야 할 것처럼 말이죠. 나라면 '모두를 위해 모든 걸 바라는 것'이라는 맥락에서 혁명 개념을 규정할 겁니다. 혁명이 즐거움이나 욕망의 실현과 맞닿아 있는 일이라는 걸 보여 주기 위해서요. 혁명은 세상 모든 사람들을 똑같이 비극에 처하게 하려는 게 아닙니다. 오히려 혁명은 우리 모두가 세상에서, 그리고 서로에게서 즐거움을 발견할 수 있게 하는 변화여야 합니다. 그러니까 이곳에서 촬영하는 건 적어도 빈곤으로서의 혁명 개념에 맞서는 데 도움이 될 겁니다. 그리고 세상의 즐거움과 다른 세상에서 우리가 누리게 될 더 큰 즐거움에 대해 생각해 보는 기회가 될 수도 있죠.

따라서, 다소 삐딱하게 들릴지는 모르겠지만 이 공원은 혁명을 이야기하기 적합한 장소입니다. 이 전원적인 장소는 혁명에 반대하거나 심지어는 혁명에 맞서는 것처럼 보입니다. 즉, 오래된 부와 권력의 안정성, 그리고 부자들의 여가 활동을 연상시키는 장소이지요. 이 공원은 다소 기묘한 방식으로 "누가 혁명을 생각할 수 있고, 누가 혁명을 원하는가?", "혁명을 생각하기에 적당한 장소는 어디며, 누가 혁명에서 혜택을 볼 것인가?"와 같은 쟁점을 다루는 데 도움이 될 겁니다. 이상해 보이는 이 장소가 혁명을 상상하는 데 방해가 되는 한계를 무너트린다는 점에서 도움이 될 수 있다는 거죠.

우리는 혁명적인 변화를 가져다 줄 행위자를 저 밖에 세워 두려는 것 같아요. 제3세계의 소작인과 노동자, 가난한 사람, 유색인, 그리고 심지어는 학생들까지 말이에요. 그들을 그렇게 세워 둔 채로 우리는 낚시 바늘을 던지죠. 사회를 변화시키는 일은 늘 다른 사회 집단의 책임이지 우리의 책임이 아니라는 식으로요.

맞는 말이에요. 오늘날 혁명은 가장 가난한 사람들, 세상에서 가장 많이 배제된 사람들만 할 수 있다는 생각이 퍼져 있는 것 같습니다. 과거에는 오직 백인 남성 공장 노동자만이 혁명을 일으킬 수 있다거나 좀 더 일반적으로는 유럽인들, 또는 세계적인 엘리트들만이 역사와 사회 진보를 일굴 수 있다고 주장했죠. 이에 대한 완벽하게 정당화된 보상 개념으로서 가난하고 배제된 사람들만 혁명을 할 수 있다는 주장이 나온 것 같아요. 그러나 가장 배제된 사람들, 가장 가난한 사람들만이 혁명을 할 수 있다는 그런 생각 때문에 우리는 오늘날 혁명에 관해 균형 잡힌 시각을 갖기 어려워졌습니다.

나는 누구에게나 평등하게 혁명을 일으킬 기회가 있다는 "혁명에 관한 기회 평등론equal-opportunity theory of revolution"을 제안합니다. 어쩌면 순진한 생각일 수도 있지요. 그러나 세상을 변화시켜 더 민주적인 세상으로 만들 방법을 고민하는 일은 우리 모두의 관심사이자 우리 모두의 책임입니다.

"미국에서는 혁명이 일어날 수 없다"거나 "유럽에서는 혁명이 일어날 수 없다"는 말은 의미가 없어요. 모두가 너무도 평온하고 또 미국인들과 유럽인들에게는 잃을 것이 너무 많다며 그런 말을 하죠. 그러나 반대로, 그들은 [혁명을 통해] 엄청나게 더 많은 걸 얻게 될 겁니다. "더 나은 세상은 가능하다"하고 말할 때, 우리는 오늘날 가장 못 살고 있는 사람들에게 더 나은, 그런 세상을 말하는 게 아닙니다. 우리 모두에게 더 나은 세상을 말하는 거죠.

마이클 하트Michael Hardt

마이클 하트는 워싱턴D.C에서 태어났다. 1970년대에 에너지 파동을 겪으면서 대체 에너지에 관심을 가지게 되어 펜실베이니아에 있는 스와스모어 대학에서 공학을 전공했다. 졸업 이후 태양 에너지와 관련된 여러 회사를 전전하다가 중앙아메리카에 있는 비정부기구에서 미국이 지원한 컴퓨터를 가져와 엘살바도르 대학교에 기증하는 일을 하기도 했다. 비교문학을 공부하기 위해 시애틀에 있는 워싱턴 대학교에 온 것은 1983년이었다.

2000년 하트는 안토니오 네그리와 함께 국제적인 베스트셀러 『제국』을 썼다. 안토니오 네그리는 하트의 스승이자 동지로, 당 중심의 기존 마르크스주의 운동의 한계를 벗어나 대중의 자율성과 그 힘을 강조하는 이탈리아 자율주의(아우토노미아) 운동의 창시자다. 네그리는 『제국』의 후속작 『다중』 말고도 많은 책을 하트와 함께 썼다. 『제국』에서 보여 준 바 있는 오늘날의 계급 억압, 지구화, 온갖 서비스의 상품화(또는 감정의 상품화)가 가진 위력은 오히려 저자들을 통해 전례 없는 규모의 사회 변화를 가져올 가능성으로 되비쳐진다. 그리하여 『다중』에서는 전면적인 세계화 속에서 민주주의를 가능하게 하는 지점으로 '다중'이 출현한다.

『제국』과 『다중』은 마르크스주의의 이론적 침체기에 큰 대중적 반향을 불러일으켰으나 상당한 비판이 제기된 것도 사실이다. 대표적인 비판서로는 『제국이라는 유령』(알렉스 캘리니코스, 엘린 메익신즈 우드 외 지음, 고팔 발라크리슈난 엮음, 김정한 옮김, 이매진, 2007)이 있다.

현재 듀크 대학교 문학 교수로 재직 중인 하트는 정치, 법, 경제, 사회 분야를 아우르는 세계화의 여러 양상을 다루고 있으며, 마르크스, 제퍼슨, 그람시, 푸코, 들뢰즈와 가타리 등 비판 이론과 정치 이론의 역사에 등장하는 굵직한 사상가들이 그의 강의 주제다.

한편, 마이클 하트와 안토니오 네그리는 월가 점령 운동과 관련하여
2011년 10월에 "로어 맨해튼의 야영 시위대가 대의제의 실패를 말하다"라
는 제목의 글을 『포린 어페어스Foreign Affairs』에 싣기도 했다.

주요저작

*The Art of Organization: Foundations of a Political Ontology in Gilles
Deleuze and Antonio Negri*, University of Washington, 1990. (『네그
리 사상의 진화』, 정남영 · 박서현 옮김, 갈무리, 2008)

Gilles Deleuze: an Apprenticeship in Philosophy, Minneapolis :
University of Minnesota press, 1993. (『들뢰즈 사상의 진화』, 김상운 · 양
창렬 옮김, 갈무리, 2004)

Labor of Dionysus: a Critique of the State-form, with Antonio Negri,
Minneapolis : University of Minnesota Press, 1994. (『디오니소스의 노
동1-국가형태 비판』, 안토니오 네그리 공저, 이원영 옮김, 갈무리, 1996)

Empire, with Antonio Negri, Cambridge, Mass. : Harvard University
Press, 2000. (『제국』, 안토니오 네그리 공저, 윤수종 옮김, 이학사, 2001)

Multitude: War and Democracy in the Age of Empire, with Antonio
Negri, New York : The Penguin Press, 2004. (『다중: 제국이 지배하는
시대의 전쟁과 민주주의』, 안토니오 네그리 공저, 정남영 · 서창현 · 조정환 옮김, 세
종서적, 2008)

Commonwealth, with Antonio Negri, Cambridge: Belknap Press of
Harvard University Press, 2009.

생태 *Ecology*

7장 슬라보예 지젝: 생태

슬라보예 지젝은 슬로베니아의 철학자이자 문화 비평가다. 유럽대학원의 교수, 런던 대학교 버크벡 대학 〈버크벡 인문학 연구소〉의 인터내셔널 디렉터, 슬로베니아 류블랴나 대학 〈사회학 연구소〉의 선임 연구원으로 있다. 『이데올로기라는 숭고한 대상Sublime Object of Ideology』, 『까다로운 주체The Ticklish Subject』, 『시차적 관점Parallax View』 등 많은 책을 집필했고 대부분이 한국어로 번역되었다. 지젝은 애스트라 테일러가 감독하고 〈자이트가이스트 필름스Zeitgeist Films〉가 배포한 다큐멘터리 〈지젝!〉의 주인공이기도 하다.

생태를 주제로 이야기를 나누기에 쓰레기 처리장보다 좋은 곳은 없다. 쓰레기 처리장을 촬영 장소로 정한 데는 별다른 이유가 필요치 않았다. 지난 여름, 나는 멕시코 티후아나의 거대한 쓰레기 매립지에서 한동안 시간을 보냈다. 악취 속에 살며 일하는 넝마주의의 삶을 다큐멘터리로 찍기 위해서였다. 이번에도 그때와 비슷한 묵시론적 분위기를 원했다. 우리가 촬영 장소를 물색하는 기간 동안 슬라보예 지젝은 런던에 있었다. 스태프 여섯 명과 주인공이 함께 거닐 수 있는 쓰레기 처리장을 찾는 데 현지 친구들의 도움을 받았다. 우리는 모두 오렌지색 조끼에 노란색 안전모를 착용했다. 쓰레기 처리장에서는 누구나 조끼와 안전모를 걸쳐야 했다. 우리가 간 곳은 쓰레기를 변두리의 최종 매립지로 보내기 전에 잠시 모아 놓는 곳이었다. 그곳 사람들은 각자 자기 일을 하느라고 바빴다. 십여 개의 비교적 작은 재활용 센터는 쓰레기 처리장의 공적인 얼굴을 보여 주고 있는 것 같았다. 안에는 사용했던 건축자재와 버려진 가전제품, 잡다한 폐품을 모아 놓은 더미들은 물론 냄새가 고약한 쓰레기를 모아 놓은 더미들도 있었다. 트럭과 트랙터 한 부대가 더미 주변을 마구 돌아다니는 동안, 이상한 액체가 위에서 분사됐다. 악취를 줄이려는 것이었으나 효과는 없었다. 반면 날씨는 화창하고 파란 하늘에서는 새들이 지저귀고 있었다. 참으로 완벽한 대비였다.

테일러 됐습니다. 이제 시작하기로 하죠. (아이러니하게) 자연스럽게 움직이세요!

지젝 그런 말 마세요. 나는 자연스러운 거와는 거리가 멀어요.

그래서 그렇게 말한 거예요. 당신을 괴롭히려고요.

예, 알았습니다. "편하게 있으라be spontaneous"는 말이죠? 사람을 망가트리는 말이죠. 섹스를 할 때 발기부전인 남성에게 건넬 수 있는 최악이 말이 뭔지 아십니까? "긴장 풀고 편하게 해"랍니다. 남성을 완전히 무너뜨리죠. 절대 명령이기 때문입니다. "편하게 어서 하라니까. 더는 피해갈 수 없어."

그럼 부자연스럽게 움직여요! 됐죠?(웃음) 당신이 편지로 쓰레기와 환경이라는 주제에 초점을 맞추자고 제안했을 때 깜짝 놀랐어요. 왜 이 주제죠?

생태나 생태 문제에 접근하는 방식은 오늘날 이데올로기 지형에서 꽤 중요한 부분을 차지합니다. 나는 현실을 헛되고 그릇된 방식으로 생각하고 인식하게 한다는 전통적인 의미에서 이데올로기라는 표현을 사용합니다. 왜 그럴까요? 이데올로기는 단지 거짓된 이상을 꿈꾸는 게 아닙니다. 이데올로기는 매우 실제적인 문제에 대해 말하지만 문제를 신비화합니다. 그러나 사람들은 자주 이데올로기의 신비화 전략을 못 보고 지나치지요.

오늘날 관용tolerance이 중요한 이데올로기적 개념이 된 것도 바로 그런 이유 때문입니다. 관용은 내가 중요하게 생각하는 사례죠. 물론 문제는 실재합니다. 불관용은 분명 존재합니다. 인종차별과 성차별처럼, 또 사람들은 강간을 당하고 때로 살해당하죠. 무엇이 문제일까요? 인종차별? 존재합니다. 그런데 인종차별은 왜 자동적으로 불관용과 관용의 관점에서 해석되거나 인식되는 걸까요? 오늘날 관용 개념은 이데올로기가 됐습니다. 왜요? 실재하는 문제에 성적·인종적·종교적 불관용이라는 이름을 붙임으로써 그 문제들을 관용의 문제로 인식해 문제를 신비화하기 때문입니다. 마틴 루서 킹Martin Luther King

에게, 인종차별은 관용의 문제가 아니었습니다. 킹은 백인에게, 흑인에게 관용을 베풀라고 부탁하지 않았습니다. 그건 말도 안 되는 부탁이죠! 킹은 인종차별을 평등과 경제 정의, 법적 권리 등의 문제로 봤어요. 오늘날 우리는 인종차별을 관용의 문제로 인식하고요. 인종차별을 문화적 차이의 문제로 인식한다는 겁니다. 이런 인식이 바로 신비화mystification입니다. 경제나 공공 공간 같은 영역들은 깡그리 사라지고 있어요.

이 탈정치의 시대, 경제가 전문가의 문제가 되어 버린 시대에 유일하게 남은 갈등은 문화적 갈등뿐입니다. 모든 갈등은 문화적 갈등으로 해석돼야 하죠. 인종차별은 착취의 결과가 아니라 다른 문화를 불관용한 결과고요. 이런 식입니다. 그러니 알겠죠? 관용을 위한 투쟁이 어떻게 신비화를 수반하게 되는지 말입니다. 우리가 문제를 설명하는 방식에 이미 그 신비화 전략이 숨어 있어요. 물론 관용을 위한 싸움은 훌륭한 대의지요. 불관용을 지지한다는 소리는 아니에요.

생태도 마찬가지입니다. 물론 생태는 최근에 대두된 문제죠. 이 문제를 어떻게 해결하느냐에 따라 말 그대로 인류의 운명이 결정될 겁니다. 우리 모두 사라질지 모르죠. 그러나 생태를 규정하고 생태 문제를 인식하는 방식은 늘 신비화를 수반합니다. 원칙처럼 말이죠. 신비화는 문제의 근간에서부터 시작됩니다. 자연을 일종의 조화로운 균형으로 보는 것이죠. 조화로운 자연은 인간의 오만과 자연을 착취하고 지배하려는 인간의 지나친 욕망 등으로 균형을 잃고 어긋나게 되었다는 겁니다.

"자연은 없다"

이데올로기에 대해, 그리고 이데올로기가 실재하는 문제를 어떻게 채색하고 있는지에 대해 좀 더 말해 보죠. 생태 문제가 어떻게 이데올로기적으로 채색되는지 보여 주는 또 다른 사례는 없나요?

생태는 오늘날의 문제입니다. 그러나 우리가 이 문제에 제대로 접근할 수 없는 이유는, 생태가 이데올로기적 투기의 장소가 돼 버렸기 때문이죠. 이데올로기 메커니즘 가운데 가장 기본적인 게 의미의 유혹temptation of meaning이라는 거죠. 무언가 끔찍한 일이 벌어지면 우리는 자연스럽게 그 끔찍한 일의 의미를 찾습니다. 그 일에는 반드시 의미가 있어야 합니다. 에이즈를 예로 들어 봅시다. 에이즈는 트라우마였죠. 보수주의자들은 앞 다퉈 에이즈는 죄 많은 우리 삶에 내려진 형벌이라고 말했습니다. 재난을 형벌로 해석할 경우, 그 재난을 감당하는 일이 더 쉬워집니다. 재난은 그저 끔찍하기만 한 맹목적인 힘이 아니라 의미를 가지고 있다는 거죠. 당신이 어떤 재난을 당했다고 생각해 보세요. 그 재난이 그냥 일어났다기보다는 신이 당신에게 벌을 내린 것이라고 생각하는 편이 더 나을 겁니다. 신이 당신에게 벌을 내렸다면 그 벌은 의미의 세계에 속합니다. 생태도 이런 식으로 이데올로기가 되지요. 생태 분야는 이데올로기적으로 채색되어 있습니다.

생태는 대개 인간의 오만함, 지나친 개발에 대한 징벌로 해석됩니다. 우리는 자연을 지배하고 싶어했고 우주의 주인이 되고 싶어했으며, 그 결과 지구나 자연, 신처럼 우리를 벌할 수 있는 더 높은 힘 앞에 보잘 것 없는 인간이라는 점을 잊고 말았다는 논리죠. 알다시피 마르크스는 종교를 민중의 아편으로 규정했어요. 생태가 서서히 민중의 새로운 아편이 되고 있다고 주장하는 것도 같은 이유에서입니다. 무슨 뜻이냐고요? 우리는 종교에서 완벽한 권위를 기대하죠. 신의 말이니까 따지지 말라는 겁니다. 종교는 궁극적인 권위를 제시합니다. 어떤 조치나 금기, 명령을 신성한 계명이라고 정당화한다면 논쟁이 일어날 일이 없습니다. 나는 오늘날 생태가 점점 더 더 궁극적인 통제수단이 되어 가고 있다고 생각합니다.

이로써 우리는 또 다른 역설에 부딪힙니다. 생태는 보수화되고 있습니다. 오늘날 생태는 점점 보수주의 이데올로기로 기능하고 있어요. 극저온학*의 발전 등, 새로운 과학적 돌파구가 마련될 때마다 생태는 마치 보이지 않는 어떤 한계를 넘지 말라고, 침범하지 말라고 말하는 것 같습니다. "그렇게 하지 말라. 너무 지나치다." 오늘날 생태는 점점 더 이런 목소리에 가까워지고 있습니다. "DNA를 가지고 장난치지 말라", "자연을 갖고 장난치지 말라", "그렇게 하지 말라" 등, 변화에 대한 이런 기본적이고, 보수적이고, 이데올로기의 원형 archideological에 가까운 불신이 오늘날의 생태입니다.

한편으로 생태학자들은 우리에게, 인류가 생존하려면 우리가 변해야 한다고 설득하려 하죠. 동시에 과학이나 기술 등에 새로운 돌파구가 마련될 때마다 생태학자들은 걱정하기 시작합니다. "무슨 일

---

* cryogenic development, 주로 의료 목적으로 쓰이지만 때로는 영생을 꿈꾸며 사람들을 냉동 보관할 목적으로 개발되고 있는 과학 분야다. 옮긴이

을 하든 현존하는 균형을 깨트리지는 말자. 우리가 모르는 위험이 있다. 우리는 균형을 깨트릴지도 모른다." 사실 생태학의 암묵적인 전제는 현존하는 세상이 가능한 최선의 세상이란 겁니다. 인간의 오만에 영향을 받지 않은 균형 잡힌 세상일 경우에 한해 그렇다는 거죠. 바로 이 전제가 문제라고 생각합니다. 이러한 자연관은 자연은 원래 조화로우며 유기적이고 균형 잡혀 있는, 그리고 재생산 가능한 살아 있는 유기체와 마찬가지지만 인간의 오만과 기술적 착취 등으로 어지럽혀지고, 교란되고, 궤도를 벗어나게 된 거라고 말합니다. 타락에 관한 종교적 이야기의 세속판이랄까요? 나는 '타락은 없다'거나 '우리는 자연의 일부'라고 말하는 게 아니라 **'자연은 없다'**고 말하고 있는 겁니다.

우리가 스티븐 제이 굴드* 같은 훌륭한 다윈주의자들에게서 얻어야 할 교훈은, 자연은 균형 잡힌 총체성이지만 우리 인간이 그 균형을 깨트렸다는 것 따위가 아닙니다. 자연은 일련의 상상할 수 없는 재난입니다. 우리는 그 재난의 혜택을 보고 있습니다. 오늘날 사용하는 에너지의 주된 원천은 무엇입니까? 석유입니다. 석유가 뭡니까? 땅속에 묻힌 원유는 상상할 수 없는 재난이 남긴 유기물의 잔해입니다. 우리 모두는 석유가 동식물 따위의 잔해로 구성되어 있다는 걸 알아요. 대체 어떤 재난이 일어났는지 상상이나 할 수 있을까요? 그러니까 자연은 본질적으로 미쳐 있다는 점을 기억하는 게 좋습니다. 자연

---

* Stephen Jay Gould, 1941년~2001년. 미국의 고생물학자이자 진화 생물학자, 과학 사학자. 진화론의 대중화에 기여했고 "진화는 진보가 아니라 다양성이다"라는 말로 널리 알려졌다. 옮긴이

은 조화롭고 자연스러운 흐름 따위가 아닙니다. 자연은 근본적으로 균형 잡혀 있지 않아요. 이것이 우리가 떨쳐버려야 할 첫 번째 신화입니다. 스스로 균형을 이루며 자생적인, 우리가 언젠가 돌아가야 할 규범으로서의 자연은 존재하지 않습니다.

(대형 트럭이 들어와 엄청나게 많은 쓰레기를 쏟아 놓는다. 트랙터가 뒤에서 나타나 엄청난 쓰레기 더미 위로 그 쓰레기를 밀어 올린 뒤 한 차례 다지고 또 다시 다른 쓰레기를 밀어 올린다. 시끄러운 소리 때문에 잠깐 대화가 끊겼다.)

저기 여행 가방을 봐요. 지금은 묻혔네요. 파란색인데 매우 좋은 가방인 것 같았습니다. 여기서 일하는 사람들은 좋은 물건이 보이면 골라서 가져가겠죠? 그 물건은 어떻게 될까요?

집으로 가져가 팔겠죠. 트랙터가 사방에서 움직이네요. 계속 쓰레기를 옮겨 놓으니 배경이 계속 바뀌어요. 나중에 영화에서 장면들이 제대로 연결되지 않을 것 같아 걱정이네요. 쓰레기를 계속 옮겨 놓고 있어요.

뭐, 할리우드 스타일로 찍는 것도 아닌데 무슨 문제입니까? 당신은 지금 훌륭한 영화를 찍고 있는 겁니다. 지금 우리가 찍고 있는 쓰레기 더미를 똑같이 완벽하게 재구성하려면 인부가 2백 명 정도는 필요할 걸요?

다음 번엔 꼭 그렇게 할 거예요.

예, 꼭 그렇게 하세요. 그럼 정말 영화 만드는 것 같겠네요. 그러나 샘 골드윈*을 따라야 합니다. 골드윈은 가장 위대한 영화 제작자죠. 당신이 말한 게 바로 그 유명한 골드윈 방식 가운데 하나죠. 골드윈은 가난한 소년들이나 불량배들이 훌륭한 기독교인으로 변해 가는 과정을 그린, 그 많고 많은 영화 가운데 하나를 만들고 있었습니다. 어느 날 골드윈은 감독에게 다가가 촬영 세트가 너무 지저분하다고 타박했지요. 감독이 골드윈에게 빈민가 세트라고 하자, 골드윈은 스튜디오가 빈민가를 깨끗하게 보이게 하려고 돈을 너무 많이 썼다고 했다죠!

"왜 재난을 막기 위해 아무 일도 하지 않나?"

글쎄요. 난 여기서 촬영하는데 겨우 몇 백 달러 들였을 뿐입니다. 어쩌면 이렇게 지저분하고 시끄러운 것도 그 때문이겠죠. 됐어요. 사람들이 잠깐 일을 멈췄네요. 이데올로기와 생태 문제로 돌아가기로 해요. 아마 생태에 관한 또 다른 신화를 이야기하던 중 아니었나요? (우리는 오르막길을 오르며 쓰레기 처리장 한가운데를 향해 다시 걷기 시작했다.)

생태에 대한 첫 번째 신화는 생태에 대한 두 번째 대중적인 신화로 이어집니다. 이 신화는 이렇게 말하죠. "우리 서구인은 인위적인 기술적 환경에 묻힌 채, 자연 환경에서는 소외되고 있다. 우리 인간은

---

* Sam Goldwyn, 1879년~1974년. 미국의 영화 제작자이자 감독. 〈메트로-골드윈-메이어 영화사(MGM)〉의 전신인 〈골드윈〉의 창립자다. 〈공작 부인〉, 〈폭풍의 언덕〉 등의 대표작을 남겼다. 옮긴이

환경, 즉 살아 있는 지구의 일부임을 잊지 말아야 한다. 우리는 자연을 착취하기만 하는 추상적인 개인 이론가나 기술자가 아니다. 우리는 자연의 일부고 자연은 헤아릴 수 없고 이해할 수 없는 우리의 배경이라는 점을 잊지 말아야 한다." 이 신화가 가장 위험합니다. 왜냐고요? 간단한 사고 실험을 하나 해 봅시다. 분명한 역설을 생각해 보세요. 우리 모두는 우리가 지구온난화나 다른 생태 재난 등으로 어떤 위험에 처해 있는지 잘 압니다. 그런데 왜 우리는 이런 재난을 막기 위해 아무 일도 하지 않고 있는 건가요? 정신분석학에서 말하는 부인disavowal을 보여 주는 탁월한 사례지요. 그 논리는 이런 거죠. "나는 아주 잘 알고 있다. 그럼에도 나는 믿지 않고, 마치 내가 모르는 것처럼 행동한다."

(이쯤해서 쓰레기 처리장 한가운데로 이동했다. 재활용할 수 없는 쓰레기를 모아 둔 곳이다. 참을 수 없을 만큼 역한 냄새가 났다. 쥐들은 쓰레기 더미 속으로 숨는다.)

정확히 생태에 관해, 나는 지구온난화가 진행 중이고 모든 것이 폭발하거나 파괴될 것이라는 점을 잘 알고 있습니다. 이에 관한 논문들을 읽은 다음 내가 하는 일이요? 나는 밖으로 걸어 나와 지금 내 뒤에 보이는 것들을 보지 않습니다. (지젝은 뒤에 산더미처럼 쌓여 열기를 뿜어 내고 있는 쓰레기들을 가리킨다.) 저런 것도 좋지만 나는 새들이 지저귀는 좋은 풍경을 봅니다. 나는 이성적으로는 이 모든 것이 위험에 처해 있다는 것을 압니다. 하지만 이 모든 게 파괴될 수 있다고는 믿지 않습니다. 이것이 체르노빌 같은 재난 현장을 방문할 때 느끼는 공포죠. 어떤 면에서 우리는 그런 재난을 상상할 수 있을 만큼 진화되어 있지 않습니다. 우리는 그런 재난을 상상할 능력이 없어요.

그러면 생태 재난의 위협에 제대로 대처하기 위해 우리에게 필요한 것은 무엇일까요? 기술적으로 모든 것을 조작하는 상황에서 우리의 뿌리를 자연에서 찾는다는 식의 뉴에이지적인 돌파구가 아닙니다. 반대로 우리의 뿌리를 자연에서 더 많이 잘라 내야 합니다. 자연에 뿌리를 두고 있다는 인식 때문에 우리가 이미 알고 있는 것들을 진지하게 받아들이지 못하는 거라고 봐요. 우리를 둘러싼 이 모든 정상적인 생활이 사라져 버릴 수 있다는 걸 알죠. 하지만 그런 상황을 상상하면서도 정말로 믿지는 않아요. 그런 상황에 효과적으로 대처하지 못하고 있다는 겁니다.

따라서 다시 역설이 발생합니다. "생태는 가장 큰 위협이다. 그러나 이 위협에 제대로 대처하려면 자연 개념 자체를 제거할 필요가 있다." 여기서 말하는 자연이란 이데올로기적으로 채색된 자연, 즉 균형과 조화로운 발전을 말하는 모종의 규범적인 모델로서의 자연을 의미합니다. 우리는 좀 더 인위적이 될 필요가 있습니다.

좀 공정해질 필요가 있을 것 같아요. 많은 생태학자들은 사실 '적정 기술'*을 오랫동안 옹호해 왔습니다. 이 기술이 바람과 태양 에너지 등의 분야에서 혁신을 일으킬 거라 기대하면서요. 내 생각에는 당

---

* appropriate technology, 환경오염이나 자원 고갈 같은 재난을 사전에 방지할 수 있는 대안적인 기술. 적정 기술은 해당 지역에서 쉽게 구할 수 있는 재료를 원료로, 저렴한 비용으로 설계 가능하며 개발도상국 주민들의 삶을 지속 가능하게 만들어 줄 기술을 가리킨다. 슈마허가 『작은 것이 아름답다Small is Beautiful』(이상호 옮김, 문예출판사, 2002)에서 '중간 기술'로 소개한 개념이 발전된 것이다. 옮긴이

신이 이야기한 극단적인 생태학자들, 즉 기술 반대론자들도 과학이 없었다면 지구온난화가 위협이라는 사실조차 몰랐을 것 같은데요?

맞습니다. 우리는 자연을 착취하는 과학에 맞서 싸우는 사람이라도 과학에 의지해야 한다는 점을 잊지 말아야 합니다. 오존층에 뚫린 구멍을 예로 들어 봅시다. 아무리 고개를 들고 위를 쳐다봐도 당신은 오존 구멍을 볼 수 없습니다. 오존 구멍은 사실 엄밀하게 과학적인 관념을 비유적으로 표현한 거죠. 어쩌면 어느 정도는 과학이 문제의 원인이고 기원일지도 모릅니다. 그러나 과학과 기술은 이런 문제를 해결해 주는 유일한 해결책이고 그 문제의 실재를 증명해 주는 증거라는 점도 잊지 말아야 하죠.

"우리는 쓰레기를 받아들여야 합니다"

조금 전의 이야기로 돌아가고 싶습니다. "좀 더 인위적이 되자"는 말은 무슨 뜻입니까? 그렇게 되려면 어떻게 해야 하나요?

지금 내 뒤에는 많은 쓰레기가 있습니다. 여기서부터 시작하는 게 편할 것 같습니다. 배설물 같은 쓰레기도 포함해 이런 쓰레기를 바라보는 우리의 일상적인 태도와 인지는 어떤가요? 우리에게 현실은 이 모든 쓰레기들이 우리의 세계에서 사라지는 겁니다. 당신이 화장실에 가면 배설물은 사라집니다. 물론 이성적으로는, 물을 내리면 배설물이 정화조로 간다는 사실을 압니다. 그러나 기본적으로 당신은 배설물이 당신 세계에서 그냥 사라져 버린다고 생각하죠. 쓰레기의 경우에도 똑같은 일이 일어납니다. 그러나 문제는, 쓰레기는 사라지지 않는다는 겁니다. 쓰레기 문제를 받아들이는 게 오늘날 우리가 안고 있는 문제입니다. 그러므로 특별한 아이러니가 발생합니다. 오늘날 유력한 이데올로기 가운데 하나는, 우리가 물질적 생산에서 비물질적 생산으로 이동하고 있다는 것, 즉 오늘날의 주된 생산 노동은 프로그래밍이나 서비스 제공 같은 지적 노동이라는 겁니다. 그러나 생태 문제와 쓰레기 처리 문제를 생각해 보면 물질적 생산이 그 어느 때보다 많이 이루어지고 있다는 사실을 알 수 있죠.

그러면 여기서 좀 더 인위적이 된다는 게 어떤 도움을 주죠?
이런 쓰레기는 점점 더 늘어나고 있습니다. 나는 쓰레기를 미적 대상으로 보는 데까지 나아가야 한다고 생각합니다. 그게 우리 앞에 놓인 훨씬 큰 도전입니다. 무슨 뜻일까요? 내가 받아들이려는 개념은 '쓰레기는 예술'이라는 식의 유사 전위적pseudo-avantgarde이고 가학적인 개념이 아니라 훨씬 더 기본적인 개념입니다. 우리는 언제나 대상을 통해 세상에 관여하죠. 그런데 원래 기능적인 대상이었던, 즉 우리에게 필요한 체계의 일부였던 어떤 대상이 더 이상 쓸모가 없어져 쓰레기로 변하게 되는 순간이 찾아옵니다. 이건 언제나 불가사의한 순간이죠. 이 시점이 되면 우리는 쓰레기를 받아들여야 합니다.
꿈에서나 상상할 수 있는 가장 형이상학적인 경험은 미국 모하비 사막에 있는 거대한 비행기 공동묘지에 가보는 일일 거라고 말한 적이 있습니다. 그게 바로 이 때문입니다. 모하비 사막에는 고장 나 버린 비행기가 이백 대 정도 있답니다. 갑자기 쓸모없는 쓰레기로 변한 그 모든 사물에는 매우 충격적인 무언가가 있습니다. 진정한 생태학자라면 순수한 자연이나 나무 같은 걸 흠모하면 안 됩니다. 이런 것들은 우리가 사용하기 전에는 순수할지 몰라도 우리가 기술을 통해 착취하는 우주의 일부일 수 있어요. 당신은 마음이 내키면 언제든 쓸모없는 사물에 대한 일종의 감성적 집착을 발전시키거나 그런 사물에서 의미를 발견할 수 있어야 해요. 진정한 정신적 변화는 바로 그런 겁니다.

이런 면에서 낭만주의자들을 따를 필요가 있지 않나 생각합니다. 나는 낭만주의 자체는 반대합니다. 그러나 낭만주의자들은 폐허나 잔해, 쓸모없는 사물을 잠재적인 미적 대상으로 보는 시각을 발전시켰어요. 여기에 낭만주의의 위대함이 있지요. 낭만주의자들은 자기 집조차 폐허로 보이게 지었죠. 여기에는 심오한 무엇이 있습니다. 당신 주변의 삶을 받아들인다는 것은 정확하게, 끊임없는 관여에서 한 발자국 물러나 사물을 무용성 면에서 받아들인다는 걸 의미합니다. 기술을 피한다는 게 아닙니다. 기술을 다른 방법으로 이용한다는 뜻이지요.

이건 또 무슨 뜻일까요? 보수적인 사람들은 근대성을 비판하면서 너무 기술에 매달리지 말아야 한다고 하죠. 대신 숲을 거닐거나 테이블에 앉아서, 때로는 그저 물을 마시면서 느낄 수 있는 단순한 쾌락을 발견해야 한다고 말하죠. 내가 보기에 이런 일은 여전히 기술적 우주 안에서 벌어집니다. 근대성에 정말 전복적인 일은 따로 있습니다. 지난 십 년 동안 진행되어 왔고 지금도 여전히 진행되고 있는 그 무엇,

즉 기술을 이용해 기능적이지만 그 지나친 기능성 때문에 우스꽝스러운 사물을 생산하는 일입니다. 일본에서는 두 가지 조건을 충족시키는 사물을 만드는 운동이 벌어지고 있습니다. 첫째, 편리하고 정말 기능적이어야 하지만 상업적으로는 살아남을 수 없을 정도로 우스꽝스러워야 합니다. 비를 맞으면서도 쓰고 걸어 다닐 수 있게 만든 와이퍼 달린 안경이나, 비가 오면 흘러 내리는 빗물을 모아 마실 수 있게 만든 뒤집힌 형태의 우산, 튜브에 담아 그대로 발라먹을 수 있게 만든 버터 등이 그런 거죠. 이렇게 기술을 우스꽝스럽게 사용하는 일은 여전히 기술적인 것이지만 진지함은 버렸어요.

한편으로는 자연과 인위적인 것의 구분을 흐리는 유전공학 같은 더 심각한 기술적 쟁점도 있지요. 이런 쟁점이 당신이 옹호하는 미학적 전환과 어떻게 연결될 수 있을까요?

오늘날에는 가장 기본적인 경험적 삶의 단계에서부터 우리의 생태적 감수성에 변화가 일고 있습니다. DNA 분석을 통해 생명의 기본적인 유전자 구조를 분리할 수 있게 되면서 어떤 면에서는 끔찍한 무슨 일인가가 일어나고 있어요. 진정한 생명과 인위적인 생명을 나누던 구분은 이제 무의미합니다. 이미 인위적인 생명을 개발하려는 프로젝트가 진행되고 있습니다. 이 프로젝트의 경우 단지 유기체의 생물 발생 구조만 변화시키는 게 아니라 마치 무에서 유를 창조하는 것처럼 제로 레벨에서 유기체를 창조합니다. 그러면 무엇이 문제일까요? 문제는, 일단 유기체를 인위적으로 창조할 수 있게 되면 자연적인 생명 자체도 똑같은 방식으로, 즉 하나의 다른 생명 공식으로 이해하게 된다는 겁니다. 그러니 어떤 면에서 보면 자연은 더 이상 자연이 아니죠. 자연은 유기체적 불가해성organic impenetrability을 잃게 됩니다.

이는 자유를 이해하는 방식에도 영향을 미칠 수 있어요. 알약으로 당신의 기분을 조절할 수 있다면, 또는 알약으로 당신의 지능을 인위적으로 조작할 수 있다면 당신은 이런 말을 할 수 없겠죠. "맞아요. 나는 내 지능을 인위적으로 조작했지요. 그걸 빼면 나는 여전히 자연스럽고 자발적입니다." 만약 특정한 알약이나 화학약품 등으로 당신의 기분을 바꿀 수 있다면 알약을 복용하지 않을 때도 당신의 기분은 이미 당신 몸의 화학약품에 좌우된다는 뜻입니다. 심리적 자발성을 잃어버리게 된다는 뜻이죠. 생명조차도요. 이 사실을 받아들이는 것은 지극히 어려운 일일 겁니다. 일단 생명이, 당신이 조작할 수 있는, 기술적으로 재창조할 수 있는 무엇이 된다면 이는, 우리가 한편으로는 자연적이고 다른 한편으로는 인위적인 유기체를 갖게 될 뿐 아니라 자연 자체도 또 다른 인위적인 프로그램으로 인식된다는 겁니다. 당신은 자연을 분석하고 재창조할 수 있습니다.

자연은 자연적인 성격을 잃게 됩니다. 받아들이기 어려운 일이지요. 하지만 이걸 받아들이는 것은 중요합니다. 바꿔 말해, 우리에게 필요한 새로운 인간형은 자연의 영성을 재발견하거나 자연의 불가사의하고 심오하며 헤아릴 수 없는 불가해성을 재발견하는 데 있지 않아요. 오히려 자연으로서의 자연, 즉 불가사의한 어두운 배경으로서의 자연은 사라져야 합니다. 우리는 훨씬 더 끔찍한 새로운 추상적 유물론, 즉 아무 것도 없고 공식과 기술적 형태 같은 것만 있는 일종의 수학적 우주를 발전시켜야 하죠. 그러나 이러한 차원에 걸 맞는

시詩나 영성은 발견하기 어렵습니다.

나는 영국 가톨릭 신학자 길버트 키스 체스터턴Gilbert Keith Chesterton 을 좋아합니다. 체스터턴은 사랑을 노래한 오래된 시들이 일몰이나 달이 뜨는 모습을 지켜보며 "해가 질 때 나는 그대와 입을 맞추겠습니다"라는 식으로 말한다는 사실을 발견한 뒤, 놀라운 생각에 잠겼습니다. 이제 우리는 해가 실제로 지는 게 아니라 지구가 태양 주위를 돈다는 걸 압니다. 그러므로 진정한 시는 천문학에서 일몰에 대한 소박한 인식으로 되돌아가는 게 아니라 이런 과학적 진실에서 시적인 차원을 다시 발견하는 그 무엇이어야 한다고 생각한 것이죠. 어떤 사람이 연인에게 "해가 질 때 그대와 만날 겁니다"라고 하지 않고 "지구가 4분의 1 돌았을 때 그대와 만날 겁니다"라고 말하는 모습을 상상해 보세요. 중요한 것은 추상적인 기술과 수학, 쓰레기 등, 이 모든 것에서 시를 재발견하는 일입니다.

우리가 런던에 있으니까 하는 말인데, 내가 좋아하는 영국 작가 가운데 한 사람이 루스 렌델Ruth Rendell입니다. 렌델은 탐정 소설을 쓰지요. 렌델은 방금 내가 말한 것과 비슷하게 사물을 재발견했습니다. 그게 그녀의 업적이죠. 렌델은 쇠락해 가고 있다고 알려진 런던 외곽의 가난한 동네들, 즉 집 뒤편을 재발견했습니다. 집 앞쪽은 여전히 멋질지 몰라도 집 뒤쪽에는 폐허가 되다시피 한 정원이 있죠. 낡은 욕조와 고장난 채로 버려진 냉장고, 책상들이 널려 있어요. 내 생각에 생태에 대한 적절한 반응은, 이런 장면에서 시적 차원을 발견하는 겁니다. 삶의 미적 차원을 발견하자는 것은 쓰레기를 제거하자거나 아름다운 우주를 재창조하자는 게 아니라, 이와 같은 것들, 즉 쓰레기 자체에서 미적 차원을 재발견하자는 겁니다. 비록 그 차원이 아름답지는 않을지라도 말입니다.

그게 세상을 진정으로 사랑하는 방법입니다. 사랑이 무엇인가요? 사랑은 대상을 이상화하는 게 아니죠. 모든 진정한 연인은, 한 여성이나 남성을 진정으로 사랑한다면 그 대상을 이상화하지 않습니다. 사랑은 누군가를 받아들이는 겁니다. 그 누군가가 온갖 실수를 저지르는 데다 어리석고 다른 좋지 않은 면을 가지고 있더라도 그 사람은 당신에게 절대적인 존재가 됩니다. 삶을 살아갈 만한 가치가 있는 것으로 만드는 모든 게 된다는 뜻이죠. 당신은 불완전함 자체에서 완전함을 봅니다. 우리는 세상을 사랑하는 법을 이렇게 배워야 합니다. 진정한 생태학자는 이 모든 것을 사랑합니다. 진정한 생태학자라면 이 모든 것을 호의적인 눈으로 바라보는 일을 두려워하지 않습니다. 오히려 진정한 생태학자는 완벽한 정원, 완벽한 환경 등을 두려워할 겁니다. 그런 건 악몽이죠.

또한 진정한 생태학자라면 자연은 궁극적으로 인간이 만든 신화라는 점을 받아들여야 합니다. 즉, 우리 인간이 스스로를 자연에서 벗어난 존재로 인식하든, 자연을 착취하는 존재로 인식하든, 자연과 인간을 대립시키며 자연에 대한 특정한 이미지를 만들고 있다는 사실을 받아들여야 한다는 말입니다. 자연을 이렇게 이상화한 이미지는 생태의 궁극적인 장애물입니다. 다시 말하지만 이것이, 내가 자연 없는 생태를 말하는 이유입니다. 우리의 첫 번째 의무는 이데올로기와 신화로 심하게 채색된 자연 개념을 버리는 거예요.

"재활용이라는 완전한 이데올로기"

매우 기본적인 수준에서 이데올로기로 돌아가기로 하죠. 생태적 쟁점이 어떻게 이데올로기적 쟁점이 될 수 있는지 궁금해 하는 사람이 있을 것 같아요. 그들은 생태란 단순히 과학적 사실의 문제라고 생각하죠. "우리는 이산화탄소를 대기 속으로 배출하고 있으며 기후는 끊임없이 변하고 있다." 그걸로 논의는 끝나요. 물론 나는 특정한 정치 현실을 생각한다면 생태가 단지 과학적 사실이라는 말은 믿을 수 없다고 생각합니다. 당신은 또 당신 나름의 논리가 있겠죠?

생태는 이데올로기와 관계가 없는 것처럼 보일지도 모릅니다. 생태는 정치나 열정, 사회가 나아가야 할 방향 등에 대한 것은 아닙니다. 생태는, 우리가 환경을 오염시키고 있고 오염된 환경이 우리 모두를 죽일 수도 있다는 잔인한 현실에 대한 겁니다. 그러나 문제는 이데올로기도 늘 그런 식이라는 점입니다. 이데올로기는 늘 실제적인 문제를 다룹니다. 그러나 이데올로기는 그 현실을 왜곡하고 살짝 비틀어 진정한 문제를 잘못 이해하게 만드는 일종의 눈속임입니다.

이데올로기의 문제는, 문제 자체를 바꾸거나 신비화한다는 데 있습니다. 가장 난폭하고 잔인한 이데올로기인 히틀러의 나치즘을 예로 들어봅시다. 히틀러는 유대인을 살해하는 등, 단지 잘못된 해결책을 제시한 것만이 아니었습니다. 히틀러는 자신이 제시한 해결책이 나치당원들에게 그럴듯해 보이길 원했습니다. 그래서 실제 문제를 고쳐 말하거나 달리 표현했지요. 히틀러는 경제 위기와 가난, 정치 위기 등 진정한 문제를 유대인 문제로 바꿔 놓았습니다. 이런 배경 아래에서만 해결책은 효과를 볼 수 있었습니다. 히틀러는 1920년대 독일이 직면한 진정한 사회문제를 해결하기 위해서는 유대인들을 죽여야 한다는 이데올로기적 해결책만 제안한 것이 아니었습니다. 히틀러는 위기 자체를 신비화해 그 모든 문제를 유대인의 음모로 해석했습니다.

문제는 우리도 생태를 이런 의미의 이데올로기로 인식한다는 점입니다. 바로 이 지점이 우리에게 중요합니다. 다시 말해 이데올로기는 해결책이 아닙니다. 당신은 언제나 뒤로 물러나, 그 해결책이 해결하려는 문제가 어떤 것이고, 그 해결책이 문제 자체를 어떻게 신비화하는지 살펴봐야 하죠. 이 사실은 생태 문제로 다시 돌아가게 합니다. 인정하기 어려울 정도로 끔찍한 일이지만 나치 정권은 어쩌면 과학까지 동원해 가며 충분히 의도적으로 생태 정책을 실시한, 인류 역사상 최초의 정권일 겁니다. 히틀러는 숲을 보호하는 등의 환경적 차원에서 뿐만 아니라 건강을 증진하고 통밀빵을 권유하는 등, 개인 생활 차원에서도 생태 정책을 실시했죠. 또 하나 흥미로운 사실이 있습니다. 히틀러는 수상이 되자마자 제일 먼저 동물 학대 금지를 법제화했어요. 최초로 취한 법적 조치였기에 충분히 상징적입니다. 아이러니하게도 이 조치는 물론 유대인을 겨냥한 것이었습니다. 양을 잡는 유대교 의식을 불법화하기 위한 조치였지요. 어쨌든, 유럽에서 생태를 의식한 최초의 정권은 나치 정권이었습니다. 이 사실은 우리에게 생태란 겉으로 보이는 것처럼 늘 무구하지만은 않다는 점, 즉 생태는 늘 이데올로기에 오염되어 있다는 점을 시사합니다.

(우리는 쓰레기 처리장 중에서도 외부인 출입이 가능한 곳에 도착했다. 이곳에서 사람들은 플라스틱과 금속, 종이, 판지, 목재, 정원에서 베어낸 것, 고물 냉장고, 부서진 가구 등을 골라 거대한 재활용 용기에 담고 있다.)

　여기서는 재활용에 대해, 특히 환경과 관련된 대부분의 주류 담화에서 생산과 대비되는 것으로서 재활용을 강조하는 일에 대해 묻고 싶어요. 재활용을 이렇게 강조하는 것도 방금 이야기한 의미의 이데올로기가 아닐까 합니다. 진정한 문제는 자본주의 경제가 우리에게 필요하지 않은 것들의 과잉 생산, 지나친 포장, 계획적인 진부화*에 의해서만 번성한다는 사실에 있는데, 재활용은 이 문제를 그저 개인의 문제로 만들어 버리니까요. 따라서 더 책임 있게 생산해야 하는 생산자의 역할이나 사태를 규제해야 하는 정부의 역할은 강조되지 않고 소비를 줄이고, 다시 사용하고, 재활용해야 하는 소비자의 역할만 강조되죠.

　재활용 같은 중립적인 개념도 신화를 포함하고 있습니다. 특히 오늘날 기본적인 이데올로기적 신화 가운데 하나인 더러운 접시를 닦아 주는 신화, 죄책감을 없애 주는 신화와 관련이 있죠. 우리가 재활용과 더불어 생태에 대해 가지고 있는 강박관념은 집단 이데올로기가 안고 있는 빚, 오래된 빚을 갚아 주고 집단 범죄를 보상하겠다는 현상이라고 볼 수 있습니다. 미국에서는 백인이 노예제에 대한 사죄의 의미로 흑인에게 집단 배상을 실시해야 한다는 논의가 오간다지요? 사람들

---

* 새로운 수요를 만들어 내기 위해 새 제품을 개발해 기존 제품을 의도적으로 사양시키는 것. 옮긴이

은 수천억 달러라는 엄청난 금액을 이야기하고 있습니다. 사회의 기원, 모든 사회 생활의 기원에는 모종의 원초적 범죄가 자리하고 있다는 사실을 이제는 모든 사람이 알고 있습니다. 내가 보기에 포스트모던 시대에 정치적 정당성을 갖는 궁극적인 유토피아는, 모종의 법적 배상을 통해 구조적인 빚을 갚아 어두운 기원을 지우는 데 있습니다.

이런 유토피아의 궁극적인 결론은 계급투쟁의 종말입니다. 내 책에서 조롱조로 설명한 적이 있죠. 자본가들은 노동자들의 요구에 맞게 노동자들에게 집단적으로 배상해야 할 것입니다. 생태의 재생recycling 개념, 즉 우리가 자연을 망가트리고 있으나 재활용recycling을 통해 제로 레벨에 이상적으로 다시 접근할 수 있다고 하는 개념도 똑같은 신화입니다. 자연이 다시 순환할 수 있다는 개념은 완전한 이데올로기라고 생각합니다. 자연에는 이미 쓰레기가 있으며 따라서 자연 자체는 재생되지 않는다는 점을 받아들여야 해요. 재활용에 깔린 기본적 사고가 무엇입니까? 단순히 쓰레기를 없애는 겁니다. 모든 쓰레기가 어떻게든 제 기능을 되찾게 될 것이라고 생각하는 거죠. 매우 이상적인 개념입니다. 초기 부르주아 사상가이자 공리주의자인 제러미 벤덤Jeremy Bentham이 전제주의적 중앙 통제를 실현하려는 의도로 고안한 최초의 건축 프로젝트인 팬옵티콘*에 재활용 개념을 포함시킨 것도 당연합니다. 벤덤은 팬옵티콘을 설계하다가 쓰레기를 어떻

---

* panopticon, 죄수들을 효과적으로 감시할 목적으로 벤덤이 고안한 원형 감옥. 원형 감옥 중앙에 높은 감시탑을 세워 그곳에서 모든 죄수들을 감시할 수 있게 했다. 죄수들은 감시자의 시선이 어디로 향하는지 모르는 상태에서, 심지어 감시자가 없어도 늘 자신이 감시받고 있다는 느낌을 받게 되고 스스로 감시를 내면화한다. 옮긴이

게 사용하느냐의 문제에 봉착했죠. 벤덤은 인간이 배출할 수밖에 없는 대소변 같은 쓰레기를 처리하기 위해 말도 안 되는 몇 가지 요소를 설치했습니다. 대변의 경우는 분명합니다. 교도소 정원에 쓰입니다. 소변의 경우, 벤덤은 믿을 수 없는 아이디어를 제시합니다. 이 팬옵티콘의 건물 벽은 곡선을 이루며 안쪽으로 조금 기울어져 죄수들이 벽에다 소변을 볼 수 있게 하죠. 그러면 겨울에도 벽이 따뜻하게 유지될 수 있다고 생각한 겁니다. 알다시피 쓰레기와 배설물을 모두 재사용해야 한다는 이 아이디어는 이데올로기입니다. 나는 자연 자체에는 환원 불가능한 쓰레기가 존재하며 따라서 쓰레기를 원초적인 것으로 받아들여야 한다고 생각합니다. 다시 말하지만 재활용 개념 자체는 완전한 이데올로기입니다.

사실 나는 재활용이라는 개념 자체가 정말 싫습니다. 어디에선가 오늘날 생태적으로 올바른 회의나 심포지엄에서는 참석자들 스스로 재활용에 참여해 청정한 생태계를 촉진하고 있다는 글을 읽은 적이 있습니다. 이 글에 담긴 아이디어란 이렇습니다. 참석자 명단에 이름을 올릴 때 자신이 타고 온 교통수단이 어떤 것이었는지도 함께 쓰게 합니다. 그러면 사람들은 그가 회의 장소까지 오느라 망가트려야 했던 나무가 몇 그루인지를 계산할 겁니다. 계산이 끝나면 쓰러진 나무들을 다시 심는데 필요한 돈을 지불하는 식이죠. 기발한 아이디어처럼 보이지만 이 역시 완벽한 이데올로기입니다. 모든 문제를 개인의 문제로 만들어 전형적으로 부르주아적이고 개인주의적인 유토피아를 제시하고 있기 때문이죠. 우리 모두가 우리의 죄를 이런 방법으로 지운다면 자연도 어떤 식으로든 다시 순환할 수 있다고 믿는 겁니다.

이는 재활용이 이데올로기라고 말하는 또 다른 분명한 이유죠. 앨 고 어Al Gore 같은 유명한 공인도 당신처럼 대기업이 죄책감을 확산시켜 우리 모두에게 책임감을 느끼게 만드는 전략을 취하고 있다고 지적 합니다. 우리가 죄책감을 느끼며 신문 따위를 재활용하는 동안 대기 업은 큰 범죄를 은폐하고 있습니다.

다른 한편 나를 늘 매혹시키는 것이 있습니다. 내가 생태에 대해 의심하고 있다는 건 아니고요. 다만 우리가 여기서 어떤 불확실성을 다루고 있는지 아는 게 좋을 것 같아 하는 이야기입니다. 나이를 먹 을 만큼 먹은 사람이라면 아마 20여 년 전 유럽, 독일에서 숲이 죽어 가고 있다는 위기의식이 팽배하던 시기를 기억할 겁니다. 그러나 우 리는 오늘날 오히려 오염 때문에 이산화탄소가 더 많이 배출되면서 숲이 무성해지고 있다는 사실을 알게 됐죠. 나는 부시처럼, 생태학자 들은 정신 나간 히스테리 환자며 현재 어떤 일도 일어나지 않고 있다 고 믿는 보수주의자가 아닙니다. 상황이 전혀 심각하지 않다고 말하 는 것도 아닙니다. 내 말은, 상황은 훨씬 더 심각하다는 거죠. 우리는, 우리가 무엇을 다루고 있는지 모르니까요. 한때는 유명했으나 이제 는 조금 잊혀진 도널드 럼스펠드*라는 미국 철학자가 이라크전과 관 련해 "아는 것을 아는 것"과 "모르는 것을 아는 것", "모르는 것을 모 르는 것"이라는 유명한 말을 남겼죠. 이 말을 빌리자면 "우리가 모른 다는 사실을 우리가 알고 있다"라고 말하고 싶군요. 이 건물 뒤에 차

---

* Donald Rumsfeld, 부시 정부 시절 국방부 장관. 대표적인 네오콘으로 이라크 전쟁을 진 두지휘했다. 여기서 지젝은 이라크 전쟁을 옹호하기 위해 얼토당토 않은 수사를 사용한 럼스펠드를 비꼬기 위해 그를 '철학자'라고 부르고 있다. 옮긴이

가 얼마나 많은지 모르지만 모른다는 사실은 알고 있다는 뜻입니다. 그러나 단지 상상할 수 없다는 이유로 내가 모른다는 사실조차 아예 알지 못하는 것들도 있죠.

물론 생태는 "모르는 것을 모르는 것"의 영역에 있습니다. 그러니 생태는 다루기 어렵습니다. 우리가 다루는 것은 단순히 우리가 모르는 것이 아니라, 우리가 모른다는 사실조차 모르는 것입니다. 어쩌면 우리가 취한 일부 생태 관련 조치들은 다른 차원에서 더 많은 폐해를 낳을지도 모릅니다. 자연의 불가사의함은 주로 뉴에이지를 추종하는 사람들이 하는 말이죠. 그런 뜻으로 하는 말은 아닙니다. 내가 말하는 자연의 불가사의함이란 복잡한 인과관계일 뿐입니다. 쓰레기나 남아도는 물건처럼 보이는 것이 우리가 모르는 기능을 지닐 수도 있는데, 이는 자연의 불가사의함 때문입니다. 그러므로 어떤 면에서는, 우리가 쓰레기로 생각하는 무엇인가를 처리함으로써 또 다른 재난을 촉발할지도 모르죠.

이와 관련해 잘 알려진 이야기가 있습니다. 중국 공산당은 1949년 정권을 잡은 뒤 1950년대 초, 참새 박멸 운동을 대대적으로 펼쳤습니다. 참새가 논밭에 뿌린 종자를 너무 많이 먹어 치운다는 이유에서였죠. 여성과 아이를 비롯한 모든 사람이 나서서 참새를 죽였습니다. 심지어는 수많은 사람들이 들로 나가 쉬지 않고 북을 치는 진풍경도 벌어졌습니다. 시끄러운 소리를 내서 참새들이 들에 내려앉지 못하게 해 기진맥진하게 만들어 죽이려는 생각이었죠. 그러나 그들은 참새가 들에 뿌린 종자만 먹는 게 아니라 들에 있는 해로운 벌레와 동물을 없애 주기도 한다는 사실을 몰랐습니다. 곧 재난이 닥쳤죠. 새들이 먹어 치우는 곡식보다 벌레와 동물이 먹어 치우는 곡식이 훨씬 더 많았기 때문입니다. 결국 중국은 소련에서 참새 수백만 마리를 수입해 다시 정착시켜야 했습니다.

이건 그나마 명쾌한 사례에 해당하지만 오늘날의 상황은 훨씬 더 복잡합니다. 나는 바로 이 지점에서 재활용이라는 문제를 바라봅니다. 한편에는 우리가 모른다는 사실도 모르는, "모르는 것을 모르는" 영역이 있고, 다른 한편에는 럼스펠드가 말하지 않은 네 번째 범주가 있습니다. "아는 것을 모르는 영역"이 그것입니다. 우리가 생태를 진지하게 받아들이지 않는 이유는 우리가 모르기 때문이 아니라, 우리가 알고 있다는 사실을 모르기 때문입니다. 우리는 이데올로기적 편견이 우리 생각을 지배하고 있다는 사실을 모릅니다.

생태와 관련해 이 두 영역에서 중요한 투쟁이 벌어지고 있습니다. "모르는 것을 모르는 영역"에서 우리는 마음을 계속 열어 둬야 합니다. 제품을 살펴보고 비용 등을 판단하는 일은 그렇게 간단한 일이 아닙니다. 우리는 '어찌할 수 없는 불확실성marginal uncertainty'을 받아들여야 합니다. 다른 한편, "아는 것을 모르는 영역"에서도 투쟁이 일어납니다. 당신이 알고 있는 모든 거짓된 지식을 지우기란 정말 어렵습니다. 여기서 말하는 건 기술에 대한 믿음 같은 이데올로기적 지식이 아닙니다. 우리의 가장 기본적이고 일상적인 감수성에 자리 잡고 있는, 편견이나 태도 등으로 실제 우리 몸에 새겨져 있다시피 한 생태적 위험이라는 지식을 말하는 겁니다. 생태 위기에 대처할 수 있으려면 우리는 어떤 의미에서는 글자 그대로 우리 자신을 탈자연화해야 하고 자연을 제거해야 할 겁니다.

"생태 위기는 정치를 필요로 합니다"

자연을 제거하고 우리 자신을 탈자연화한다는 것은 우리 자신이 지닌 편견과 선입견, 본능 등을 검토하고 그에 도전한다는 의미겠죠? 화제를 바꾸기로 하죠. 생태와 경제의 관계는 어떻습니까? 여기에 대해서도 할 말이 많을 것 같은데요? 하지만 우선 (땅바닥을 가리키며) 그 포르노에서 발을 좀 치워 주세요.

포르노! 어디 있습니까? 맙소사. 심각한 문제입니다. (포르노를 집어 든다) 포르노가 아닙니다. 당신은 이걸 포르노라고 합니까? 맙소사. 나는 진짜 포르노를 원합니다. 여기 포르노가 있습니까?

분명 포르노를 쓰레기로 버리면 안 되죠.

왜 사람들은 늘 문신한 남자들을 캐스팅하는 걸까요? 마치 불쌍한 선원이라도 한 명 구해 주는 것처럼 말입니다.

그러면 그들이 교수라도 고용해야 한다는 말인가요? (웃음)

철학 교수 같은 사람들 말입니까?

바로 그거예요. (웃음) 그건 그렇고 경제 이야기를 할까요?

내 생각에는, 생태는 자본주의의 한계, 아니 그 한계 가운데 하나입니다. 누구나 아는 사실이지만 자본주의의 유연성에는 끝이 없습니다. 그래서 자본주의는 모든, 거의 모든 위기에 적응할 수 있죠. 그러니 이런 엄청난 생태적 재앙이 계속되다 보면 사람들이 언젠가 갑자기 자본주의의 무한한 확장을 감당할 수 없다는 사실을 깨닫게 될 거라고 기대해서는 안 됩니다. 자본주의는 어떤 새로운 위기 영역을, 그것이 생태적 재난이든, 건강 위협이든, 그 모든 것을 단순히 자본의 새로운 투자 영역으로 바꾸어 놓을 수도 있습니다. 지구온난화 때문에 지구의 기후 전체가 변하고, 적도 지역 전체가 너무 더워져 사람이 살 수 없는 곳이 되었기 때문에 모든 사람이 훨씬 더 북쪽으로 이동해야 한다고 칩시다. 그러면 당장 북극해와 남극해 연안 지역에 부동산 투기 붐이 일 겁니다. 그 밖에 또 어떤 새로운 투자가 이루어질지 상상이나 할 수 있겠나요?

이 모든 것의 저변에는 환상이 하나 있는데, 기본적으로 오염과 생태 문제에 대해 이야기할 때 럼스펠드가 말하는 바 "알고 있는 것을 아는 것", 또는 최소한 "모르는 것을 아는 것"을 다루고 있다는 게 그거죠. 특정한 조치가 생태에 어떤 결과를 낳는지 알고 있거나 적어도 그 결과를 학습할 수 있다는 겁니다. 그러므로 부가세나 시장 메커니즘 등을 통해 그 결과를 바로잡을 수 있다는 거죠. 그러나 훨씬 더 큰 근본적인 재난, 양적인 면에서 훨씬 더 규모가 큰 "모르는 것을 알지 못하는 것"을 다룰 때 문제가 시작됩니다. 이런 경우 인류는 실패나 실수를 교정할 수도 없어요.

그러므로 생태는 예컨대 환경 비용을 이른바 외부 효과로 보고 상품 비용에 포함시키는 것 같은 단순한, 시장 메커니즘을 사용하는 방법을 통해서는 해결할 수 없는 위협입니다. 그 방법은 당신에게 숨 쉴 공간이 있는 경우에만 작동하기 때문입니다. 정말 큰 재난, 체르노빌

보다 훨씬 더 큰 재난에 대해 이야기할 경우를 생각해 보세요. 이런 경우 우리는 "이 접근법을 시도해 보자" 그리고 안 되면 "저 방법을 시도해 보자"는 식의 시행착오를 염두에 둔 절차를 사용할 수 없습니다. 이런 절차는 열 개 기업이 동일한 수요를 만족시키려고 경쟁하다가 아홉 개 기업은 파산하고 한 개 기업은 성공하는 시장적 접근법입니다. 간단히 말해 위험이 너무 큽니다. 이런 접근법은 적절하지 않아요. 초대형 생태 재난이 미국 동부 해안 전체를 위협하고 있다고 합시다. 누군가는 이렇게 말하겠죠. "문제없다. 그 지역에 초대형 보험 회사를 설립하면 된다." 의미 없는 말이죠. 그와 같은 수준의 재난에서는 시장 메커니즘이 작동하지 않습니다.

그렇다고 국가의 개입을 이상화하는 것은 아닙니다. 전통적으로 국가가 개입하던 방식으로 문제를 해결할 수 있다는 말이 아니에요. 내가 강조하고 싶은 것은 많은 생태학자가 정치를 불신하고 있다는 점, 단 한 가지입니다. 일반적으로 부패한 정치를 강조하면서 소박한 반정치적 입장을 취하는 게 생태학에서는 상식이 됐어요.

그러나 생태와 관련된 정치는 민주주의와 같습니다. 당신도 윈스턴 처칠의 명언을 알고 있을 겁니다. "민주주의는 상상할 수 있는 최악의 제도다. 유일한 문제는 더 나은 제도가 없다는 것이다." 정치인은 부패했고 선동적이며 비효율적인, 상상할 수 있는 최악의 존재임이 분명합니다. 그러나 다른 대안이 없습니다. 누가 정치를 하겠습니까? 생태는 우리 모두가 생태 문제를 자신의 문제로 끌어안아야 한다는 심오한 교훈을 던져 줍니다. 우리 모두 우리의 일상생활을 바꿔야 합니다. 물론 그래야 합니다. 그러나 그러한 변화를 지시하고 조직화할 누군가는 필요합니다. 누가 하겠습니까? 전문가입니까? 과학자입니까? 이들은 너무 순해요. 너무 똑똑합니다. 너무 순진해 빠졌다는 겁니다. 정말 단순하게, 합리적인 관점에서만 생각합니다. 큰 사회적 결정을 내릴 경우 과학자를 믿으면 안 됩니다. 또 누가 있습니까? 급진적인 생태학자나 성직자, 뉴에이지 추종자 등입니까? 이들은 훨씬 나쁩니다. 너무 이데올로기로 가득 차 있어요. 생태 위기에 제대로 대처하려면 그 어느 때보다 정치가 필요합니다. 그러나 정말 시급하게 필요한 것은 새로운 유형의 정치가입니다. 이 말은 유토피아적인 것처럼 들리고 어쩌면 유토피아적인 것일지도 모른다는 점을 나도 압니다. 그러나 기존 정치인만으로 생태 위기에 대처할 수 있을 거라는 생각이 훨씬 더 유토피아적입니다. 생태 문제는 정치 문제로 접근해야 합니다.

잠깐 쉬었다가 쓰레기 처리장 반대쪽으로 가볼까요? 저곳 그림이 마음에 드네요. 걷는 동안 뭐 좀 지혜로운 말씀 같은 걸 생각해도 되고요.

당신도 알다시피 〈안녕, 푸시캣〉*이란 영화에서 피터 오툴과 피터 셀러스는 아이러니를 안고 있죠. 무엇인가 심오한 생각이 떠오를 때마다 화면에 별이 깜빡이며 이런 안내가 나와요. "경고: 심오한 생각

---

* What's New Pussycat?(1965), 영화 감독 우디 앨런이 시나리오를 썼으며 그의 배우 데뷔작이기도 하다. 피터 오툴Peter O'Toole이 바람둥이 남편 역으로 출연했으며 피터 셀러스Peter Sellers는 피터 오툴이 자신의 바람기를 잠재우기 위해 찾아간 병원의 의사로 나온다. 이들이 겪는 파란만장한 소동이 중심 줄거리다. 옮긴이

이 떠오르려 합니다. 귀를 기울이십시오."(웃음) 나는 〈안녕, 푸시캣〉을 좋아합니다. 이런 면에서 나는 완전히 브레히트* 추종자죠. 나는, 훌륭한 영화는 교훈을 행간에 숨겨야 한다는 생각을 싫어합니다. 교훈을 분명하게 제시하는 것이 좋아요. 나는 이렇게 말하는 영화를 좋아합니다. "귀를 기울이십시오. 이제 도덕적 교훈이 나올 겁니다." 나는 직접적으로 말하는 것을 좋아합니다.

앞으로 이렇게 말해야겠네요. "주목하세요. 슬라보예 교수가 심오한 사상을 말할 참입니다."

그러나 심오한 생각이란 완전히 헛소리죠. 나는 내 책에서 다음과 같은 게임을 해 봤습니다. 나는 어떤 헛소리라도 심오한 생각으로 통용될 수 있다는 사실을 그 책에서 증명했어요. 만일 그 헛소리를 정식화할 수만 있다면 말이지요. 아니, 정말 말 그대로입니다. 나는 영원과 순간의 관계를 사례로 제시했지요. 보십시오. 누군가가 당신의 눈을 들여다보면서 "현세의 이 순간적인 삶을 잊어라. 영원은 저기 있다. (하늘을 가리킨다.) 이 헛되고 쓸모없는 세상에는 영원이 없다"라고 말한다고 합시다. 이 말은 심오한 말인 것처럼 들립니다. 그런데 누군가가 당신의 눈을 깊이 들여다보면서 정반대로 말합니다. 그 사람은 당신에게 "영원에 대한 꿈은 잊어라. 삶, 진정한 삶은 여기 있다. 이

---

* 베르톨트 브레히트Bertolt Brecht, 1898년~1956년. 20세기에 활동한 독일의 극작가, 시인이자 연출가다. 브레히트는 소격 효과(또는 거리두기)라는 서사 기법을 제시해 관객이 극적 사건에 거리를 갖게 하고 지금껏 당연히 받아들이는 일을 비판적으로 바라볼 수 있게 했다. 옮긴이

삶을 활용하라"고 합니다. 이 말도 심오한 말처럼 들립니다. 그런데 세 번째 사람이 나타나 "영원이든 순간이든 극단으로 치우치지 말라. 영원과 순간적인 쾌락 사이에서 균형을 잘 잡아라. 이것이 참된 지혜다"라고 합니다. 이 말도 참된 것처럼 들립니다. 하지만 또 다른 사람이 나타나 "우리 인간은 반은 천사고 반은 동물인 비극적인 존재다. 우리는 영원히 분열되어 있다. 이는 피할 수 없다"고 합니다. 이제 알겠죠? 적절한 말투로 말하면 어떤 헛소리라도 심오한 생각처럼 들립니다. 내가 지혜라는 것에 철저하게 반대하는 이유죠.

슬로베니아에는 이런 말이 있습니다. "어떤 일이 벌어지든 그 일을 설명하려는 지혜로운 사람이 나타나 지혜로운 생각을 제시할 것이다." 내가 약간 위험한 어떤 일을 해야 한다고 합시다. 내가 성공할 경우 지혜로운 사람이 나타나 "바로 그거다. 성공하려면 두려움을 버리고 위험을 감수해야 한다"고 할 겁니다. 반면 실패할 경우에도 수많은 속담을 듣게 될 겁니다. 슬로베니아에는 놀라운 속담이 있습니다. "바람이 불어오는 방향으로 소변을 보지 말라." "너무 지나친 노력은 금물"이라는 뜻이죠. 결과가 어찌됐든 지혜로운 사람은 나타나기 마련입니다.

아, 예, 우리에게도 그런 속담이 있습니다. 하지만 그 뜻을 생각해본 적은 없었네요.

난 언어 때문에 정말 우스운 실수를 한 적이 있죠. 파리에서 있었던 일입니다. 지혜에 대해 똑같은 말을 하고 있었습니다. 하지만 프랑스어에 능숙하지 않기 때문에 실수를 저질렀지요. "바람이 불어

오는 방향으로 소변을 보지 말라"는 속담을 프랑스어로 옮기고 싶었는데 동사를 혼동해 이렇게 말했습니다. "바람이 불어오는 방향으로 대변을 보지 말라." 이 말을 듣고 자크 알랭 밀레Jacques-Alain Miller는 한술 더 떴죠. 나를 바라보더니 이렇게 말하더군요. "슬로베니아 바람은 정말 강한가 보군요." 밀레의 재치가 번뜩인 순간이었습니다.

그 말도 속담이네요. "바람이 불어오는 방향으로 대변을 보지 말라."
그렇죠? 그렇지만 좀 이상하긴 해요. "요점이 뭐죠?"하고 묻고 싶지 않나요?(웃음)

하지만 방금 말씀하신 것처럼 그 말에는 무슨 뜻이든 갖다 붙일 수 있지 않겠어요? 어떻게 말하느냐에 따라서 말이에요!
사실 그렇습니다. 그러나 나 같으면 바람이 불어오는 방향으로 보지는 않을 것 같습니다. 만약 대변을 봐야 한다면 바람이 부는 곳에서 보고 싶습니다. 냄새가 나잖아요. 당신은 어떻습니까? 모든 냄새를 가둬 두는 막혀 있는 방에서 보고 싶나요? 그것도 좋은 생각입니다. 자연스럽게 환기가 되겠죠.
(우리는 쓰레기가 산처럼 쌓여 있는 한가운데로 되돌아 왔다. 파도가 밀려오는 해변에서 찍은 두 연인의 사진이 지젝의 눈에 띄었다. 여성이 도발적인 자세로 남성 위에 걸터앉아 있었다.)
이게 뭐죠? 그걸까요? 아닙니다. 내 생각에는 유명한 영화 〈지상에서 영원으로From Here to Eternity〉에 나오는 버트 랜커스터Burt Lancaster

와 데보라 카Deborah Kerr입니다. 이 영화는 1953년에 할리우드에서 불륜을 이렇게 노골적으로 표현해 흥행에 크게 성공한 첫 번째 영화였습니다. 그 영화에 바로 이 장면이 나옵니다. 나는 이 장면을 인용한 적이 있습니다. 어디서냐고요? 혹시 〈딥 임팩트〉* 봤나요? 정말 허접한 공상과학 영화였죠. 당신도 기억하겠지만 그 영화의 끝부분에서 딸이 아버지를 껴안고 있는 가운데 엄청난 파도가 밀려옵니다. 그 장면은 이렇게 해석됩니다. 이 연인 사진에서처럼 작은 불륜에는 작은 파도, 그러나 근친상간적인 정념에는 훨씬 더 큰 파도가 삽입되죠!

알았습니다. 한 가지 질문이 더 남아 있는데…….

이것 봐요! 수사학적으로 당신은 마지막 질문이라고 말하지만 마지막 질문은 결코 아닐 겁니다!

"우리는 아무것도 바뀌지 않기를 바랍니다"

거의 마지막 질문입니다. 당신이 떠나기 전에 필요한 말은 다 들어야겠어요. 지금부터는 대답을 간단하게 해 줘요. 당신은 환경 위기가 다가오고 있다는 사실을 직시할 수 없는 우리의 무력함을 이야기

---

* Deep Impact(1998), 혜성 충돌에 의한 지구 멸망 시나리오를 그린 영화. 옮긴이

했지만 생태와 관련된 쟁점들은 도처에 널려 있습니다. 예컨대 대부분의 대기업은 그린워시*를 통해 자신들을 마치 친환경 기업인 것처럼 포장하고 있지요. 생태가 유행하면서 환경 관련 쟁점이 초미의 관심사가 되고 있습니다. 반면 우리에게 닥칠지 모르는 재난은 부인하고 있고요. 이렇게 모순된 것처럼 보이는 상황을 어떻게 보면 되죠?

당신 말이 맞아요. 생태 문제를 대하는 우리 태도에는 분명 역설적인 데가 있어요. 한편으로 우리는 깨어 있어야 한다는 소리를 사방에서 듣습니다. 생태 문제를 더 이상 무시할 수 없다고요. 다른 한편으로 생태는 모든 사람이 동의하는 얼마 안 되는 주제 가운데 하나입니다. 환경을 의식하는 건 세련된 행위라는 게 거의 강박 관념처럼 되어 버렸죠. 사람들은 부자일수록, 상류층일수록 환경 문제에 집착하고 있어요.

이런 두 양상을 어떻게 해석해야 하느냐? 철학자로서 답을 제시해 드리지요. 사람들이 보이는 그런 행동은 이른바 거짓 행동pseudoactivity입니다. 종종 우리는 어떤 일을 하면서, 무엇인가가 바뀌길 바라는 게 아니라 아무 것도 바뀌지 않기를 바랍니다. 예를 들어 한 무리의 사람들이 있습니다. 그리고 이들은 어쩌면 트라우마가 될지도 모를 어떤 문제에 접근해야 합니다. 무리 중 일부는 끊임없이 말을 하게 되기 쉬워요. 내가 자주 이런 역할을 맡지요. 나는 초조한 마음에 늘 말을 너무 많이 합니다. 왜 그럴까요? 내가 말을 멈추는 순간 누군가 이 민감한 주제를 건드릴지도 모른다는 불안감 때문입니다. 계속해서 그처럼

---

* greenwash, 실제로는 친환경적이거나 생태적이지 않은 것을 '녹색'인 양 포장하는 행위. 옮긴이

적극적인 태도를 보이는 이유는 어떤 충격적인 문제나 실제적인 문제가 벌어지는 상황을 막기 위해서입니다. 최근 생태 진영에서 유행하고 있는 친환경 제품 구매 운동이나 심지어 최근에 유행하는 자선 운동의 경우도 마찬가지라고 생각합니다. 나에게는 생태 운동이나 자선 운동이나 비슷합니다. 당신이 아프리카 소년을 한 명 정해 당신의 계좌에서 매달 20달러나 30달러 정도를 그 소년에게 송금한다면 매우 멋있게 보이겠죠. 우리는 이 게임을 압니다. 해마다 당신은 사진이 동봉된 감사 편지를 받습니다. 우리는 왜 이런 일을 하고 있으며, 이런 일은 하는 사람들은 누구입니까? 나는 아닙니다. 당신입니다. 당신은 돈을 그리 많이 지불하지 않고도 그 소년을 도울 수 있고 게다가 그 소년을 계속 그곳에 붙잡아 둘 수도 있습니다. 단지 당신 기분이나 좋게 하자는 도덕주의란 말입니다. 이곳에서 당신 자신이 영위하는 생활양식에 조금도 변화를 주지 않으려는 일종의 뇌물입니다.

생태 운동의 경우도 마찬가지입니다. 건강식품을 먹자. 친환경 제품을 구입하자. 재활용하자. 등등. 이 모든 작은 일을 하는 이유는 단지 우리가 정말 무엇인가를 해야 할 순간을 뒤로 늦추기 위해서죠. 오늘날에는 냉소적인 태도를 취하는 게 훨씬 더 건전할 수 있어요. 내가 취하는 태도가 그런 거죠. 이른바 '그린' 사과, 즉 유기농법으로 재배한 사과를 볼 때마다 제일 먼저 우리가 느끼는 건 그런 사과가 훨씬 더 흉하다는 거죠. 그런 사과는 반은 상해 있어요. 여기에 먹을거리 산업을 조종하는 대형 업체들이 개입되어 있을 경우 나는 냉소적인 태도를 숨길 수 없습니다. 대형 업체는 모든 사과를 수확합니다. 보기 좋은 사과를 선별해 가격을 매겨 판매한 뒤 남아 있는 흉하게 생긴 사과는 그린 사과라든가 생태적으로 건강한 사과라며 그 두 배의 가격에 판매하죠.

먹을거리와 관련된 정치는 우리가 분명 동의하지 않는 부분입니다.(웃음) 나는 비건*들이 먹는 히피스러운 유기농 식품과 흉하게 생긴 사과가 좋아요.

아, 그러나 한 걸음만 더 나아가 보십시오. 패트리샤 하이스미스**는 놀라운 이야기를 쓰면서 이런 가정을 합니다. 어떤 사람들이 나무들은 매우 복잡한 체계로 모종의 대화를 나누며 소통할 수 있다고 주장한다는 것이죠. 그리고 식물 혐오자vegetophobic와는 달리 식물을 사랑하고vegetophilic 동물을 사랑하는 일부 급진론자들은 정교한 기술을 이용하면 이런 속삭임을 알아들을 수 있다고 주장합니다. 이 길을 끝까지 가면 당신은 물만 마시고 아무 것도 먹지 못하게 됩니다. 지금 나는 심각한 문제를 이야기하고 있습니다. 여기서 심각하다는 말은 내가 정말로 그와 비슷한 글을 어디에선가 읽었기 때문에 하는 말이지, 그렇게 말하는 사람들이 진지하게 이 문제를 다루고 있다는 뜻은 아닙니다. 그들은 심지어 식물이 기억력을 가지고 있다는 점을 증명하기 위해 모종의 실험을 하기도 했습니다.

동물에게는 중추신경계가 있지만 식물에는 없다는 말을 믿지 않는군요. 분명 동물에게는 고통을 받고 느끼는 능력이 있어요. 내가 고

---

* vegan, 단순한 채식주의자와 달리 유제품과 달걀 같은 동물성 식품을 일체 먹지 않을 뿐 아니라 동물성 소재로 만든 제품도 착용하지 않는 사람들을 가리킨다. 옮긴이
** Patricia Highsmith, 1921년~1995년. 미국 소설가. 옮긴이

기를 먹지 않는 건 그 때문입니다.

미안하냐고요? 아니요. 절대로 아닙니다. 잠깐만 기다리세요. 나는 교양 있는 착한 위선자입니다. 나는 고기를 먹지만 가공된 고기abstract meat만 먹습니다. 당신도 알다시피 순수한 스테이크 같은 것 말입니다. 내가 먹는 스테이크는 소시지처럼 고기를 가공하는 공장에서 손질하고 생산된 것입니다. 내가 동물의 일부를 먹는 게 아니라는 상상을 유지하는 데 도움이 되죠. 즉, 나는 동물을 연상시키는 어떤 것도 절대로 먹을 수 없답니다. 치킨도 가공된 것abstract이어야 해요. 내게 치킨은 맥너겟입니다. 나는 닭 뼈가 들어간 치킨은 먹을 수 없습니다. 콩팥이나 뇌 같은 구체적인 부분을 먹는 것은 절대로 불가능합니다.

그것은 부인을 보여 주는 또 사른 사례가 아닐까요? 공장형 농장이 환경에 미치는 영향은 또 어떻고요? 육류산업이 전 세계의 모든 비행기와 배, 트럭, SUV, 승용차를 합친 것보다 더 많은 온실가스를 만들어 낸다고 한 유엔 보고서를 읽었어요. 나는 더 인위적인 방법이기는 하지만 생태를 위해서는 산업적으로 육류를 생산하는 일을 중단하고 대형 수조에서 대체 단백질을 재배하는 방법을 택해야 한다고 생각합니다. 과학자들도 이런 단백질을 개발하려고 노력하고 있죠. 실제 고기이기는 하지만 먹고 배설하며 항생제를 투여 받아야 하는, 생각하고 느낄 줄 아는 동물과는 무관한 그런 단백질 말입니다.

하지만, [이 이야기는 그만하고] 진도를 좀 나가야겠네요. 앞에서 결론에 딱 어울릴 만한 이야기를 하셨어요. 이상화와 쓰레기에 대한 사랑을 언급한 부분 말입니다. 하지만 편집실에 들어가서 어떻게 그 요점까지 도달할 것인지는 좀 더 생각할 필요가 있겠어요. 내 질문은 이 겁니다. 쓰레기 생산, 즉 온실가스나 유독성 폐기물이 인류를 위험에 빠트리고 있는 상황에서 생태학자에게 쓰레기를 사랑하라고 말하는 것은 왜죠? 궁극적인 재난을 유발할 능력이 있는 무엇인가를 사랑한 다는 것은 무슨 뜻입니까?

네, 무슨 말인지 알겠습니다. 쓰레기는 정의상 유독성 물질입니 다. 쓰레기는 우리 모두를 위협합니다. 쓰레기는 오염물입니다. 만 약 이처럼 미친 듯이 쓰레기를 계속 만들어 낸다면 우리는 언젠가 쓰 레기 속에 빠져 죽을 겁니다. 그러면 생태학자는 왜 쓰레기를 사랑해 야 할까요? 나는 시각을 거꾸로 돌려 보고 싶습니다. 우리를 정말 위 협하는 것은 쓰레기 자체가 아닙니다. 쓰레기를 분리하는 것, 쓰레기 를 내던지는 게 오히려 위협입니다. 다시 말하지만 나에게는 멋진 초 원이나 쓰레기가 모습을 감춘 곳이야말로 궁극적인 공포입니다. 환 경론자들은 이상적인 균형이라는 말을 사용하는데, 내 생각에 생태 가 이상적으로 균형 잡혀 있는 사회란 완전히 혼란스러운 공간이어 야 하죠. 이런 공간에서 쓰레기는 환경의 일부가 되어 차별받지 않 으니까요.

"진정한 생태적 태도는 세상을 싫어하는 것"

그 문제에 대해서는 확신할 수 없어요. 이 점은 반드시 밝히고 싶네요. 다시 말하지만 우리는 마무리를 잘해야 될 것 같습니다.

'그러나', '그러나'를 이야기해야 합니다!

그러나……, 우리는 어떤 방법으로든 생태에 관한 이데올로기적 신화에 대한 설명에서부터 미학과 사랑에 대한 당신의 생각에 이르기까지 모든 것을 마무리할 필요가 있죠.

잠깐, 여기서 완전히 다른 사고 노선을 따라가 보도록 하지요. 그러면 당신은 자신이 할 수 있는 것이 무엇인지 알 수 있을 겁니다. 괜찮겠죠?

쓰레기를 받아들인다는 것은 우리가 쓰레기를 사랑해야 한다는 것, 즉 우리가 쓰레기 속에서 살고 쓰레기를 보듬어 안고 쓰레기를 즐겨야 한다는 것을 의미하지 않습니다. 마조히즘을 말하는 게 아닙니다. 쓰레기를 받아들인다는 것은 쓰레기에 대한 우리의 증오심을 받아들인다는 겁니다. 내 안에 이러한 확신은 점점 커지는 것 같습니다. 해결책은 우리의 직접적인 인식에 나타나는 바, 우리의 반자연적 태도를 받아들이는 것, 즉 세상에는 우리가 싫어하는 것들이 있다는 점을 받아들이는 것이라는 확신 말입니다. 우리는 세상 전체를 받아들일 필요가 없습니다. 인간성은 자연 전체와 화해하는 게 아니라 구분선을 긋는 방식으로 기능합니다. 이 부분은 받아들이고 저 부분은 거부하는 거죠. 우리는 우리의 불균형을 받아들여야 합니다. 우리는 우리가 걱정해야 하는 우주의 중심이 아닙니다. 이제 좀 정리가 됐나요? 우리가 균형을 어지럽히는 데 성공하고 있다고 봅니까? 오히려 우리는 우리가 균형 잡히지 않은 괴물이라는 사실과 불균형을 유발하는 활동을 벌이는 존재라는 사실, 그런 한에서만 자연의 일부라는 사실을 받아들여야 합니다. 그러므로 내 생각에 우리는 우리의 증오심, 공격성, 불균형을 받아들여야 합니다. 우리는 우리의 증오심을 받아들여야 합니다. 진정한 생태적 태도는 세상을 싫어하는 겁니다. 세상을 덜 사랑하고 더 싫어하는 겁니다.

앞에서 말한 내용과는 정반대잖아요!

그렇습니다. 정반대입니다! 당신은 어떤 효과가 있는지 알게 될 겁니다!(웃음)

당신을 몇 분 더 고문해야겠어요. 다시 간단하게 질문할 테니까 짧게 대답하세요. 자연이 없는 생태는 실제로 어떤 모습이죠? 앞에서는 쓰레기는 기본적으로 사랑하고 보듬어 안으려는 태도로 바라봐야 한다고 말해 놓고 이제는 세상이 싫다고 합니다. 그러면 쓰레기에 대한 이런 태도, 자연이 없는 생태라는 이 개념은 태도가 아닌 행동으로는 어떻게 드러나죠?

정신적·영적 태도가 아닌 실제 자연이 없는 생태라는 개념은 어떤 모습으로 나타날까요? 이 개념은 우리의 실천을 어떻게 변화시킬까요? 물론 우리는 지금도 오염이나 위험 등과 싸우고 있습니다. 그러나 정말이지 공공연한 전투open warfare를 벌이듯 싸우는 것 같습니다. 이 싸움에서 당신은, 당신이 모든 확고한 대의를 위해 싸우고 있다는 사실을 알고 있습니다. 당신은 의지할 곳이 어디에도 없다는 사실도 잘 알고 있습니다. 당신은 자신의 행동이 어떤 결과를 가져올지 전혀 예측할 수 없는 과정에 들어섰다는 사실도 압니다. 그리고 당신은 결국에는 패배하리라는 사실도 압니다. 상황이 지닌 이런 철저한 개방성을 받아들인다는 것은, 궁극적인 해결책이 없는 가운데 우리가 단지 시간을 벌고 있을 뿐이라는 뜻입니다. 이상하게도 이처럼 공공연한 전투 상황을 받아들이는 것이야말로 자연을 존중하는 유일한 참된 태도입니다.

  당신의 말처럼 현재 생태학자들은 자연은 순수하게 보전되어야 한다며 "지구를 구하라"는 구호를 내걸고 있습니다. 진정한 생태학자라면 어떤 구호를 내세워야 한다고 생각합니까?

  만약 자연을 다시 순환하게 하고 인간이 만들어 내는 오염에서 식물을 구한다는 등, '순수한 자연'이 전형적인 생태학자들의 구호가 되고 그로써 사람들을 규합한다면, 진정으로 혁신적인 생태 모델이란 어떤 것일까요? 우선 그 모델은 아무 의미도 없어야 합니다. 자연적인 재난은, 심지어는 인간이 유발한 재난이라도 삶에서는 전혀 무의미합니다. 재난에는 아무 의미도 없습니다. 자연은 좋지도 않고 나쁘지도 않습니다. 자연은 맹목적이고 우둔합니다. 두 번째로 지적하고 싶은 요점은 생태 위기에 접근할 수 있는 유일한 방법은 무자비한 이기주의에서 찾을 수 있다는 겁니다. 직시해야 하는 건 만약 우리가 이른바 사건들이 전개되는 자연스러운 과정을 따랐다면 인류는 오래 전에 사라졌을 거라는 거죠. 우리는 수치심을 버리고 조건들을 인위적으로 창출해 자연에 개입해야 합니다. 이렇게 할 경우 우리는 시간을 벌 수 있을 겁니다. 그래서 나의 역설은 "자연은 없다"는 점에서 자연에 맞서라는 요청일 뿐만 아니라 자연을 침해하라는 요청 이기도 합니다.

역설적으로 우리는 인류가 얼마나 취약한 상태에 있는지 알아야 합니다. 우리는 자연을 침해하고 있습니다. 인간의 간섭이 없다면 결코 일어나지 않을 것들을 자연에 강요한다는 뜻입니다. 그러나 우리는 이 사실을 기쁘게 받아들여야 합니다. 정말 우리는 자연을 침해하고 있습니다. 말하자면 흐름에 맞서고 있습니다. 우리는 시간을 벌고 있습니다. 우리는 우리의 자기중심성을 자랑스럽게 받아들여야 합니다. 이것이 왜 부자연스럽습니까? 역설은, 자연에 맞서는 우리의 태도를 인정해야 자연과 화해할 수 있다는 점입니다. 즉, 우리는 글로벌한 우주에서 일어나는 일에 신경 쓰지 말아야 합니다. 글로벌한 우주는 없습니다. 일어나는 일은 단지 요소들의 무한한 다수성일 뿐입니다. 그 다수성에는 의미가 없습니다.

마지막 질문입니다. 중요한 거예요. 의미는 어떻습니까? 아니면 의미의 결여는요? 철학자들은 늘 의미 추구나 삶의 의미 등과 관련된 질문을 받지 않나요? 앞서 의미를 찾으려는 유혹에 대해 말했죠. 이런 유혹에 저항하는 것이 왜 큰 도전입니까?

의미를 찾으려는 유혹에 저항하는 일은 왜 그토록 어려울까요? 우리 철학자들이 삶의 의미를 얼마나 궁극적인 질문으로 여기고 있는지 안다면 놀라울 정도입니다. 철학자들에게 접근하는 이른바 보통 사람들도 마찬가지입니다. 우리는 왜 여기 있습니까? 우리가 여기 있는 것에 무슨 의미가 있습니까? 물론 이 문제에 대한 내 입장은 매우 급진적입니다. 의미를 찾는 일은 인간 본성이 지닌 일종의 자연스러운 유혹입니다. 그러나 의미 자체는 거짓입니다. 참된 의미도 없고 거짓된 의미도 없습니다. 의미 자체의 신화화가 있을 뿐입니다. 우리에게는 과학적 의미와 이데올로기적 의미라는 두 가지 종류의 의미가 있다고들 말하지만 이는 사실이 아닙니다. 진리에는 의미가 없습니다. 양자물리학은 진리일지도 모릅니다. 그러나 양자물리학에는 말 그대로 의미가 없습니다. 당신은 양자물리학을 일상적인 현실의 용어로 바꾸어 놓을 수도 없습니다. 의미란 무의미성에서 도망가기 위한 수단입니다. 역설적이지만 무의미성이 선행합니다. 의미 자체는 방어 수단입니다. 따라서 철학자의 의무는 의미를 제거할 수 있도록 돕는 게 아니라 의미가 무엇인지 알게 하는 겁니다. 의미는 방어 수단이며 인간의 조건에서 나온 근본적인 거짓말입니다.

슬라보예 지젝 Slavoj Žižek

동시대에 가장 각광받는 지식인 중 한 명인 슬라보예 지젝은 슬로베니아 태생의 철학자이자 문화 비평가다. 영화감독을 꿈꾸었을 정도로 대중문화에 관심이 많은 지젝은 어려운 철학 이론을 할리우드 영화나 SF소설처럼 대중과 친숙한 장르에 적용시키는 데 뛰어나다. 지젝은 이론과 현실 사이에 독특한 접점을 만들어 오면서 학계에서 뿐만이 아니라 대중적으로도 큰 반향을 일으켰다. 그러다보니 한편으로는 세계 지성계의 슈퍼스타, 철학의 엘비스 프레슬리, 또는 록스타라는 비아냥을 사기도 했다. 잘 알려져 있듯, 1990년 민주화된 슬로베니아의 첫 번째 대통령 선거에서 자유민주당 후보로 출마했던 독특한 이력의 소유자이기도 하다.

지젝의 작업을 간단히 요약하거나 범주화하기란 쉽지 않다. 기본적으로 라캉의 정신분석학과 헤겔을 비롯한 독일 관념론, 마르크스의 정치경제학이 사상의 바탕이 되지만, 동시대 다양한 사상가들을 논쟁적으로 다룰 뿐 아니라, 정세에 적극 개입하고, 무수한 사례와 농담을 동원해 논리를 이끌어가기 때문이다. 특히 헤겔과 마르크스의 사상을 오늘날 금융 위기가 지속되는 현실에 적용시키는 것에서 지젝의 능력은 십분 발휘된다. 지젝은 스스로를 엄밀한 의미의 공산주의자이자, 급진 좌파라고 부른다. 더 과격하게는 정통 라캉주의적 스탈린주의자라는 표현을 쓰기도 한다.

다작으로도 유명한 지젝은 매년 두세 권의 책을 내며, 출간 즉시 세계 각지에서 신속히 소개되고 있다. 최근작 『종말을 살다Living in the End Times』에서는 전 지구적 자본주의가 파국에 이르고 있다고 주장하며 세계적 생태 위기, 경제 체제 내의 불균형, 생명공학 혁명, 사회적 분열의 심화를 거론한다. 이 책에서 지젝은 위기에 직면해 서구 사회가 보이는 집단적 반응과 그 무기력함을 '이데올로기적 부인'으로 해석하면서 정치적 돌파구를 찾고자 한다.

2011년 10월에 지젝은 월가 점령 시위대를 지지하며 리버티 플라자에서 연설을 하기도 했다. 애스트라 테일러가 감독하고 〈자이트가이스트 필름스Zeitgeist Films〉가 배포한 특집 다큐멘터리 〈지젝!〉의 주인공이기도 하다.

주요 저작

The Sublime Object of Ideology, London: Verso, 1989. (『이데올로기라는 숭고한 대상』, 이수련 옮김, 인간사랑, 2002)

Looking Awry, Cambridge, Massachusetts: MIT Press, 1991. (『삐딱하게 보기』, 김소연 옮김, 시각과 언어, 1995)

For They Know Not What They Do, London: Verso, 1991. (『그들은 자기가 하는 일을 알지 못하나이다』, 박정수 옮김, 인간사랑, 2004)

Enjoy Your Symptom!, London: Routledg, 1992. (『당신의 징후를 즐겨라: 할리우드의 정신분석』, 주은우 옮김, 한나래, 1997)

Everything You Always Wanted to Know About Lacan. But Were Afraid to Ask Hitchcock, London: Verso, 1993. (『항상 라캉에 대해 알고 싶었지만 감히 히치콕에게 물어보지 못한 모든 것』, 슬라보이 지젝 편집, 김소연 옮김, 새물결, 2001)

The Ticklish Subject, London: Verso, 1999. (『까다로운 주체』, 이성민 옮김, b, 2005)

The Fragile Absolute: Or, Why is the Christian Legacy Worth Fighting For?, London: Verso, 2000. (『무너지기 쉬운 절대성』, 김재영 옮김, 인간사랑, 2004)

Did Somebody Say Totalitarianism?, London: Verso, 2001. (『전체주의가 어쨌다구?』, 한보희 옮김, 새물결, 2008)

Revolution at the Gates: Žižek on Lenin, the 1917 Writings, London:

Verso, 2002. (『지젝이 만난 레닌: 레닌에게서 무엇을 배울 것인가』, 블라디미르
일리치 레닌 공저, 정영목 옮김, 교양인, 2008)

Organs Without Bodies, London: Routledge, 2003. (『신체 없는 기관: 들뢰
즈와 결과들』, 김지훈 · 박제철 · 이성민 옮김, b, 2006)

Welcome to the Desert of the Real, London: Verso, 2003. (『실재의 사막에
오신 것을 환영합니다』, 이현우 · 김희진 옮김, 자음과모음, 2011)

The Puppet and the Dwarf : the perverse core of Christianity, MIT
Press, 2003. (『죽은 신을 위하여: 기독교 비판 및 유물론과 신학의 문제』, 김정
아 옮김, 길, 2007)

The Parallax View, Cambridge, Massachusetts: MIT Press, 2006. (『시
차적 관점: 현대 철학이 처한 교착 상태를 돌파하려는 지젝의 도전』, 김서영 옮김,
마티, 2009)

In Defense of Lost Causes, London: Verso, 2008. (『잃어버린 대의를 옹호하
며』, 박정수 옮김, 그린비, 2009)

Violence: six sideways reflections, New York: Picador, 2008. (『폭력이
란 무엇인가 – 폭력에 대한 6가지 삐딱한 성찰』, 이현우 · 정일권 · 김희진 옮김, 난
장이, 2011)

Living in the End Times, London: Verso, 2010.

Less Than Nothing: Hegel and the Shadow of Dialectical Materialism,
Brooklyn, NY : Verso, 2012.

상호의존
Interdependence

8장 주디스 버틀러와 수나우라 테일러: 상호의존

주디스 버틀러는 캘리포니아 버클리 대학의 수사학 및 비교문학과 교수로 페미니즘과 퀴어 이론, 정치철학, 윤리학 등의 분야에 기여했다. 1990년에 발간되어 국제적으로 10만 부 이상 판매된 『젠더 트러블Gender Trouble』은 가장 많이 인용되는 현대 철학 교재 가운데 하나다. 버틀러의 다른 책들로는 『의미를 체현하는 육체Bodies That Matters: On the Discursive Limits of "Sex"』와 『불확실한 삶Precarious Life』, 『윤리적 폭력 비판Giving an Account of Oneself』 등이 있다.

수나우라 테일러는 캘리포니아 주 오클랜드에 사는 예술가이자 활동가다. 선천적 관절굽음증을 앓는 수나우라는 장애 인권 운동에 앞장서 왔다. 수나우라의 예술 작품은 스미소니언 박물관과 버클리 미술관을 비롯해 미국 전역의 전시장에 전시되어 있다. 현재 테일러는 장애인과 동물의 권리에 관한 책을 공동 편집하고 있다.

이 인터뷰는 두 사람 사이의 대화를 담고 있다는 점에서 독특하다. 인터뷰 전에 몇 차례 회의를 거치면서 한 번은 내 동생 수나우라 테일러를 버틀러에게 소개할 기회가 있었다. 수나우라는 버클리 대학원생이며 선천적인 지체 장애 때문에 휠체어를 탄다. 버틀러는 커피를 마시며 대화를 나누다가 불현듯 수나우라도 함께 촬영하는 것은 어떻겠냐고 제안했다. 두 사람 사이에 흥미로운 이야깃거리들이 많을 것 같다는 생각에서였다. 두 사람은 샌프란시스코 미션 디스트릭스에서 벽화가 그려진 활기찬 거리와 낙서투성이인 뒷골목을 거닐며 대화를 나눴다.

버틀러 당신과 함께 걷고 싶다고 생각한 이유를 설명하는 것으로 대화를 시작하는 게 좋을 것 같습니다.

S. 테일러 그렇게 해요.

버틀러 좋아요. 써니*, 나는 우리가 함께 걸어야 한다고 생각했어요. 내가 이야기하고 싶었던 것 중에 하나는 바로, 우리가 함께 걷는다는 것의 의미였습니다. 내가 함께 걷자고 당신에게 처음 제안했을 때 당신은 "나는 걷기도 하고 어슬렁거리기도 하지요"라고 답했어요. 걷는다는 게 당신에게 어떤 의미인지 듣고 싶어요. 당신은 언제, 어떻게

---

* 수나우라 테일러의 애칭. 옮긴이

걷나요? 걷는다는 걸 다르게 표현하기도 하나요?

S. 테일러 글쎄요. 나는 늘 걷는다고 생각해요. 아마 매일 걸을 거예요. 나는 사람들에게 걷고 오겠다는 말을 쓰죠. 비록 걸을 수 없는 몸이지만 걷는다는 말을 사용해요. 내 걷기 경험이 다른 사람들의 걷기 경험과 별 차이가 없다고 생각하기 때문이에요. 걷다 보면 머리가 맑아지죠. 나는 걸으며 지나치는 모든 것을 즐깁니다. 비록 걸을 수는 없지만 내 몸도 걷기에 깊이 관여해요. 내 몸을 움직이고 내 몸의 균형을 찾는 나만의 방식이 있어요. 그래요. 나는 바로 '걷기'라는 말을 사용하지요. 그리고 내가 아는 장애인 대부분이 같은 말을 써요.

"누구나 걷기 위해선 특정한 기술과 보조가 필요해요"

버틀러 그래요. 당신은 걸을 때 몸을 움직이지요. 그렇지만 당신의 움직임은 동력화돼 있기도 합니다. 그렇다면 당신에게 걷기란 움직임의 조합 같은 게 아닐까요?

S. 테일러 맞아요. 걷기는 움직임의 조합입니다. 매우 섬세한 조합이죠. 손도 매우 섬세하게 움직이고, 등도 움직입니다. 나는 걸을 수는 없지만 늘 움직이고 있습니다.

버틀러 그 말을 들으니 우리들 중에 움직이는 기술을 사용하지 않고 움직이는 사람은 없다는 생각이 드네요. 누구나 어떤 방식으로든 움직이는 방법을 배워야 하죠.

S. 테일러 우리는 어렸을 때부터 특정한 방법으로 움직이고, 특정한 방법으로 걷고, 특정한 몸짓을 취하도록 문화적으로 길들여져요. 문화적으로 수용될 수 있는 방식으로 신체를 움직일 수 없는, 그런 몸으로 태어났다는 것이 어떤 의미인지를 생각해 보는 건 내게 매우 흥미로운 일입니다. 그럴 경우 움직임을 스스로 설계해야 됩니다. 문화적으로 받아들여지는 많은 움직임 역시 어느 정도 제한돼 있다는 말도 덧붙이고 싶네요.

버틀러 두 가지 방식으로 이 문제를 생각해 볼 수 있을 것 같습니다. 한 가지 방식은 당신이 걸을 때 의자가, 그리고 바퀴가 당신을 보조하고 있다고 생각하는 겁니다. 의자와 바퀴가 당신을 돕고 있다고 생각하는 것이죠. 바로 그 점에서 휠체어에 앉아 있는 당신이나 다른 사람들을 휠체어를 타지 않은 사람들과 구분할 수 있어요. 다른 한 가지 방식은 우리가 좀 더 일반적인 어떤 조건을 공유하고 있다고 생각하는 겁니다. 그 조건에 대해 이야기해 볼 수 있을 것 같군요.

우리 모두는 움직일 때 외부에서 다양한 지원을 받습니다. 우리가 움직이려면 특정한 종류의 표면과 신발, 날씨가 필요하죠. 심지어는 내면적으로도 특정한 방식의 보행력이 필요한데 이러한 보행력은 우리 안에서 충분히 작동할 수도, 작동하지 않을 수도 있습니다. 걷기 위해서는 늘 특정한 종류의 기술과 특정한 보조가 필요하다는 뜻입니다. 걷는 기술도 없이 걷는 사람은 없습니다. 걷는 것을 보조해 주는 우리 외부의 무언가 없이 그저 걷는 사람은 없죠. 어쩌면 비장애인이 철저하게 자족적Self-Sufficient이라는 생각은 잘못된 개념일 겁니다. 자족적이라는 개념이 환상이 되고 이상적인 규범이 되어 버리는 지점이 있습니다. 자족적이라는 개념은 실제로 우리에게 적합하지 않으며 우리가 움직일 때 어떻게 움직이고 왜 움직이고 있는지를 생각하는 데 아무런 도움도 되지 못합니다.

S. 테일러 독립성이라는 개념은 매우 다양한, 여러 방면에 걸친 영역으로 번역될 수 있다고 생각합니다. 비장애인이 어떤 도움도 없이 독자적으로 걸을 수 있다는 생각은 일종의 신화죠. 비장애인도 사실 특정한 지반이 필요하고, 신발이 필요합니다. 당신이 말한 것처럼 사회의 지원이 필요해요. 사실 우리는 모두 상호의존적인 존재인데 장애인만 의존적인 존재라거나 어떤 방식으로든 '더' 의존적인 존재라고 보는 인식이 있어요. 장애인은 비장애인과는 상이한 구조에 기대어 서로에게 의존하는 존재라고 보는 거죠. 또 걷고 있을 때 우리는 다른 사람들의 생각이나 우리를 바라보는 그들의 시선에 영향을 받기도 합니다. 장애인들은 사람들이 불편한 기색을 보이거나 어떻게 상호 작용하고 반응할지 몰라 할 때면 상처를 받기도 합니다. 그러나 나는 어떤 면에서는 모든 사람이 이와 비슷한 경험을 한다고 봐요.

버틀러 자, 이제 걸으려면 특정한 조건이 갖추어져야 한다는 점이 명

확해졌습니다. 이 특정한 조건들은 충족되어야 합니다. 우리는 이동 수단과 지원, 표면이 필요하죠. 걷기 위해 꼭 발을 사용해야만 하는 것은 아닙니다. 당신이 걷거나 어슬렁거린다는 말을 했을 때, 바로 이 점이 분명해졌어요. 발이 이동 수단일 수는 있지만 분명 유일한 수단은 아니고 필수 조건도 아닙니다. 우리를 움직이게 하는 모든 것들, 우리의 이동을 도와주는 모든 조건들을 두루 살피는 가운데 '걷기'란 무엇인지 다시 생각해 봐야한다는 뜻이죠.

S. 테일러 내 주변에는 발이 없는데도 걷는 친구가 많아요.

버틀러 이런 이야기를 해 보는 건 어떨까요? 당신은 어떤 환경에서 걸을 수 있죠? 당신이 이동하려면 환경은 어때야 하죠?

S. 테일러 글쎄요, 사실 장애는 모든 조건을 극적인 것으로 만들죠. 사실 장애인과 비장애인 모두 조건에 영향을 받는데도 말이지요. 예컨대 산책을 하다가 갑자기 커브컷*이 사라져 버린다면, 그 상황은 내게 진정한 물리적 조건이 되겠지요. 그럴 경우 나는 말 그대로 걷기를 중단해야 할 겁니다. 그리고 적어도 지금 이 시대, 우리가 속한 문화에서 장애인을 위한 물리적 환경은 환경의 효과를 훨씬 더 분명하게 만들어요. 비장애인들도 비슷한 환경 요소에 영향을 받는다고 할지라도 말이에요. 나는 자동차 운행에 최적화된 교외 환경에서 지내고

---

* curb cut, 휠체어 사용자를 위해 인도와 도로에 설치된 장치. 옮긴이

있습니다. 이곳에는 안전하게 걸을 만한 공간이 없어서 산책은 때로 매우 위험할 수 있죠. 이런 환경에서 보도와 산책로는 비장애인 역시 걸으려면 자신들을 위해 설계된 공간이 필요하다는 사실을 보여 줍니다. 무슨 말인지 이해하죠?

버틀러 예. 샌프란시스코에는 커브컷이 있나요?

S. 테일러 샌프란시스코 베이 지구는 세상에서 가장 접근하기 쉬운 지역이죠. 바로 그 점 때문에 이곳으로 이사를 온 거랍니다. 대중교통을 활용할 수 있고 대부분의 장소에 커브컷이 있으며, 거의 모든 건물이 높은 접근성을 가지고 있어요. 놀라운 것은 이 지역의 이러한 물리적 접근성이 사회적 수용성으로도 이어지고 있다는 사실입니다. 물리적 접근성이 높기 때문인지 이곳에는 세계 어느 곳보다 장애인이 많죠. 비장애인들은 장애인과 상호 작용하는 법을 배우게 되고 익숙해지게 되죠. 이처럼 물리적 접근성은 사회적 접근성과 수용성으로도 이어집니다.

버틀러 멋지네요! 커브컷만 있다면 휠체어를 타는 주민도 늘어날 것이고 그렇다면 도시 전체의 인구 통계가 바뀔 수도 있겠어요.

S. 테일러 고향 조지아에 있을 땐, 나가서 물건을 사는 일은 늘 긴장의 연속이었어요. 다른 사람들과 다르게 행동해야 했기 때문이죠. 샌프란시스코에서는 사람들에게 나를 도와줄 방법이 무엇인지 설명할 필

요가 없습니다. 이곳 사람들은 장애인이 가게에 들어서면 바로 무엇이 필요한지 헤아리고 그들 나름대로 도움이 될 방법을 찾아내죠. 그들에게는 아주 익숙한 일입니다. 가게 점원들은 예외 없이 "커피 가져다 드릴까요?"라거나 "빨대를 드리겠습니다"라고 말합니다. 자신과는 조금 다른 사람들과 어떻게 물리적으로 상호 작용해야 하는지를 잘 알고 있는 거죠. 이 모든 것은 물리적 접근성이 낳은 결과입니다. 그러나 장애인 공동체 안에는 늘 딜레마가 있어요. "물리적 접근성을 요구하기 위해서는 사회로 들어가야 하는데 먼저 그 사회에 들어갈 수 없다면 어떻게 그 접근성을 요구할 수 있을 것인가"하는 문제 말입니다.

버틀러 맞아요. 거기에 큰 문제가 있어요. 사람들이 한데 모일 수 있는 접근성이 보장된 다음에야 효과적인 주장도 할 수 있는 거죠.

S. 테일러 네. 우리가 한데 모이기 시작한 지도 사실 15년에서 20년 정도밖에 되지 않아요.

"우리는 사회적으로 구성된 방식에 따라 몸을 사용합니다"

버틀러 지금까지 당신은 비장애인이지만 장애인을 만난 경험이 있고, 장애인의 필요를 충족시켜 주거나 장애인이 가진 게 무엇이든 자신이 가진 것과 교환하려고 노력하는 사람들, 그리고 그런 상점들에 대해 이야기를 했습니다. 무엇보다 언제나 개척자가 될 필요는 없다는 건 틀림없이 좋은 일인 것 같습니다.

S. 테일러　맞아요. 틀림없이 그래요.

버틀러　첫 번째 사람이 된다는 건……

S. 테일러　누군가에게 첫 번째 장애인이 된다는 것 말이죠?

버틀러　말하자면 그렇습니다. 나는 당신처럼 이야기하고 생각하고 말하고 움직이며 삶을 즐깁니다. 그리고 당신과 마찬가지로 골칫거리에 시달리기도 하지요. 뭐, 어쨌든, 내가 궁금한 건 사회적 공간에서 움직이는 일이에요. 당신이 취할 수 있는 움직임, 당신이 살 수 있게 돕고 다양한 방식으로 당신을 표현하게 하는 그런 모든 움직임 말입니다. 이 사회적, 공적 공간에서 당신은 원하는 만큼 자유롭게 움직일 수 있나요? 당신이 안고 있는 사회적 제약은 어느 정도인가요? 낙인 같은 것일 수도 있고, 당신의 행동을 제약하는 사회적으로 승인된 어떤 움직임 같은 것들, 그러니까 당신의 장애 자체가 아니라 '장애를 가진' 사람들은 어떠해야 한다는 사회적 제약 같은 것 말입니다.

S. 테일러　글쎄요. 카페에 가는 일을 예로 들어 보죠. 처음에는 카페에 들어가 도와 달라고 말하는 것 자체가 당혹스러운 일이었습니다. 우

리가 이야기한 독립성이라는 사안 때문에 개척자가 되기까지, 누군가에게 도와달라고 부탁하기까지, 그리고 도울 방법을 찾기 위해 긴장하고 있는 누군가를 지켜보기까지는 많은 시간이 걸렸어요. 그러다가 몇 차례 같은 일을 겪고 난 뒤 도와달라고 부탁하는 것이 이상한 일이라는 사실을 깨달았죠. 많은 경우 내게는 아무런 도움도 필요 없었다는 사실을 알게 되었거든요. 예를 들어 카페에서 커피 잔을 입에 물고 테이블까지 옮긴 적이 있어요. 그러나 커피 잔을 입에 무는 게 [커피 잔을 가져다 달라고 부탁하는 것보다] 더 어려운 일입니다. 우리의 움직임에는 규범화된 기준이라는 게 있기 때문입니다. 몸의 일부를 우리 통념과는 다른 용도로 사용할 경우 불편한 마음을 유발하는 거지요. 장애인을 대하는 사람들의 경우에는 훨씬 더 힘든 것 같아요. 그래서 나는 자연스럽게 이런 관심을 가지게 되었습니다. 장애인은 그런 움직임을 어떻게 창의적으로 고치거나 재발명할 수 있을까? 또는 장애인은 몸의 용도와 움직임에 대한 나름대로의 개념을 어떻게 창출해야 하는가? 우리는, 손은 물건을 주거나 집어 들거나 악수를 하는 데 사용하고 입은 마시거나 입을 맞추거나 이야기하는 데 사용한다고 배웠습니다. 내가 카페에서 커피 잔을 손이 아니라 입으로 옮기게 되면 사람들이 당연하게 여기는 가정을 벗어난 행위가 됩니다. 우리가 배운 내용을 엉망으로 만드는 거죠. 우리는 사회적으로 구성된 방식에 따라 몸을 사용합니다. 사람들은 보통 그런 생각조차 잘 하지 않죠.

버틀러 맞습니다. 내 말은, 당신이 야구 경기를 보러간 적이 있는지 모르지만……

S. 테일러 자주 가지는 않아요.

버틀러 자주는 가지 않는다고요? 좋아요. 야구 경기장에 모인 사람들이 자기 딴에는 정상적으로 음식을 먹는다고 하는데, 그 모습을 한번 보세요. 정말 온갖 방법으로 입을 사용합니다. 병마개를 따고 침을 뱉고 심지어 음식 그릇에 입을 들이밀 때도요. 그래도 아무도 "맙소사, 저런 행동을 도저히 지켜볼 수 없어"하고 말하지 않죠. 그러나 어느 정도의 예의범절이나 계급적 습관, 또는 품행을 고려한다면 그런 행동들은 받아들이기 어려울 수 있습니다. 나는 사람들이 왜 야구장 음식 습관에 전혀 신경을 쓰지 않는지, 그 이유가 궁금해요. 비장애인이 비관습적인 방식으로 입을 사용하는 것은 괜찮습니다. 그러나 장애인이 그렇게 한다면 인간의 기능이나 몸의 특정 부분은 어떠해야 한다는 우리의 개념에 대한 도전이라고 생각하는 거죠.

S. 테일러 글쎄요, 내 생각에는 핫도그를 다른 방법으로 지저분하게 먹는다고 해도 그건 선택입니다. 손을 잊으세요. 두 손에 큰 맥주 캔이나 뭐 다른 것들을 들고 있어서 핫도그를 쥘 수 없다고 생각해 보세요. 그러나 실제로 나는, [비장애인의] 그런 행동이 더 잘 받아들여지기는 하지만 [비장애인인] 사람들도 그 모든 제약을 조금 미묘한 방식으로 느끼고 있다고 생각합니다. 야구 경기장에서는 그런 행동이 허용될지 모르지만 그럴 듯한 식당에서는 어림도 없을 겁니다. 예를 들어 우스운 옷차림으로 거리를 걸어 내려간다고 생각해 보세요. 자신이 평가를 받고 있다고 느낄 겁니다. 비장애인도 자신의 움직임과 표

현을 꽤 의식하며 살고 있다고 생각해요.

문득 최근 겪었던 일이 생각나네요. 참 희한한 경험이었습니다. 물론 내 주변에는 장애를 가진 친구들이 많고 그들과 함께 자주 어울리지만 말이죠. 비행기를 타고 집으로 돌아오는 길이었어요. 내 옆에 그 남자가 앉아 있었죠. 프랑스 사람이었어요. 그는 무언가에 크게 좌절한 것처럼 보였지만 왜 그런지는 알 수 없었습니다. 그 남자는 나와 계속 소통하고 싶어했어요. 무언가 이상했지만 뭐가 이상한지는 알 수 없었습니다. 그러다가 나는 그의 한 쪽 팔이 의수라는 사실을 알아차렸어요. 그 의수는 진짜 팔처럼 보이는 보철이었기 때문에 비행을 반 정도 한 다음에야 그 사실을 눈치 챌 수 있었죠. 우리는 서로 [언어가 다르기 때문에] 이해할 수는 없어도 유대감을 느꼈습니다. 나는 그가 손이 하나밖에 없어서 많은 걸 입으로 한다는 사실을 계속 주목했죠. 마침내 비행이 거의 끝나 비행기가 하강하기 시작했습니다. 귀가 멍멍해졌죠. 껌을 한 통 꺼내더니 내게 한 개 건네주더군요. 그가 껌을 꺼내 껍질을 벗기려면 한 쪽 손과 입을 사용해야 했습니다. 그때 정확히 뭔지는 기억이 나지 않지만 그의 진짜 손은 무언가를 가득 쥐고 있었어요. 내게 껌을 전해 주려면 입을 사용할 수밖에 없었다는 말이지요!

버틀러 친절하기도 해라. 그래서 그가 입으로 전해 줬나요?

S. 테일러 예! 이때 아니면 또 언제 모든 일을 입으로 해야 하는 누군가를 만나겠냐는 생각을 했죠. 나는 그 껌을 받았어요. 그렇지만 성적

이었다거나 너무 친밀했다거나 뭐 그런 이상한 느낌은 아니었어요. 나는 이 남자 역시 그의 입으로 무언가를 한다는 사실이 꽤 기뻤습니다. 그런 느낌 이해하나요? 정말 멋진 순간이었어요. 우리의 몸이 작동하는 방식 때문에 친밀감을 나눈다는 것 말이에요.

버틀러 예, 멋진 일이에요.

S. 테일러 정말 재밌었어요.

버틀러 음, 내 생각에 두 사람 모두 어느 정도 부적절한 행동을 할 수도 있었다는 사실이 이 이야기를 흥미롭게 만들어 주는 것 같습니다. 물론 두 사람의 행동은 전적으로 적절하고 완전히 합당했습니다. 그리고 사실 꽤 멋진 일이었죠. 만약 그 껌을 받을 다른 방법이 없어서, 또는 그런 식으로 껌을 주고받는 걸 당혹스럽게 여겨서 당신이 그 껌을 받지 않았다고 상상해 보세요. 끔찍한 일이었을 겁니다. 무언가를 주고받는 아주 사소한 단계에서 참 많이 일어나는 일입니다. 예컨대, 당신은 다른 누군가와 어떻게 인사를 나눕니까? 대개 사람들은 당신에게 손을 내밉니다. 나 역시 당신을 처음 만났을 때 손을 내밀었던 것 같아요. 그러자 당신은 어깨를 내밀었고 나는 그 어깨에 손을 얹었습니다. 우리는 그렇게 접촉했어요. 나는 그런 접촉법을 배워야 했습니다. 그때 내 머릿속에서는 이런 생각들이 오갔지요. "나는 이 여자를 잘 몰라. 그런데도 이 여자 어깨에 손을 얹어도 되는 걸까? 그래, 괜찮을 거야. 그렇지?" 그러나 격식을 따지자면 처음 만난 사이에 너무 지나친 신체 접촉은 피해야 합니다. 만약 두 사람이…….

S. 테일러 아니면 손으로만 접촉하든가요!

버틀러 그래요! 이런 규약은 대단히 구조화되어 있지만 무너질 때가 있습니다. 예컨대 내 친구 한 명은 성전환자에 가깝습니다. 여자지만 아주 부치*라고 할 수 있죠. 성전환자처럼 보일 정도니까요. 이 친구는 이유야 어찌 됐든 여전히 여자 화장실을 사용합니다. 화장실을 갈 때마다 문을 들어서는 순간 비명소리를 듣게 되죠. 이 친구를 처음 본 사람들은 먼저 이 친구의 몸을 샅샅이 살핍니다. 가슴은 진짜인지, 화장실을 제대로 들어온 게 맞는지 등을 알아내려는 거죠. 일종의 사생활 침해가 벌어집니다. 사람들은 자신이 그 친구에게 무슨 말이든 할 수 있다고 생각하는 것 같아요. 그 친구의 몸 구조를 알 권리가 있으며 그 친구의 젠더를 알 권리가 있다고 생각하는 것 같아요. 그게 그 친구의 사생활을 전혀 존중하지 않는 방식이라 할지라도요. 분리성을 유지해야 한다는 사회적 규약이 통하지 않는 경우입니다. 분리성은 보통 서로가 누구인지를 알고 무엇이 합당한지 알고 있다는 가정 아래 유지되는 거죠. 그러나 이런 사생활 침해 같은 경우는 한계가 없는 것 같아요.

S. 테일러 그런 일은 장애인 공동체, 특히 어느 정도 조건이 갖춰지면

* butch, 레즈비언 하위문화에서 쓰이는 용어로 남성적인 특성, 행동, 표현, 자기 인식 등을 가리킨다. 옮긴이

정상인처럼 보일 수 있는 사람들에게도 많이 일어납니다. 어떤 사람들은 지나치게 사적인 질문도 서슴없이 해요. 그럴 권리가 있다고 생각하는 것 같아요. 그러나 내 생각에는 긍정적인 부분도 있습니다. 다양한 방식으로 움직이거나 존재하는 것들이 또 다양한 방식으로 접촉의 자유와 친밀감의 자유로 이어질 수 있는 거죠. 그런 순간들은 정말 아름다울 수 있습니다. 다양한 신체 여건을 가진 사람들이 많이 모여 있는 행사장이나 어떤 상황에서 나를 가장 즐겁게 하는 게 뭔지 알아요? 다른 사람에게 어떻게 인사해야 할지 모르는, 완벽하게 혼란스러운 상태에 놓이는 거예요. 어떻게 신체 접촉을 해야 할지, 어떻게 인사말을 건네야 할지, 또는 상대방이 내 인사에 어떻게 답할 것인지를 전혀 모르는 그런 상태 말이죠. 그런 경험은 참 중요하다고 생각해요. 우리가 쌓아온 그 모든 장벽이 갑작스레 떠오르죠.

"장애는 사회가 만든 것"

A. 테일러 써니, 이쯤에서 네가 어떻게 장애를 지적 논제로, 이론화할 수 있는 주제로 인식하게 됐는지 이야기할 수 있을 것 같아. 장애 연구가 어떻게 네 정치의식을 키웠는지에 대해 말이야. 결국 그 때문에 네가 방금 말한 그런 행사에도 참석했던 거고, 네 삶도 바뀌었잖아?

S. 테일러 이십 대 초반, 그러니까 스무 살이나 스물한 살쯤이었을 거

예요. 그때서야 나는 장애를 정치적 사안으로 인식하게 됐죠. 장애에 대한 사회적 모델*을 알게 되면서부터였습니다. 장애에 대한 사회적 모델에서는 기본적으로 능력 장애와 기능 장애를 구분합니다.** 기능 장애란 내 몸, 바로 지금과 같은 내 신체 여건을 말합니다. 나는 관절 굽음증arthrogryposis, 의료계가 관절굽음증이라고 이름을 붙인 질병을 가지고 태어났습니다. 기본적으로 관절은 점점 굳어가고 근육은 점점 약해지는 병입니다. 그래서 나는 특정한 방식으로는 움직일 수 없습니다.*** 이 질병은 모든 상황에서 내 생활에 영향을 주고 있습니다. 예컨대 우리 뒤뜰에는 자두나무가 한 그루 있지만 나는 그 나무에서 자두를 따지 못합니다. 자두가 나무에서 떨어질 때까지 기다려야 합니다. 이런 게 신체 여건입니다. 우리는 저마다 나름대로 독특한 신체 여건을 가지고 있죠. 그리고 능력 장애가 있습니다. 능력 장애란 기본적으로 장애인에게 가해지는 사회적 억압입니다. 사실 장애인에게는 주거지 선택이 제한되어 있습니다. 취업 전망도 없습니다. 우리는 사회적으로 고립되어 있습니다. 이 사회에는 장애인을 혐오하는

---

* social model of disability, 장애에 대한 사회적 모델은 사회가 만든 조직적 장벽, 부정적인 태도, 배제 등이 장애인의 기능 장애를 일으키는 주된 요소라고 본다. 장애를 가진 몸을 고장 난 기계로 인식해, 그것을 규범적 가치에 걸맞게 고치는 것을 목표로 하는 의료적 모델의 대안으로 제시되고 있다. 옮긴이

** 보통 능력 장애disability는 불능으로, 기능 장애impairment는 손상으로 번역된다. 〈세계보건기구(WHO)〉 정의에 따르면 손상은 심신의 구조적 · 기능적 손상 자체를 뜻하고 불능은 손상으로 인해 개인이 일상에서 겪게 되는 이차적인 장애를 뜻한다. 장애에 대한 사회적 모델은 불능의 뜻을 좀 더 적극적으로 해석해 사회가 정신적 · 육체적인 손상을 입은 사람들에게 가하는 제한이나 제약으로 본다. 옮긴이

*** 수나우라 테일러가 지닌 기능 장애의 환경적 원인에 관심이 있다면 다음 기사를 참고하라. "Military Waste in Our Drinking Water", Alternet.org(2006.8.4)

문화가 팽배해 있어요.

버틀러 그러면 능력 장애는 기능 장애를 사회적으로 조직화한 결과란 말인가요?(지나가는 사람들을 위해 길을 정리하느라 촬영이 잠시 중단됐다. 사람들은 우리 옆을 지나가며 "우리도 유명해지는 건가요?"하고 물었다.) 기능 장애와 능력 장애라는 구분법을 이해할 수 있는 좋은 표현을 찾아보려는 거예요. 능력 장애는 기능 장애가 사회적으로 조직화된 결과라고 말해도 될까요? 기능 장애는 사회적 수단에 따라 극복될 수도, 그렇지 않을 수도 있다는 말이지요?

S. 테일러 예, 그래요. 정확합니다. 기본적으로 능력 장애는 사회가 만들어 낸 결과죠.

버틀러 이건 매우 중요한 문제입니다. 그럼 당신이 능력 장애가 정치적 사안이라는 점을 깨달았을 때 어떤 일이 일어났죠? 당신은 어떤 시점에서 그걸 깨달았고, 무엇이 당신의 이해를 도왔죠?

S. 테일러 글쎄요. 내 생각에 나는 자라면서 내 몸이 정상이 아니고, 내가 불구며, 이것은 비극이라는 식의 감정을 품고 있었습니다. 사실 나는 이 모든 감정을 개인적인 문제로 여기고 속에 묻어 두고 있었어요. 그러다가 이 감정들이 갑자기 터져 나와, 모든 것이 얼마나 정치적인 사안인지를 깨닫게 됐습니다. 시민권과 관련된 사안이라는 사실을 알게 된 거죠. 이 일을 계기로 나는 몸과 세계가 상호 작용하는

방식을 알아보겠다는 결심을 더 굳히게 됐습니다.

버틀러 그 결심 이후에 무슨 일이 일어났나요? 장애인 활동가를 만났나요, 아니면 어떤 글을 읽었나요?

S. 테일러 내가 읽은 건 서평이었어요. 사실, 나는 당시 브루클린에 살고 있었어요. 몸과 세계가 상호 작용하는 방식을 알아보기 참 어려운 곳이죠. 그래도 나는 혼자 밖으로 나가 직접 커피를 주문해 보기로 했습니다. 그렇게 하겠다고 용기를 내기까지 몇 시간 동안이나 공원에 앉아서 망설였죠. 커피를 주문하는 일은 도와달라고 부탁하는 일인데, 이 사회에서는 도움을 청하려면 멸시를 감수해야 하니까요.

버틀러 음, 게다가 누군가 나타나 도와줄 거라는 보장도 없지요.

S. 테일러 그것도 문제입니다!

버틀러 그렇지만 사람들은 도움이 필요하다는 이유로 당신을 멸시하지는 않을 텐데요.

S. 테일러 예, 맞아요. 도움을 청하는 게 그리 거북한 순간은 아닐지도 몰라요. 사람들이 도울 방법을 모르니 돕는 방법을 설명해 줘야 하겠죠. 그 일은 사람들이 생각하는 것만큼 그렇게 거북하지는 않습니다.

그러나 당시 카페에 들어가 커피를 주문하고 도움을 청하는 일이 어떤 면에서는 상당한 정치적 저항이라는 깨달음이 있었어요. 사실 우리 모두는 도움이 필요한 존재인데 이 사회는 부탁하는 일을 멸시하고, 우리는 **모두** 도움을 필요로 하며 온갖 방식으로 서로에게 의존하고 있다는 사실에 조금도 신경을 쓰지 않습니다.

버틀러 내 생각도 그래요. 커피를 가져다 달라고 말하는 것은 **틀림없는** 정치적 행동입니다. 당신은 특수한 방식으로 사회적 공간에 개입합니다. 어떤 물건을 가져다 달라고 부탁하거나 도움을 요청하면서 기준이 되는 규약에 도전합니다. 그리고 세상을 향해 당신뿐 아니라 당신과 같은 처지의 모든 사람들에게 마음을 열어 달라고 주문하고 있죠. 당신이 커피를 가져다 달라고 부탁하는 일이 명백한 정치적 행동이라고 보는 이유가 여기 있습니다.

S. 테일러 맞아요. 내 생각도 그래요. 그리고 내가 행동하는 방식을 사람들에게 실제로 보여 준다면, 그 일[커피를 가져다 달라고 부탁하는 일]은 더 정치적인 행동이 될 수 있습니다. 내가 다른 사람들과는 조금 다른 내 방식대로 서로 상호 작용하자고 사람들에게 말할 수 있다면 더 정치적인 행동이 됩니다. 그런 부탁을 통해 사람들은 자신이 정상 상태라는 거미줄에 얽혀 있다는 사실을 깨달을 수 있기 때문이죠.

"자기 충족적인 몸이란 없다"

버틀러 여기서 잠깐 이야기를 되돌려 공공장소에서 움직이거나 먹는 것에 대해 말해 볼까요? 그 행동이 당신 주변이나 당신과 함께 있는 비장애인, 또는 당신에게 어떤 종류의 도전을 야기하는지에 대해서요. 당신은 비장애인들이 기능 장애를 바라보며 불안감을 느끼고 낙인을 찍는 이유를 설명하면서 사람들이 당신에게는 할 수 없는 일이 있다고, 당신은 무기력하거나 의존적인 존재라고 생각하기 때문이라고 했습니다. 나는 거기에서 충격을 받았습니다. 그러나 사실 당신이 어떤 일을 당신이 원하는 방식대로, 또는 당신이 할 수 있는 방식대로 한다면 당신이 능력껏 취한 바로 그 형식이 곧바로 낙인이 됩니다. 즉, 당신이 원하는 대로 움직인다면, 바닥 위를 기어야 한다면, 입으로 무언가를 먹거나 마시거나 이동시켜야 한다면, 또는 실제 당신이 그렇게 하고 있듯 입으로 그림을 그려야 한다면 그 모든 행동에 낙인이 찍혀 버린다는 말입니다. 것 참, 기이한 일입니다.

S. 테일러 그래요. 참 이상한 일이에요.

버틀러 당신에게 장애가 있다면 사람들은 당신이 어떤 일들은 할 수 없을 거라고 생각합니다. 그런데 막상 당신이 그 일들을 수행한다면 사람들은 그런 당신을 칭찬하거나 그것을 일종의 창조적인 행위로 보지 않고……

S. 테일러 기겁하죠.

버틀러 예, 사람들은 기겁합니다.

S. 테일러 사람들은 완전히 기겁합니다. 그래서 나는 내 휠체어가 정말이지 놀라운 물건이고 나를 자유롭게 해 주는 기구라고 생각합니다. 하지만 휠체어는 실제로 내 몸을 수용할 수 있는 공간 안에 묶어 두는 수단입니다. 내가 움직일 수 없기 때문이지요. 만약 내 몸이 휠체어 없이도 땅 위에서 자연스럽게 움직일 수 있다면 나는 지금보다 더 활발하게 세상과 물리적인 상호 작용을 할 수 있을 겁니다. 휠체어가 없다면 나는 걷겠죠. 그러나 내가 걷는 모습은 당신이 걷는 모습과는 매우 다를 겁니다. 나는 매우 부지런히 움직여야 할 겁니다. 어떻게 표현해야 할지는 모르겠지만 어떻게 움직이든 상식을 벗어난 움직임이기 때문에 사람들은 훨씬 더 불편해합니다.

버틀러 상식을 벗어난 움직임이라……, 맞습니다.

S. 테일러 예, 상식을 벗어난 내 움직임을 보면 사람들은 기겁하죠.

버틀러 맞습니다. 몸은 어때야 한다, 어떤 모습이어야 한다는 규범을 넘어서서 몸의 어떤 부분은 어떻게 움직여야 한다는 식의 규범이 있습니다. 그런데, 보세요. 나는 당신이 휠체어에 앉아 있다는 그 사실, 당신이 휠체어로 움직인다는, 움직이고 있다는 그 사실 때문에 당신과 다소 가벼운 논쟁을 할 수 있다고 봅니다. "나는 움직인다"라고 말하거나 "나는 내 힘으로 움직이고 있다"고 말할 때 우리는 완벽하게 자생적인 움직임을 떠올리는 것 같습니다. 마치 우리 몸이 어떤 장치나 기계에서 완전히 독립되어 있는 것처럼, 심지어는 영양분이나 우리가 움직일 때 필요한 그 모든 것과도 완전히 무관한 것처럼 말하죠. 그래서, 자꾸 앞에서 말한 주제로 되돌아가게 되는 것 같은데, 이런 생각들은 자기 충족적인 몸이라는 개념, 자체의 힘으로 움직이는 그런 몸이라는 개념이 아마도……

S. 테일러   그런 몸은 존재하지 않습니다.

버틀러   나도 그렇게 생각합니다!

S. 테일러   그렇습니다. 그런데 한편으로, 휠체어의 측면에서 보자면, 휠체어는 장애인이라면 어떠해야 한다고 말할 때 필요한 기표* 같다는 생각이 들어요. 장애인은 무력해야 하죠. 우리는 무엇이든 할 수 없어야 합니다. 우리가 세상으로 나아가려면 세상이 먼저 어느 정도 바뀌어야 하기 때문이지요. 그러니 사회는 우리를 무력한 상태로 내버려 두거나 당신도 알다시피 우리를 사설 요양원 같은 곳에 묶어 두는 편이 더 낫다고 보는 겁니다.

---

* signifier. 여기서 기표란 휠체어가 장애 또는 장애를 가진 몸을 드러낸다는 단순한 의미로 쓰였다. 옮긴이

(길을 내려오다가 우리는 운동화 한 짝을 발견했다.)

버틀러 누군가 운동화를 잃어버렸네요.

S. 테일러 한 짝이 없어도 걸을 수 있을까요?

버틀러 나도 궁금하네요! 당신의 말을 듣고 있으면 한꺼번에 몇 가지 이야기를 듣는 것 같습니다. 이 사회는 기능 장애가 있는 사람이라면 무력한 상태로 남아 있길 바라는 것 같아요. 또한 많은 비장애인들은 바로 그 무력함에 불안을 표하고 낙인을 찍습니다. 그들은 그 무력함에 기겁을 하지요. 어찌 할 줄을 모르는 겁니다. 그러니까 사람들은 당신이 무력한 상태로 있기를 바라지만 다른 한편으로는 당신의 무력함에 기겁을 하는 거죠.

S. 테일러 때로 비장애인들은 그런 무력함을 좋아하기도 합니다.

버틀러 예, 좋아하기도 하죠. 장애인의 무력함을 보고 우쭐해 하는 사람들이 있지요. 그것을 미덕이라고 착각하는virtue-tripping 경우가 참 많습니다.

S. 테일러 미덕이라는 착각, 정말 많아요. 많고 많은 연민도 마찬가지고요.

"입은 무엇이며
입으로 할 수 있는 일은 무엇인가?"

버틀러 연민과 미덕이라는 착각, 우리에게 필요한 것 아니겠어요? 그런데 당신은 다른 이야기도 했죠. 당신이 어떤 일을 할 수 있고 그 일을 당신 나름의 방법으로 했을 때, 바로 그런 행동에도 낙인이 찍힌다는 말을 했습니다. 그렇죠? 당신이 상식에서 벗어난 방식으로 몸을 사용하는 것을 보면, 그러니까 입을 사용하는 걸 보면 사람들은 기겁을 합니다. 사람들은 몸의 어떤 부분이 움직여야 하는지, 어떻게 움직여야 하는지에 대한 일종의 상식을 가지고 있습니다. 움직일 때 어떻게 보여야 하고 몸은 또 어떤 모습이어야 하며, 사회적 공간에서 그러한 움직임들이 어떻게 표출되어야 하는지에 대한 상식 말이죠. 그런데 당신의 행동이 그 상식에 도전한다면, 사람들은 당신이 그 행동을 하기보다는 못 하길 바랄 겁니다.

S. 테일러 사회적 공간에서 어떻게 냄새를 맡고 어떻게 소리를 내는가도 같은 문제라고 생각해요. 냄새를 맡거나 소리를 내는 건 장애와도 참 많은 관련이 있다고 생각하거든요. 비장애인도 별 뜻 없이 잡음을 냅니다. 때로는 장애인이 냄새를 풍기기도 하고요. 소리나 냄새를 인지하는 데에도 상이한 차원이 있다고 봐요.

버틀러 그래요. 우리는 지금까지 기동성과 몸의 형태학에 대한 이야기만 했지요. 분명 발성법도 중요합니다. 이런 이야기를 하다 보니 사람들이 그들 몸의 각 부분이 가진 용도와 관련해 어떤 규범을 가지고 살아가는지 생각해 보게 되네요. 예를 들어 우리 입은 어떤 용도로 사용되는지, 입의 적절한 용도는 무엇인지 등에 관한 것 말이죠. 그리고 우리가 이야기할 수 있는 형태학적 정치의 종류가 참으로 다양하다는 사실을 알게 됩니다. 젠더, 중성intersex인 채로 살아가는 사람들, 장애, 인종 등등이 모두 형태학적 정치에 포함될 수 있겠죠.

S. 테일러 문화만 해도 정말 다양하니까요.

버틀러 걷고, 말하고, 몸짓을 취하는 방식도 인종에 따라 다릅니다. 우리는 내내 우리 몸의 각 부분은 왜 있는 것이며, 그 부분들이 어떻게 표현되어야 하는지 등에 관해 매우 제한된 개념만을 가지고 살아왔습니다. 당신은 입으로 그림을 그리지요. 당신이 그림을 그리기 위해 몸의 일부를 사용할 때 사람들은 입은 무엇이며 입으로 할 수 있는 일은 무엇인지에 대해 생각하지 않을 수 없어요. 그림이란 대체 무엇이냐에 관해서까지 생각하게 되죠! "그림을 그리거나 스케치를 하는 행위는 무엇인가?" 우리가 가진 이 모든 개념은 재고되어야 합니다. 그러나 저항은 놀라운 것입니다. 내 생각에 우리는 젠더에서도, 젠더로 귀결되는 형태학적 사안에서도 비슷한 저항을 발견할 수 있어요. 알다시피 생물학적인 여성에게는 특정한 종류의 걸음걸이가 요구됩니다. 만약 여성이 여자답게 걷지 않는다면 그들의 여성다움은 의심받게 되죠.

S. 테일러 또는 그 신체에 결격 사유가 없는지 의심하죠.

버틀러 맞습니다. 신체에 결격 사유가 없는지 의심받죠. 사실 여성다움과 그들의 신체가 한꺼번에 의심받는다고 생각해도 될 것 같습니다. 내 말은 "남성은 어떤 모습이어야 한다"라거나 "여성은 어떤 모습이어야 한다"라는 식의 이형태적dimorphic 이상이 존재한다면 건강한 몸에 대한 이상도 존재한다는 뜻입니다. 젠더 규범은 정상적인 몸을 전제하고 있는 셈이지요.

S. 테일러 '강함'과 '약함'이라는 단어도 이 문제와 깊은 관계가 있다고 생각해요. 연약하다거나 연약해 보인다는 개념은 분명 여성이라는 개념과 관련되어 있는 것 같습니다. '연약하다'와 '강하다'라는 단어는 또한 젠더와 장애로 연결되지요.

버틀러 맞습니다. 만약 연약함이 여성과 연결되어 있다면 장애를 가진 몸을 극도로 여성화extrafeminization하는 부분도 있다고 말할 수 있겠네요.

S. 테일러 남성들의 경우는 분명 그래요. 남성 장애인의 경우 힘을 잃는다는 것이 무엇을 의미하는가에 대한 조사와 연구는 많습니다. 그러나 여성 장애인의 경우 이상적인 여성이라면 마땅히 보여야 하는 걸음걸이라거나 일반적인 여성이 보여야 하는 걸음걸이라고 사람들이 말하는 방식으로 걸을 수 없다는 것이 의미하는 게 뭐죠? (날씨가

갑자기 쌀쌀해졌다. 우리는 중고품 옷가게 앞을 지나고 있었다.) 잠깐 들어가 따뜻한 옷을 하나 사도 될까요?

　버틀러 그러죠. 그렇지 않아도 그럴 생각이었습니다. (버틀러는 화려한 드레스를 진열해 놓은 선반 앞에서 발을 멈춘다.) 어떤 게 좋을지 모르겠네요. 더 찾아보죠. 봐요. 이 옷들 정말 따뜻해 보이네요. 정말 따뜻하겠어요.

(수나우라가 빨간 색 스웨터를 고르자 버틀러는 수나우라가 입어볼 수 있도록 도와준다.)

　S. 테일러 이 스웨터가 좋을 것 같아요. 마음에 들어요. 멋진데요.
　버틀러 음, 정말 멋져요. 뭐라고 할까, 발랄해 보이면서도 화려하네요.
　S. 테일러 새로운 쇼가 되겠어요. "주디스 버틀러와 함께하는 쇼핑" (웃음)
　버틀러 〈퀴어 아이〉*를 위하여!

(버틀러와 테일러는 계산대로 간다.)

　버틀러 스웨터를 입고 왔어요.
　계산대 직원 무게로 계산하는 건데······.

---

* queer eye, 미국의 텔레비전 프로그램. 패션과 헤어, 인테리어 디자인 등 각 분야에서 전문가로 활동하고 있는 게이 남성 다섯 명이 출연해 이성애자(주로 남성)들의 스타일을 180도 바꿔 주는 리얼리티 프로그램이다. 옮긴이

버틀러 대충 짐작해서 계산해 주세요.

계산대 직원 4달러 50센트만 내세요.

S. 테일러 수지맞았네요! (돈을 꺼내 직원에게 준다.) 계산서 먼저 주고 거스름돈은 그 다음에 주시겠어요? 나는 한꺼번에 둘 다 받을 수 없거든요.

(우리는 다시 발렌시아 스트리트로 향했다.)

버틀러 질 들뢰즈는 스피노자를 다룬 에세이에서 "몸이 무엇을 할 수 있는가"하는 질문을 던집니다.* 이 물음은 우리가 몸에 대해 생각하는 전통적인 방식에 도전하고 있습니다. 우리는 대개 이렇게 묻습니다. 몸이란 무엇인가? 이상적인 몸의 형태는 어떤 것인가? 몸과 정신, 그리고 그런 것들의 차이는 무엇인가? 그러나 "몸이 무엇을 할 수 있는가?"하는 물음은 다른 질문입니다. 이 질문은 일련의 능력과 일련의 도구성, 또는 행동을 분리합니다. 우리는 이런 것들의 배치**라고 할 수 있지요. 나는 들뢰즈의 이런 사유를 좋아합니다. 본질이나

---

* 들뢰즈는 전체와 부분의 관계처럼 신체와 기관이 필연적으로 결합되어 있다는 유기체주의적인 신체 개념을 비판하며 '기관 없는 신체' 개념을 제시한다. '기관 없는 신체'는 신체의 폭넓은 변용 능력에 주목한 개념으로, 여기서 입은 단순히 먹거나 입 맞추거나 말하기 위한 입일 뿐만 아니라 손을 대신해 글을 쓰거나 그림을 그리는 식으로 다양하게 변용될 수 있는 입이 된다. 옮긴이

** assemblages, 들뢰즈는 다른 것들과 접속함으로써 그 자신의 속성이 달라지는 모든 개체를 '기계'로 부른다. 이 기계들은 단일한 속성을 지니고 있다기보다는 다른 기계와 어떻게 연결되느냐에 따라 성격이 달라진다. 이러한 기계들이 접속해 형성하는 '망'을 가리켜 '배치'라고 한다. 옮긴이

이상적인 형태가 존재한다고 보는 게 아니라 단지 다양한 종류의 배치가 있을 뿐이라고 말하기 때문이죠.

S. 테일러　그러면 당신이 말하는 배치는, 우리가 몸의 용도를 하나로 묶는 방식을 뜻하나요?

버틀러　우리의 능력, 우리의 도구성, 또는 우리가 느끼는 것, 우리가 반응하는 것, 수동성의 영역들, 상호의존성, 그리고 행동을 뜻합니다. 이 모든 것은 이런저런 방식으로 함께 오지요. 나는 사실 들뢰즈주의자가 아닙니다. 내가 스피노자주의자인지 아닌지도 모르겠습니다. 어쩌면 조금은 그럴지도 모르죠. 어쨌든 그들의 사유는 이상적인 형태학이라는 개념, 몸이 어떤 모습이어야 하는가에 대한 특정한 개념을 위반하고 있습니다. 들뢰즈는 결코 "몸이 어떤 모습이어야 하는가"하고 묻지 않았습니다. "몸은 어떻게 움직여야 하는가"하고 묻지도 않았습니다. 내가 젠더를 연구하면서, 또는 성 소수자와 젠더 소수자(남성다움과 여성다움이라는 규범적 이상에 걸맞지 않는 방식으로 젠더를 표현하는 사람들)를 연구하면서 발견한 것 가운데 하나는 이 문제가 대체로 다음과 같은 질문들로 귀결된다는 것이었습니다. 사람들이 어떻게 걷는가? 그들이 엉덩이를 어떻게 사용하는가? 몸의 각 부분들로 무엇을 하는가? 입을 어떤 용도로 사용하는가? 항문을 어떤 용도로 사용하거나 어떤 용도로 사용되도록 허락하는가? 다른 사람들의 구멍을 어떻게 다루는가? 당신이 들어갈 수 있는 구멍은 어떤 것이고 그럴 수 없는 구멍은 어떤 것인가? 특정한 행동에 사용할 수 있는 구멍은 어떤 것인가? 그렇게 사용할 수 없는 구멍은 무엇인가? 이 모든 문제는 고도로 규제되고 있습니다. 퀴어 운동의 초창기에는 "저 사람들은 항문 성교를 즐겨, 그러니 저 사람들과 항문 성교하는 사람의 젠더가 무엇이든, 그들은 그 행위로 게이가 되는 것이지"라고 생각하는 이성애자들이 있었습니다. 왜 항문 성교 때문에 "게이가 되는" 겁니까? 그런 행동을 했다고 해서 왜 게이로 인식되어야 하는 겁니까? 사람들은 행위와 구멍, 그리고 신체의 표피를 앞에 두고 혼란에 빠집니다. "그것들을 어떻게 사용할 것인가?" 그것들을 특별하게 사용한다면 정체성을 의심받을 수도 있다는 혼란에 빠지는 것이죠. 그러니 사람들은 몸의 각 부분을 특정한 목적을 위해서만 사용할 수 있다는 낙인에 맞서 싸워야 했습니다. 그것이 바로 젠더가 구성되는 방식이었죠. 내가 이 문제에 관심을 갖는 이유가 여기 있습니다.

젠더와 장애 문제는 여러 면에서 같은 지점으로 수렴되는 것 같습니다. 젠더와 장애 운동이 하고 있는 일 가운데 하나는 우리의 몸이 할 수 있는 일을 다시 생각하게 하는 데 있습니다. 몸의 능력은 무엇이고 그 행동은 무엇인지, 그리고 몸의 수용 양식은 어떠한지 재고할 수 있게 하는 거죠. 그리고 우리가 가진 것을 어떤 목적하에 어떻게 이용할 수 있는지에 대한 우리의 이해를 자유롭게 하죠. 즉, 젠더와 장애 운동은 몸이 하는 일들을 한 줄로 나열하는, 매우 견고하게 확립되어 있는 개념들에 도전하고 있습니다.

S. 테일러 나는 늘 몸을 창조적인 도구로 여깁니다. 우리는 이 도구를 특정한 방법으로만 사용해야 한다고 배우죠. 내 생각에 이것은 장애

가 주는 혜택 가운데 하나입니다. 창조적인 능력을 깨달을 수밖에 없는 상황으로 태어난 덕분이죠. 창조적으로 내 몸을 사용하지 못한다면 아무것도 할 수 없게 될 테니까요. 입에 대해서 생각하자면, 나는 손을 사용할 수 없기 때문에 온갖 곳에 입을 대는데, 이는 사회적으로는 도저히 받아들일 수 없는 행동입니다. 나는 문을 열 때 손잡이를 입으로 돌립니다. 사람들이 이런 행동을 매우 혐오스럽게 생각한다는 사실도 잘 알아요. 입으로 펜을 물기도 하죠. 나는 끊임없이 어떤 물건이든 입에 물고 있습니다.

"불안정하고 불확실한 젠더, 몸"

A. 테일러 여기서 잠깐 끼어들어도 될까? 주디스, 여성스럽게 걷는다는 이유로 살해당한 젊은 남자에 대한 이야기를 해 주세요. 지금까지 두 사람이 이야기한 것과도 연관된 문제인 것 같거든요.

버틀러 사람들에게 젠더 폭력을 설명할 때 예로 들곤 하는 이야기죠. 메인 주에 살던 소년이 있었습니다. 그 소년은 아마 열여덟 살 정도 됐을 거예요. 매우 독특하게 엉덩이를 흔들며 걸었죠. 아주 여성적으로, 소위 말하는 여성적인 걸음걸이로 걸었어요. 사실 '소위 말하는' 정도가 아니라 지나치게 여성적으로 걸었죠. 그 소년은 학교 가는 길에 같은 반 급우들에게 놀림을 받았습니다. 그 소년은 놀림 받는 일에 워낙 익숙해 그냥 걸었습니다. 아마도 놀림을 받을수록 더 별나게 걸었던 것 같아요. 욕설도 들었을 겁니다. 그러던 어느 날 학교 가는 길에 같은 반 친구 세 명에게 공격을 당했습니다. 그들은 소년을 다리 너머로 집어 던졌고, 소년은 죽었죠. 공동체, 아니 이 사건을 다룬 미디어 전체가 다뤄야 했던 문제는 이것이었습니다. 누군가의 걸음걸이, 누군가의 걷는 스타일이 어떻게 그 사람을 살해하려는 마음을 품게 할 수 있는가? 내 말은, 그 사회적 공간에 무엇이 그토록 위협적이었던 것일까? 만약 그 소년이 젠더가 그처럼 변할 수 있다는 점을 보여 주었다면, 또는 매우 쉽게 다른 젠더로 바뀔 수 있다는 점을 보여 준 것이라면, 사람들은, 특히 소년을 공격한 아이들은, 자신의 젠더도 생각처럼 안정되거나 확실한 것이 아닐지도 모른다는 생각을 하게 됐을 겁니다. 만약 그랬다면 성적 공황 상태를 유발했겠죠. 만약 소녀라면, 그 거리에서 그 소년이 소녀였다면, 그를 만난 소년들은 이성애적 접촉을 하고 있는 셈이라고 말할 수 있을까요? 그들은 소녀와 만난 건가요? 그런 만남이 그들을 동성애자로 만들까요? 아니면 그들은 이성애자인가요? 이 모든 사안을 둘러싼 혼란이 소년을 이 땅에서 사라지게 만들었습니다. 사람들이 그 도전을 다룰 수 없었기 때문이죠. 이 일은 다른 방식에서 걷는 것에 대해 생각하게 합니다. 내 말은, 걸음걸이가 위험할 수 있다는 겁니다. 당신이 산책을 한다면 당신은 사회적으로 취약해지죠. 의문의 여지가 없습니다. 당신이 이동할 수 있는 권리를 주장하는 것은 공적인 공간에서 위험을 무릅쓰는 일입니다.

S. 테일러　어렸을 때, 나는 걸었습니다. 여러 곳을 걸어 다녔지요. 누군가 내 걸음걸이를 보고 원숭이 같다고 했습니다. 내 생각에 사람들이 장애인에게 폭력을 가하고 그들을 향해 증오심을 보이는 이유는 장애인이 우리의 몸이 언젠가 노쇠해지고 결국에는 죽음에 이르게 될 것이라는 사실을 상기시키기 때문입니다. 또한 어떤 면에서는, 원숭이 걸음걸이 같다는 말을 들었던 걸 생각하니 갑자기 떠오른 건데, 인간과 인간이 아니게 되는 지점의 경계가 어디인지 궁금해져요. 당신은 알고 있나요?

버틀러　글쎄요. 그 말을 들으니 원숭이 걸음걸이 같다고 말한 그 사람들은 진화론에 반대하는 사람들이 아니었을까 하는 생각이 드네요. 아마 창조론자였을 겁니다. 이렇게 물어야 될 것 같죠. 왜 우리는 원숭이와 비슷한 면이 있으면 안 됩니까?(웃음)

S. 테일러　사실 나는 늘 원숭이를 좋아했어요. 그러니 그들은 내게 꽤 여러 차례 아부를 한 셈이네요!

버틀러　바로 그 말입니다!

S. 테일러　그러나 남성과 여성 사이, 삶과 죽음 사이 같은 중간 지점에 놓여 있는 사람들도 있습니다. 당신은 이런 사람들도 여전히 인간이라고 보나요?

버틀러 그럼요. 아니면 '동물—인간—기계'랄까요? 그렇지 않나요? 동물—인간—기계. 당신도 알다시피 그런 경계들은 우리 삶의 복잡한 환경을 형성합니다. 인간을 그 관계에서 벗어나게 할 수는 없지요.

S. 테일러 누군가 움직이는 방식이나, 자신의 몸을 사용하는 방식, 또는 조금 다르게 말하는 방식 등, 이 모든 것을 위협이라고 생각하는 이유는 우리의 체계를 작동 가능하게 하는 가장 기본적인 범주를 위협하고 있다고 생각하기 때문일 거예요. 그리고 바로 그 지점에서 사람들의 감정은 통제 불능의 수준까지 몰리는 것 같고요.

버틀러 방금 말한 것들은 "인간이란 무엇인가"라는 질문에 지극히 제한된 개념만을 제공해 줄 뿐이죠. 명백한 인간이 되려면 고정된 젠더가 있어야 하고, 동물이 아니라 인간이 되고자 한다면 정상인[비장애인]이어야 합니다. 또한 인간이 되려면, 그리고 금속으로[기계로] 판정받지 않으려면 다양한 기준에 따라 이 모든 것들을 갖춰야 하고 안정적이어야 하며, 장애 없는 몸에 완전한 잠재력을 가지고 있어야 하죠.

"상대방의 취약성이 자신의 취약성이 될지도 모른다는 두려움"

S. 테일러 문득 우생학이 떠오르네요. 우생학은 제법 최근에 벌어진,

명백하게 신체적인 어떤 것이었습니다. [우생학에서 말하는] 인간은 기본적으로 숨 쉬는 게 허락된 인간이라는 개념만으로 충분히 설명할 수 없죠.

버틀러　우생학의 문제는 "지켜 줄 가치가 있고 보호받을 가치가 있으며 어떤 방식으로든 번성할 수 있는 능력을 지원해 줄 가치가 있는 인간의 생명이란 어떤 것인가"라는 문제로 이어집니다. 현대 전쟁에서도 우생학은 현실입니다. 언론들이 이라크 민간인을 얼마나 일관되게 묘사하고 있는지 생각해 보세요. 이라크 민간인들의 생명은 보호할 가치가 있는 생명이 아닙니다. 심지어 우리가 파괴한 것은 인간 생명도 아닙니다. 그들은 [인간이 아니라] 인간을 위협하는 존재지요. 이라크 민간인들은 전쟁에서 보호받아야 할 인간으로 간주되지 않습니다. 인간의 범주에 대해 생각하다 보면 우리 모두는 혼란에 빠지고 곧 잔인해집니다.

A. 테일러　당신이 언급한 사람들, 그들이 감지하는 위협에 대해 더 깊이 이야기를 나눠 보고 싶네요. 사람들은 왜 그들을 공격하고 두려워하는 걸까요?

버틀러　글쎄요, 젠더의 가장자리, 정상적인 몸의 가장자리, 인종적 규범의 가장자리에 놓여 있는 것처럼 보이는 사람들은 참 여러 가지 이유로 사회적 폭력에 노출됩니다. 그러나 대부분은 접촉할 경우 전염될 수 있다는 두려움, 상대방의 취약성이 자신의 취약성이 될지도 모른다는 두려움과 관련이 있죠. 의존 상태에 있거나 사회의 비주류에 속한 사람들을 보면 자신의 중요성과 힘을 과시하려는 사람들이 있습니다. 자신이 가진 한계나 의존성, 또는 침투성permeability을 느끼지 않으려 하는 거죠. 그러므로 우리 모두가 폭력에 시달리고 있고 우리 모두가 의지와는 상관없이 폭력적인 침해를 받을 수 있는 세상에서 사람들은 불확실성precariousness이라는 감각을 안고 살아갑니다. 사람들은 자기 자신을 위해 다른 사람들이 그 불확실성을 구현하길 바랍니다. 그렇게 자신들은 불확실성에서 보호받고 있다거나 그 불확실성에서 벗어나 있다고 느끼고 싶은 거죠.

그러나 사실, 이건 내 생각인데요. 우리가 지금까지 이야기해 온 많은 것이 우리에게 삶은 불확실한 것이며, 깨지기 쉽고 의존적이지만 동시에 매우 특별한 방식으로 능력을 발휘할 수도 있다는 점을 알려 주는 것 같습니다. 이러한 능력은 사람들마다 다양하게 조직될 수 있겠죠. 그러나 저 영역[불확실하고 깨지기 쉽고 의존적인 삶의 영역]의 어느 쪽이든 우리가 그것을 피할 수 있는 방법은 없을 거예요.

내가 강조하려는 것은 몸으로서 우리는 취약하다는 점입니다. 우리의 몸은 그런 겁니다. 몸은 스스로 움직이는 전동기self-motored도 아니고 자기 충족적이지도 않습니다. 몸은 또한 접촉이나 성적인 사랑, 그리고 친밀감 등을 표현할 수 있는 능력도 있죠. 그리고 우리는 이런 접촉이 일어나는 방식을 충분히 통제할 수 없어요. 그러므로 나는 사람의 몸이 지닌 한 가지 특징은 침투성이라고 말하고 싶습니다. 다른 사람들이 우리 몸을 만질 수도 있고, 우리 몸이 다른 사람들에게 침해를 받을 수도 있어요. 이런 일은 즐겁고 반가울 때도 있지만 끔찍할 때도 있습니다. 그러나 몸의 이런 면을 제거할 방법은 없습니다. 때로 나는, 침투하기 더 쉬워 보이고 더 의존적으로 보이고 덜 보호받고 있는 것처럼 보이는 사람들에게 가해지는 사회적 폭력은 그러한 폭력을 저지르는 사람들의 편에서 침투 불가성impermeability이 살아남는 방식이라고 생각합니다. "**당신의** 몸은 침투성을 띠고 있고 **당신의** 몸은 취약성을 상징한다. 그러나 **나는** 침투 불가능하다"는 식이지요. 이것이 바로 침투성을 관리하고 배치하는 방식입니다. 침투성은 다른 사람에게 맡겨 놓고 자기는 폭력을 저지름으로써 그 침투성에서 면제되는 것이죠. 그러나 침투성에서 자유로운 사람은 없습니다.(우리는 잠시 휴식을 취한 뒤 미션 가의 다른 지역으로 자리를 옮겼다.)

나는 사람들이 몸에 대해 가지고 있는 자기 충족적이라는 개념에 대해 생각해 본 적이 있습니다. 우리는 몸은 자기 충족적이어야 한다고 생각합니다. 그렇지 못할 경우 걱정을 하죠. 젠더에 대해 생각해야 할 것은 누구도 자신만의 젠더를 가질 수 없다는 겁니다. 즉, 단독으로 자기 젠더를 취하는 사람은 없어요. 우리는 체화된embodied 존재이기 때문입니다. 우리는 근본적으로 다른 사람들에게 의존하고 있습니다. 우리가 누구인지를 알기 위해, 사회라는 세상에서 우리가 누군인지를 헤아리는 데 도움을 받기 위해 우리는 다른 사람들에게 의존합니다. 우리는 어떤 사람이 되고 싶은지를, 그리고 우리가 어떻게 인지되고 인식되는지를 급진적으로 또는 자기 충족적으로 결정할 수 없어요. 사실은 결정하지 않는 거죠. 젠더 소수자와 성 소수자들이 벌여 온 투쟁 가운데 하나가 바로 자신의 존재를 인정받으려는 것이었습니다. 자신의 젠더 표현gender presentation이나 성 정체성을 인정받지 못한 사람들은 사회 구성원으로 충분히 자리를 잡지 못하고 사회 질서에서 어떤 위치도 차지하지 못하는 등, 고통을 받습니다. 그러므로 그것은 일종의 의존성입니다. 그렇지 않나요? 나만의 젠더화된 현실gendered reality로 나를 인지하기 위해 다른 누군가가 필요하다면, 어떤 집단이나 사회 세계가 필요하다면, 나는 법원에, 의료 기관에, 교육 기관에 간청할 수도 있습니다. 내가 간청하는 젠더가 무엇이든 그 젠더를 나에게 허락해 달라고 말이지요. 그러나 사실 이런 일은 혼자서 할 수 없습니다.

다른 말로, 우리 모두는 사회적 언어와 인정 가능성, 그리고 제도들에 의존해 삽니다. 삶을 살고, 취해야 할 것을 취하려면 우리는 제도로부터 인정받는 게 필요하죠. 그러므로 우리 모두는 젠더를 스스로 형성하지도 못하고 철저하게 개인적이고 자기 충족적으로 젠더를 생활화하지도 못합니다. 우리는 특정한 인정을 받기 위해, 또는 우리가 살 수 있는 사회를 산출하기 위해 끊임없이 협상하고 있습니다. 젠더는 사회적으로, 상호 관계 속에서 구성된다는 말입니다. 젠더는 내게서 생성되지 않습니다. 나 개인의 인간됨을 표현하는 것도 아닙니다. 젠더는 내가 철저하게 의존하고 있는 사회와 협상하려는 나의 노력입니다.

(여기서 우리는 커브컷이 없는 구간에 이르러 오도가도 못하게 되었다. 우리는 수나우라의 휠체어와 이동식 장비에 달아 놓은 카메라를 길 위에 올려 놓기 위해 잠시 촬영을 중단해야 했다.)

"우리의 몸 자체가 의존성의 장소입니다"

버틀러 당신은 스무 살엔가 어떤 글을 읽었다고 말했지요? 그 글을 집어 들었던 그 순간이 궁금합니다. 장애가 순전히 개인적인 게 아니라 사회적으로 형성된 사안이라고 인식할 수 있게 만든 언어가 무엇이었는지, 그 인식 뒤에 어떤 종류의 역량이 강화됐는지, 이런 것들이 궁금합니다. 개인주의의 한계를 생각할 때 그런 깨달음을 얻는 게 쉽지는 않았을 겁니다. 물론 우리 각각은 능력과 장애, 젠더 규범과 같은 문제를 만나면 개인적인 해결책으로 접근하려 합니다. 하지만 이 모든 문제를 철저히 개인이 해결한다는 건 불가능하죠. 우리는 오로지 사회 공간으로 들어가 다른 종류의 인정을 요구하고, 이 세상에 특정한 신체적 사건bodily scandal을 생산해 내며, 규범적인 것과 규범적이지 않은 것을 바꾸기 위한 방법의 일환으로 다른 사람들과 조화를 이뤄 행동하는 수밖에 없습니다.

다시 말하지만, 이 모든 것의 기저에는 우리가 상호의존한다는 개념이 자리하고 있습니다. 아주 개인적인 수준에까지 영향을 미치는 특정한 사회 변혁을 위해 노력하고 그것을 위해 힘쓸 때, 우리는 상호의존하고 있는 겁니다. 그렇지 않나요? 내가 어떻게 사랑할 수 있습니까? 어떻게 움직일 수 있습니까? 어떻게 먹을 수 있습니까? 내 생각에 이 문제 역시, '몸은 그 자체가 의존성의 장소'라는 개념과 연결됩니다. 우리 중 누구도 독립적으로 세상에 나오지 않습니다. 아이들을 보세요. 철저하게 의존적입니다. 우리는 모두 철저하게 의존적입니다. 만약 다른 사람들에게 보살핌을 받지 않는다면, 그 보살핌에 의지할 수 없다면 번성할 수 없죠. 그리고 의존성이 제대로 충족되지 않는다면, 우리가 자기 충족성이라 부르는 것은 그게 무엇이 되었든 존재할 수 없을 겁니다. 소환되어야 하고, 끊임없이 소환되어야 할 그런 의존성 말이죠. 의존성은 우리가 성인이 되려 한다면 그 누구도 극복할 수 없는 어떤 겁니다. 아무리 정상적인 몸을 가지고 있더라도 극복할 수 없습니다. 극복하는 체하는 사람도 있을 겁니다. 그러나 우리의 몸이 기대고 있는 그 체계를 생각해 보세요. 만약 의료나 주거 체계, 그 밖의 다른 것들을 한번 떠올려 본다면 당신은 [당신의 의존성에] 놀랄 겁니다.

S. 테일러 장애인 공동체에서는 사람들이 독립적이라고 생각하는 것과 실제 개인의 신체적 독립성을 구분하고 있습니다. 독립성이란 지금 우리 사회에서는 다양한 서비스를 통제할 수 있다는 뜻이기 때문입니다. 통제할 수 있고 선택할 수 있다면 독립적이라고 보는 것이죠. 독립성을 이런 방식으로 이해하는 것은 도움이 되죠.

버틀러 그렇습니다. 하지만 독립성을 특정한 종류의 서비스를 선택할 수 있는 능력이라고 정의하더라도 그때 서비스는 현재 이루어지고 있는 서비스 세계에 한정됩니다. 그러한 독립성은 공화당이 세상을 지배하지 않는 상태, 그리고 사회 복지 서비스가 자본주의의 영향을 받지 않는 상태에 달려 있습니다. 우리는 우리가 자율성이라고 부르는 그것을 위해 참 많은 것에 의존합니다. 여기서 문제 삼고 있는 것은 사실, 인간을 상호의존성의 장소로 재고할 필요가 있다는 겁니다. 우리가 지금까지 이야기해 온 젠더 정치학이나 장애인 운동에서 하고 있는 말이 이것이죠. 자율성이나 자기 충족성에는 사실 우리로 하여금 길을 잃게 하고, 개인을 스스로 움직이는 전동기처럼 생각하게 만드는 특정한 개념들이 있습니다. 개인은 결코 스스로 움직이는 전동기가 될 수 없습니다. 그처럼 세상에 나오는 사람은 없습니다. 우리가 움직이고 살아가는 방법을 찾았다면 그것은 우리가 그만큼 다른 사람들의 보살핌을 받아 왔고 그리고 앞으로도 계속 보살핌을 받을 것이기 때문이죠. 보살핌의 체계는 인간의 관계성에 매우 중요하며 보살핌이란 결코 중단되는 법이 없습니다. 병을 앓거나 나이가 들면 특히 그렇죠. 나아가 삶의 모든 국면에서도 그렇습니다.

S. 테일러 맞아요. 나도 이 대화에서 경제와 자본주의에 대해 생각해 보는 것이 매우 중요하다고 봐요. 경제와 자본주의가 얼마나 다양한 방식으로 자기 충족성과 독립성이라는 신화에 영향을 주고, 또 그런 것들을 만들어 내는지 살펴볼 필요가 있죠. 그리고 자본주의가 일부 사람들을 다루는 방식, 그러니까…….

버틀러 소모품처럼 다루고 있다는 거요?

S. 테일러 네, 소모품이요. 일터에서 더 이상 효율성이 없다는 거죠. 내 생각에 이건 노화와 연약함, 장애와 많은 관계가 있습니다. 간단하게 말해 특정한 몸, 또는 노화가 한창 진행 중인 몸으로는 좋은 일

꾼이 될 수 없습니다.

다음과 같은 질문을 던져야 한다고 봅니다. 우리는 사회에서 무엇을 원하고 사회가 어떤 모습이기를 바라는가? 우리가 바라는 사회란 몸의 효율성, 즉 생산성과 이윤이라는 가치를 기준으로 사람들을 평가하는 사회인가, 아니면 모든 사람들이 공유하고 있는 의존성을 높이 평가하는 사회인가?

버틀러 자본주의의 문제 가운데 하나는 바로 그런 의존성을 착취한다는 데 있습니다. 그렇지 않나요? 자본주의는 자본주의의 노동 규범을 지킬 수 있는 사람에게만 특정한 생존 가능성을 제시하지요. 실제로 자본주의는 그런 방식으로 노동계급을 의존하게 만들면서 이익을 얻습니다. 내가 던지려는 질문은 "만약 의존성이 이와 같은 여건에서 착취되지 않는다면 그런 의존성은 어떤 모습을 띨 것인가?"입니다. 잠깐 앞에서 이야기한 문제로 돌아가 볼까요? 당신이 카페에 들어가 커피를 가져다 달라고 부탁하거나 다른 어떤 도움을 청할 경우, 당신이 도움을 요구하는 것은 기본적으로 다음과 같은 문제를 제기할 것을 요구하는 것이기도 합니다. 즉, 우리는 서로 돕는 세상에 살고 있는가? 우리는 기본적인 필요를 충족하기 위해 서로 도우며 사는가? 기본적인 필요는 단지 나의 사적이고 개인적인 사안인가, 아니면 사회적 사안인가? 당신이 커피 잔과 함께 도움을 청하는 순간, 개인주의에 대한 도전이 일어나는 겁니다. 사람들이 이 도전을 받아들이면서 이렇게 말했으면 좋겠습니다. "좋습니다. 나 역시 기본적인 필요를 충족시키기 위해서는 서로의 도움이 필요한 그런 세상에 살고 있습니다. 나는 사회적·정치적으로 이러한 인식에 기초해 세상을 조직하길 바랍니다." 당신이 제기하는 도전이란 바로 이런 겁니다.

유럽에서는 사회복지 국가가 무너지고 있고, 미국에서는 신자유주의가 득세하고 있습니다. 이에 대해서는 더 깊게 이야기하지 않겠습니다. 어쨌든 오늘날 우리가 목도하는 것은 불확실한 사람들이 양산되는 현실, 늘 어떤 가장자리에 머물면서 생존 가능성조차 보장받지 못하고 있는 사람들이 조직적으로 양산되는 현실입니다. 어느 누구도 이들의 생존을 보장해 주지 않습니다. 위기에 빠진 사람들, 난민이나 빈민, 의료 혜택을 받지 못하는 사람들에 대해 져야 했던 의무들이 사라지고 있습니다. 오늘날의 이러한 여건 아래 불확실성은 점점 고조되고 있습니다. 현 상황은 과연 우리가 인간 공동체를 필수적인 상호의존성의 체계로 생각하고 있는가 하는 문제를 제기합니다. 상호의존성을 부정하길 바라는, 상호의존성을 깨뜨리고 특정한 삶에서 손을 떼려는 사람들이 분명 있습니다. 이윤과 일종의 적자생존 논리를 극대화하기 위해서요.

S. 테일러 장애인은 세상에서 가장 큰 소수 집단입니다. 우리는 취업률도 가장 낮습니다. 장애인을 시설에 수용하는 일에만 관심이 있는 요양 산업을 생각해 보세요. 역사 속에는 장애를 가진 사람을 제거하거나 그들의 번식을 막는 것이 목표였던 또 다른 움직임도 늘 있어 왔어요. 이 모든 것을 고려했을 때 장애인은 분명 불확실한 공동체의 가장 강력한 사례일 겁니다.

버틀러 불확실한 공동체의 사례라……, 그래요. 우리는 지금까지 확실한 인간으로 인정받을 수 있는 것은 누구인가, 인간으로 분류될 수 있는 것은 누구인가에 대해서 이야기를 나누어 봤습니다. 인간과 인간 아님을 구분하는 우리의 관념에 영향을 미치는 규범에 대해서 이야기를 나눴지요. 지적이거나 개념적인 사안처럼 보이지만 실제로 이건 경제적인 사안이기도 하다는 게 내 생각입니다. 불확실하거나 피난처나 보호를 제공할 가치가 없다고 간주되는 사람들은…….

S. 테일러 심지어는 자녀를 낳을 가치도 없다고 생각합니다.

버틀러 자녀를 낳을 가치도 없고, 죽었을 때 애도할 가치도 없고, 아플 때는 간호할 가치도 없고, 번성할 여건을 제공할 가치도 없다고 생각하죠. 우리 주변에는 이렇듯 차별받는 사람들이 점점 늘고 있습니다. 보호하고, 소중히 여기고, 발전시킬 가치가 있는 삶이란 어떤 삶인가 하는 문제가 실제 이 사안에서 핵심입니다.

주디스 버틀러 Judith Butler

주디스 버틀러는 후기 구조주의 페미니즘 이론가로 퀴어 이론을 대표한
다. 미국 클리블랜드 오하이오에서 태어나 그곳 시나고그(synagogue, 유대
교 예배당)에서 철학을 처음 접했다. 1984년 예일 대학교에서 프랑스의 헤겔
수용에 관한 논문을 써 철학 박사 학위를 받았으며, 이후에 웨슬리 대학교,
조지워싱턴 대학교, 존스홉킨스 대학교 등에서 학생들을 가르쳤다. 현재는
캘리포니아 버클리 대학의 수사학 및 비교문학과 교수다.

1990년에 발간되어 전 세계적으로 10만 부 이상 판매된 『젠더 트러블』
은 가장 많이 인용되는 현대 철학 교재 가운데 하나다. 이 책에서 버틀러
는 기존에 페미니즘이 논의해 오던 젠더와 섹스의 구분을 없애고, 문화적
구성물로서의 젠더를 해체하며 그 불확정성을 부각시킨다. 버틀러는 시
몬 드 보부아르, 지그문트 프로이트, 자크 라캉, 자크 데리다, 그리고 미
셸 푸코 등의 중요한 철학자들을 비판적으로 다루면서 자신의 논의를 전
개시켜 나간다.

최근 버틀러는 페미니즘 탐구를 넘어 정치철학, 윤리학 등으로 관심 분
야를 확장시키고 있다. 2011년 3월 캐나다 토론토에서 열린 〈아파르트헤이
트 주간(Israeli Apartheid Week, IAW)〉에 참석한 버틀러는 이스라엘에 대한
학문적이고 문화적인 보이콧을 단행할 것을 주장했다. 이 강연에서 버틀러
는 시민들이 국제법의 강력한 개입을 요구할 수 있는 유일한 방법은 "보이
콧, 박탈, 제재(Boycott, Divestment and Sanctions, BDS) 운동"이라고 말하면
서, 점령에 분명하게 반대한다고 표명하고 일관적으로 행동하는 단체가 존
재하지 않는 이상, 이스라엘 단체에서는 발언하지 않겠다고 선언했다. 점
령에 반대하지 않는 단체에서 발언하는 것은 점령을 정당화하는 데 참여하

는 것과 다르지 않다는 판단에서다.

2011년 10월에는 리버티 플라자에서 월가 점령 시위대를 지지하며 인상 깊은 대중 연설을 하기도 했다. 한편 뛰어난 학문적 성과를 인정받아 2008 년 "앤드류 맬론 상Andrew Mellon Award" 수상자로 선정됐다.

주요 저작

Subjects of Desire: Hegelian Reflections in Twentieth-Century France, New York: Columbia University Press, 1987

Gender Trouble: Feminism and the Subversion of Identity, New York: Routledge, 1990. (『젠더 트러블: 페미니즘과 정체성의 전복』, 조현준 옮김, 문 학동네, 2008)

Bodies That Matter: On the Discursive Limits of "ex", New York: Routledge, 1993. (『의미를 체현하는 육체』, 김윤상 옮김, 인간사랑, 2003)

Antigone's Claim: Kinship Between Life and Death, New York: Columbia University Press, 2000. (『안티고네의 주장』, 조현순 옮김, 동문 선, 2005)

Contingency, Hegemony, Universality: Contemporary Dialogues on the Left(with Ernesto Laclau and Slavoj Žižek), London: verso, 2000. (『우 연성, 헤게모니, 보편성: 좌파에 대한 현재적 대화들』, 슬라보예 지젝 · 어네스토 라 클라우 공저, 박미선, 박대진 옮김, b, 2009)

Precarious Life: The Powers of Mourning and Violence, New York: Verso, 2004. (『불확실한 삶: 애도와 폭력의 권력들』, 양효실 옮김, 경성대학교 출판부, 2008)

Undoing Gender, New York ; London : Routledge 2004.

Giving An Account of Oneself, New York: Fordham University Press, 2005.

Who Sings the Nation-State?: Language, Politics, Belonging, with

Gayatri Chakravorty Spivak, London; New York: Seagull Books, 2007. (『누가 민족국가를 노래하는가』, 가야트리 스피박 공저, 주해연 옮김, 산책자, 2008)

수나우라 테일러 Sunaura Taylor

수나우라 테일러는 캘리포니아 주 오클랜드에 사는 예술가이자 활동가다. 장애인에 대한 연구로 고다드 대학에서 학사 학위를 받았고 캘리포니아 버클리 대학교에서 미술학 석사 학위를 받았다. 수나우라는 선천적인 관절 굽음증 때문에 휠체어를 타고 생활한다. 〈장애 연구 학회(Society for Disability Studies, SDS)〉에서 꾸준히 활동하며 장애 인권 운동에 앞장서 왔다.

수나우라의 작품에 빠지지 않고 등장하는 몸body 이미지 속에는 전쟁의 상처, 정상성이나 정체성에 대한 고민이 드러나 있다. 수나우라는 전쟁 산업이 지금 자신의 신체를 만들었다는 끔찍한 사실을 잊지 않는다. 수나우라의 예술작품은 〈CUE 예술 재단CUE Art Foundation〉, 스미소니언 박물관, 버클리 미술관을 포함해 미국 전역의 미술관에 전시되어 있다.

애스트라 테일러와는 자매지간이다.

홈페이지

www.sunaurataylor.org

이 책에 실린 인터뷰는 본래 다큐멘터리를 촬영하는 과정에서 이루어졌다. 영화를 만들기 위해선 많은 사람의 도움이 필요하다. 그러나 이 기획을 완성하는 데도 단순히 인쇄물을 기획하는 경우보다 훨씬 더 많은 사람의 도움을 받았다.

슬라보예 지젝의 냉소적이면서 모호한 말을 빌리자면, 내가 "오후 시간을 망치는 것을" 허락해 준 사람들에게 깊은 감사를 드린다. 그들은 모두 믿을 수 없을 정도로 너그럽고 친절했다. 덕분에 나는 같은 자리를 맴돌며 똑같은 질문을 반복해서 던질 수 있었다. 그들이 이 책의 각 장에서 보여 준 관심, 그리고 물고 늘어지는 질문에도 참을성 있게 답해 준 인내심에 특히 감사한다.

론 만이 없었다면 이 기획도 없었다. 론이 이 기획에 믿음을 가지고 열정을 쏟았기 때문에 나 역시 확신을 가질 수 있었고 다른 사람들도 분발할 수 있었다. 론 덕분에 늘 최선을 다하는 제작자 빌 임페리얼과 마이클 보육, 그리고 〈스핑크스 프로덕션Sphinx Production〉과 〈필름스 위라이크FilmsWeLike〉의 나머지 가족들도 이 기획에 참여하게 됐다.

나는 늘 〈캐나다 국립 영화 협회National Film Board of Canada〉와 함께 일해 보고 싶었다. 내가 좋아하는 훌륭한 다큐멘터리 중 여러 편이 거기서 만들어졌기 때문이다. 레아 마린은 탁월한 제작자였다. 마린은 놀라울 정도로 소크라테스적인 접근법을 택했다. 이 영화는 실바 바스마지안의 예리한 논평에서 큰 도움을 받기도 했다. TVO(캐나다 온타리오 주 영어 교육 전문 텔레비전 방송국)의 제인 잔코빅, 린타 퐁과도 함께 일했다. 이들과 함께 일한 것은 내게 큰 영광이었다. 이들의 논평이 없었다면 이 영화는 적절한 형태를 갖추기 어려웠을 것이다. 또한 루디 부티그놀에게도 감사한다. 〈성찰하는 삶〉을 가장 처음 의뢰한 사람이 바로 루디였다. 그 뒤에 루디는 〈지식 네트워크〉와 〈온타리오 미디어 개발 위원회〉 등에 이 영화를 들고 갔고, 여러 단계에서 지원을 아끼지 않았다.

내 형제 알렉산더 테일러도 기꺼이 도움을 주었다. 알렉산더는 실제적인 지원과 지적인 뒷받침, 모든 단계에서 꼭 필요한 격려와 비판을 해 주었다. 카메라맨 존 트란, 보조 카메라맨 스코트 벌튼, 음향 담당 산제이 메타는 모두 전문가였다. 편집자 로버트 케네디와는 혹독한 겨울을 함께 보냈다. 우리는 수시간 분량의 필름을 적절한 형태로 정리했고, 사람들 대부분이 "미쳐 버리겠다"고 말할 때까지 그들을 몰아 갔다. 그 과정에서 우리는 물론 큰 기쁨을 맛보았다. 그 밖에도 각 단계별로 이 영화에 시간과 관심, 그리고 기술을 제공 해 준 사람들이 많다. 특히 헤더 매킨토시에게 빚을 졌다.

당사자들은 모를 수 있지만 〈성찰하는 삶〉을 기획하고 만들고 출시하기까지 중요한 역할을 담당해 준 사람들이 있다. 그 사람들을 여기서 밝혀야 할 것 같다. 로라 한나와 발 슈뢰더, 아론 레비, 폴리나 말리킨, 가빈 브라우닝, 짐 밀러, 미셸 발리프, 로널드 보그, 에밀리 루소, 낸시 게르스트먼, 클레멘스 타일란디어, 조니타 케이무어, 케이시 샤오, 콜린 로빈슨, 메리 앤 로드리게스, 사이먼 크리츨리, 콜린

맥긴, 레베카 솔니트(솔니트의 놀라운 책 『방랑벽: 산책의 역사 *Wanderlust: A History of Walking*』가 없었다면 나는 산책이라는 이 기획의 주제를 생각해 내지 못했을 것이다.), 특히 로렌스 코너에게 감사한다.

〈뉴프레스New Press〉와 〈뉴프레스〉를 독특하고 반드시 필요한 회사로 만드는 데 기여한 모든 사람들, 특히 엘린 아들러와 사라 판과 관계를 맺을 수 있어 나는 참 운이 좋았다. 나는 마감 시한을 지키지 않기로 악명 높다. 이 똑똑하고 재능 있는 여성들이 그런 나라도 함께 일하겠다고 나서 준 덕분에 마음을 놓을 수 있었다. 이 책은 사라의 성실한 편집에 엄청난 도움을 받았다. 사라는 적절하면서도 인정받을 만한 가벼운 접근법을 택했다.

다큐멘터리를 책으로 만드는 일에 도움을 준 〈스털링 로드 리터리스틱Sterling Lord Literistic〉의 샬롯 시디와 메리디스 카펠에게도 감사의 마음을 전한다. 애나 그레이스와 제러미 바론의 논평 덕분에 산만한 내 글을 정리할 수 있었다. 특히 제러미는 한계가 없는 것 같은 재능과 시간을 아낌없이 제공해 보잘 것 없는 내 능력만으로는 불가능한 명료성과 통찰력, 표현력을 내 글에 더해 주었다.

끝으로 윌과 밸러리, 수나우라, 알렉산더, 타라, 제프 등 우리 가족에게 감사하는 마음을 전하고 싶다. 이들은 모두 성찰하는 삶을 살고 있다. 우리 부모님은 자녀들이 권위에 독자적인 의문을 제기할 수 있도록 배려했다. 그러니 내가 이처럼 이례적인 길을 선택한 데는 부모님에게도 일부 책임이 있는 셈이다. 그러나 내가 그 길을 가면서 잘못된 방향을 택했거나 잘못된 발걸음을 내딛은 적이 있다면, 그 잘못은 모두 내 책임이다.

『불온한 산책자: 8인의 철학자, 철학이 사라진 시대를 성찰하다』
는 애스트라 테일러의 〈성찰하는 삶Examined Life〉이라는 다큐멘터리
를 책으로 엮은 것이다. 번역에 들어가기 전 다큐멘터리를 먼저 봤다.
철학을 다큐멘터리로 다룬다는 것 자체가 새로웠다. 우리는 '철학'이
라고 하면 정장 차림의 학자가 근엄한 표정으로 알아듣기 어려운 내
용을 설명하는 풍경을 먼저 떠올린다. 그러나 이 다큐멘터리에 나오
는 철학자들은 대학 강의실이 아니라 거리에서, 정장이 아니라 편안
한 일상복 차림으로(때로는 오렌지색 '안전복'을 입는 수고도 마다하지 않고)
자연스럽게 철학의 여러 쟁점들을 이야기한다.

　여덟 명의 철학자는 하나같이 오늘날 영향력 있는 철학자로 손꼽히
는 사람들이다. 그리고 이들 중 몇 명은 까다롭고 해석하기 어려운 이
론가로 정평이 나 있다. 게다가 진리, 의미, 상호의존에 이르기까지,
이 책이 다루는 주제들은 하나같이 너무 크다. 일반 독자라면 목차만
보고도 책을 덮어 버릴지 모르겠다. 나 역시 이 책을 번역해 달라는
제안을 받았을 때 같은 이유로 몇 번이고 망설였다. 그러나 다큐멘터
리를 보고 애스트라 테일러와 철학자들이 나누는 대화에 푹 빠졌다.
편집 과정에서 잘려 나간 숨은 대화들을 훔쳐보고 싶은 마음에 원서
를 펼쳐 들었다. 대화는 시종일관 진지함 속에 위트를, 거대한 논의
들 속에 평범한 생각의 단초를 보여 주고 있다. 무엇보다 현실과 끊임

없는 대화를 시도하는 철학의 진면목을 보여 주고 있다.

한 마디로 이 책은 우리가 어렵다고 지레 겁먹었던 철학이 오늘을 살아가는 사람이라면 누구나 이해할 수 있고 공감할 수 있는 세계라는 걸 보여 주고 있다. 그리고 철학이 사라진 시대, 철학의 필요성을 역설하고 있다. 멀게만 느껴지던 관념 세계의 철학자들을 현실로 끌어 내리고, 일반 독자들이 철학적 대화에 동참할 수 있게 만든 데에는 애스트라 테일러의 역할이 컸다. 애스트라는 〈성찰하는 삶〉을 완성한 뒤, 애런 힐스Aaron Hills와 가진 인터뷰에서 "관객이 던져 주길 바라는 질문을 던졌다"고 말했다.

애스트라는 조지아 대학 등에서 사회학을 가르치기도 했지만 열세 살까지는 학교에 다니지도 않았다. 그러나 지금은 다큐멘터리 감독으로, 여러 매체에 글을 기고하는 칼럼니스트로, 대중적 명성을 차근차근 쌓아 올리고 있다. 2006년 『필름메이커 매거진Filmmaker Magazine』은 애스트라를 "주목해야 할 새로운 얼굴 스물다섯 명" 가운데 하나로 손꼽기도 했다. 철학 다큐멘터리 〈지젝!〉(2005)을 찍고 난 뒤였다. 애스트라는 작년 한 해 월가를 떠들썩하게 했던 점령OCCUPY 시위에도 적극적으로 참여했다. 애스트라의 현실 참여적 성향은 다큐멘터리를 찍기 위해 철학가들을 선정하는 과정에서부터 인터뷰 진행에 이르기까지, 책 구석구석에 영향을 미쳤다. 한국에도 최근에 소개된 바 있는 『점령하라Occupy』(알에이치코리아, 2011)를 보면 애스트라가 월가 한가운데서 어떤 말들을 했는지 알 수 있다.

철학과 현실을 연결하고 있는 거목들의 말을 번역하는 일은 쉽지 않았다. 번역자가 내용을 잘 전달하지 못한 부분도 있지만 편집부의 수고 덕분에 본래의 대화체가 많이 살아나고 내용도 더 분명해졌다. 병원에서 간호사로 일하는 어려움 속에서도 늘 보살핌과 격려로 힘을 준 김숙희 님 덕분에 번역을 끝까지 마칠 수 있었다.

2012년 봄

한상석